Diego Cassani - Fabrizia Centola

Inquadratura, scena, sequenza

Dino Audino
editore

srl unipersonale
via di Monte Brianzo, 91
00186 Roma
www.audinoeditore.it

Cura redazionale
Arianna Ferrucci
Giovanna Guidoni
Vanessa Ripani

Stampa: Pubblimax – via Leopoldo Ruspoli 101, Roma
Progetto grafico e immagine di copertina: Duccio Boscoli
Finito di stampare ottobre 2021

Indice

WWW ☞

Come si usa questo libro

Tutte le immagini presenti in questo libro (stampate necessariamente in bianco e nero e in piccola dimensione) sono consultabili a colori, insieme agli approfondimenti, sul sito web dell'editore:

www.audinoeditore.it

Il simbolo {☞} indicherà all'interno del testo i riferimenti ai contenuti extra che troverete nella sezione Materiali della scheda del libro.

Alla memoria di Karen Schmeer,
montatrice (1970-2010)

Il fatto è che *Apocalypse Now*, come ogni altro film, è fatto di molti pezzi diversi di pellicola composti in un mosaico di immagini. Misteriosamente, mettere insieme questi pezzi sembra funzionare davvero, anche se rappresenta uno spostamento di campo visivo totale e istantaneo, che qualche volta implica un salto in avanti o indietro nel tempo come nello spazio.

Certo funziona; ma poteva anche andare diversamente, perché non c'è nulla nella nostra esperienza quotidiana che possa prepararci a qualcosa del genere. Al contrario, la realtà visiva che noi percepiamo dal momento del risveglio fino a quando chiudiamo gli occhi è un flusso continuo di immagini collegate.

In effetti la vita sulla Terra ha percepito il mondo in questo modo per decine e centinaia di milioni di anni. Poi, all'inizio del XX secolo, gli esseri umani si sono trovati di fronte a qualcos'altro: il film montato.[1]

(Walter Murch)

[1] Walter Murch, *In un batter d'occhi*, Lindau, Torino 2018, p. 17.

ISTRUZIONI PER L'USO

Questo libro è costituito in larga misura da analisi di sequenze cinematografiche. Al lettore è dunque caldamente consigliato, prima di addentrarsi nell'analisi di ciascuno dei testi filmici cui facciamo riferimento, di vederlo con attenzione almeno due volte.

È vero che nel testo riportiamo, per comodità, le immagini emblematiche delle singole inquadrature, ma questa rappresentazione è necessariamente parziale e quindi imperfetta: il cinema è movimento, e il montaggio opera nel contesto di questa continua dinamica; senza la visione di questo movimento la lettura del testo non potrà che essere limitata, se non addirittura incomprensibile.

Dove possibile, queste scene e sequenze sono disponibili sul sito dell'editore.

Introduzione

Un uomo, costretto su una sedia a rotelle dopo un grave incidente, è immobile davanti a una finestra e guarda ciò che accade nelle finestre della casa di fronte. Sono piccole porzioni di realtà incorniciate e a loro volta contenute in una più grande cornice, la finestra da cui l'uomo guarda. Stiamo raccontando *La finestra sul cortile* (1954) di Alfred Hitchcock, un film di cui tanto si è parlato e si continua a parlare perché – al di là della trama, indubbiamente intrigante, al di là degli interpreti, una meravigliosa Grace Kelly e un affascinante James Stewart – è un film che rappresenta il cinema stesso: abbiamo l'immobilità dell'uomo, lo spettatore, abbiamo (in controcampo) ciò che vede, e abbiamo una trama costruita attraverso un lavoro di esplorazione e di messa in successione di indizi e di reazioni. A questo occorre aggiungere un altro elemento, l'utilizzo del mezzo, una macchina fotografica munita di teleobiettivo, che a sua volta inquadra, suddivide la realtà in frammenti e varia la distanza relativa tra osservatore e oggetto osservato (Fig. 1). {☞ ***La finestra sul cortile*****, scheda film**}

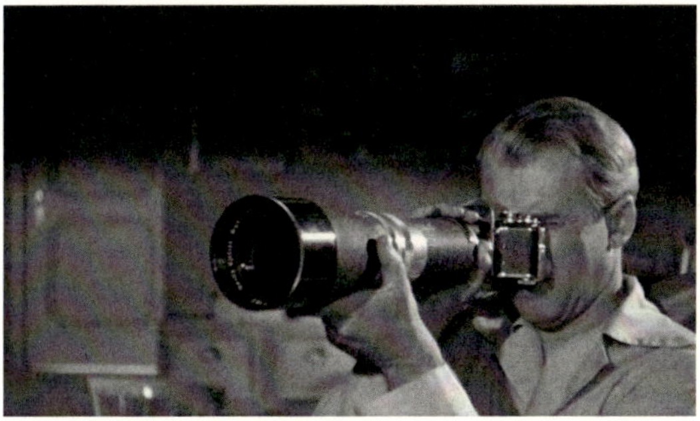

Fig. 1

Il nostro uomo immobile, la sua finestra e la sua macchina fotografica stanno creando il cinema. La realtà viene inquadrata, contenuta dentro una cornice, dalle dimensioni costanti, mentre ciò che scorre al suo interno è suscettibile di variazioni: è illuminato, è in penombra, è visibile, si avvicina o si allontana, appare, scompare[1], transita da uno spazio all'altro, come quando, sempre nel film, una donna si muove nell'appartamento e passa progressivamente da una finestra all'altra. Lo sguardo dell'uomo, come quello di ogni spettatore, si muove a seconda degli impulsi, indaga ciò che appare davanti ai suoi occhi, viene attirato dai movimenti, dai rumori, dalle voci e dalle luci, dalle ombre, dalle composizioni cromatiche e dai cambiamenti.

Nella vita reale la nostra esperienza si sviluppa nella continuità del nostro esistere e ciò che accade attorno a noi si sviluppa nella sua interezza: il nostro occhio esplora e seleziona, ci muoviamo nello spazio e ci avviciniamo per vedere meglio, volgiamo lo sguardo e così facendo creiamo un'articolazione di senso. Nel film, al contrario, il percorso di visione è predeterminato, è un altro occhio a fare il lavoro per noi, a stabilire le successioni di immagini per raccontarci una storia. Quella che scorre davanti ai nostri occhi è un'esperienza progettata, uguale per tutti, che si rinnova sempre identica: a distanza di anni Grace Kelly continuerà a sfogliare una rivista di moda vestita di nero e tulle bianco, la narrazione si svilupperà come sempre ma, contemporaneamente, nella ripetizione, potremo dire che il tempo si è fermato. È un'esperienza che supera il tempo, rinnovando il patto tra un autore e uno spettatore, qui e ora.

Qualcuno ha scelto per noi, questo è certo: ha deciso cosa dobbiamo guardare e per quanto tempo, ha stabilito quando, come e cosa farci vedere, a quale distanza, da che punto di vista. Inquadrare non vuol dire solo riprodurre ciò che si trova davanti alla macchina da presa: significa selezionare, rendere evidenti gli elementi che danno significato, ma anche saperli omettere; vuol dire creare un percorso di senso per lo spettatore, sguardi di volta in volta diversi per creare un'architettura di immagini in successione che racconti una storia, che esprima e dia corpo a un pensiero.

Per questo, il primo passo per parlare di montaggio cinematografico è parlare dell'immagine e dell'inquadratura: perché è proprio davanti all'inquadratura che lo sguardo dello spettatore inizia il suo complesso percorso.

---

[1] Potremmo anche dire "entra in campo, esce di campo", come si dice quando un personaggio entra ed esce dall'inquadratura.

Parte prima

IL MONTAGGIO PRIMA DEL MONTAGGIO

Capitolo primo

LA CORNICE E L'ESPLORAZIONE DELL'INQUADRATURA

A vedere si impara.[1]
(Ernesto Treccani)

In tutte le nostre case, appese alle pareti, ci sono delle immagini. Immagini di qualsiasi tipo: poster, manifesti, fotografie, magari una piccola incisione, o il disegno di una nostra amica che ci è piaciuto tanto e abbiamo voluto *incorniciare*.
Ed è appunto la cornice che distingue e isola ciascuna di quelle immagini dal resto della stanza. Le cornici possono essere le più varie: in età barocca si faceva a gara per realizzarle più elaborate e sontuose; ma una cornice può essere costituita anche da un semplice profilo di metallo, adatto a un ambiente di design moderno; addirittura può non esistere fisicamente, come nelle più economiche cornici "a giorno", o come nel caso della proiezione cinematografica. La cosa singolare è che, anche in questi ultimi casi, sentiamo chiaramente che – se pure non esiste la cornice "fisica" – esiste una cornice per così dire "virtuale": abbiamo la sensazione precisa che tutto ciò che è racchiuso in quello spazio abbia una sua realtà, un suo significato, una sua ragione e persino una dimensione che è diversa da tutto ciò che sta al di fuori. La cornice identifica un

[1] Dal documentario *Verso Melissa. In viaggio con Ernesto Treccani*, di Jacopo Muzio, Fondazione Corrente, 2007.

"mondo a parte", che noi possiamo osservare, ammirare e indagare proprio perché diverso e separato dal mondo della nostra vita comune, dei nostri spazi ordinari.

> Dispositivo anfibio per eccellenza, strumento di mediazione che isola l'immagine dallo spazio reale senza essere assimilabile né all'una né all'altro pur relazionandosi a entrambi, la cornice è una soglia: ci conduce in un territorio dove vigono leggi altre rispetto a quelle della vita ordinaria.[2]

Ragionando su quel particolare mondo che è inquadrato dalla cornice, possiamo osservare, per prima cosa, che l'immagine che vi è racchiusa è una realtà organizzata. Può trattarsi di una bellissima *Madonna col Bambino* ritratta da Giovanni Bellini come di un gioco astratto di forme e colori realizzato da Kandinskij; di uno scatto pubblicitario di Oliviero Toscani come di un vasto paesaggio umano inquadrato da Salgado: si tratta in ogni caso di un universo chiuso le cui parti sono composte in un **gioco di relazioni**. Di che relazioni si tratta, e come possono essere lette e interpretate? E cosa c'entra tutto questo con il montaggio, che come abbiamo già visto è una sequenza di immagini, per di più in movimento?

Per cominciare a ragionare su queste domande facciamo un esempio, scegliendo di proposito una tela astratta: proviamo a osservare questo dipinto di Paul Klee, *Fire at Full Moon* (1933) (Fig. 1.1).

Fig. 1.1

Senza dubbio, le prime cose verso cui si orienta il nostro sguardo sono quelle due forme colorate potentemente attrattive, che sembrano voler calamitare la nostra attenzione: il cerchio giallo in alto a sinistra e quella specie di grossolana croce rossa sulla destra. Perché proprio quelle? Semplicemente, perché sono le due forme più riconoscibili – un cerchio e una croce – in un mare di rettangoli sghembi, trapezi e triangoli storti; oppure perché, al contrario di tutto il resto del quadro, sono dipinte con colori luminosi, vivaci e "squillanti"; oppure ancora perché corrispondono in modo così evidente al titolo del quadro (*Incendio sotto la luna piena*).

[2] Daniela Ferrari e Andrea Pinotti (a cura di), *La cornice. Storie, teorie, testi*, Johan & Levi, Monza 2018, risvolto di copertina.

Probabilmente tutte queste cose insieme. Ciò che per noi è importante, in questo nostro ragionamento, è però riflettere su quello che hanno fatto i nostri occhi: nel momento in cui abbiamo avuto questo quadro di fronte a noi, non ce lo siamo "impresso" nella mente nella sua interezza, quasi che la nostra mente/sguardo agisse come una macchina fotografica. No, il nostro sguardo ha scelto di concentrarsi per prima cosa su *uno* di quei due elementi principali e poi sul successivo, e solo in un secondo momento, in modo per così dire più "distratto", sugli altri componenti del quadro, sempre ritornando però sui primi due.

Sappiamo bene che questo è dovuto in primo luogo a un semplice problema fisiologico, che deriva dal modo in cui il nostro occhio è stato plasmato da milioni di anni di evoluzione. Sappiamo che le cellule fotosensibili (coni e bastoncelli) non sono disposte sulla retina in modo uniforme; in particolare c'è una piccola zona della retina, la "fovea", collocata esattamente all'opposto della pupilla, dove è raccolta la maggiore densità di recettori. È a questa zona della retina che dobbiamo la nostra capacità di percepire il dettaglio di ciò che osserviamo. Il grafico (Fig. 1.2) rappresenta in modo chiaro la perdita di capacità di analizzare il dettaglio man mano che ci si allontana da questa zona. Sulle ascisse è riportata la distanza dalla fovea di un punto della retina, sulle ordinate la quantità di dettaglio osservabile in quel punto.

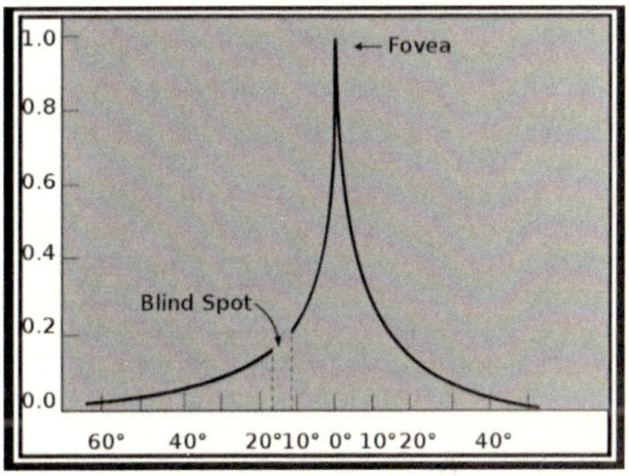

Fig. 1.2

Basta dunque "allontanarsi" di pochissimi gradi dal centro della nostra attenzione, ed ecco che il dettaglio dell'immagine percepita dai nostri occhi si riduce drasticamente.
La capacità del nostro organo della vista di osservare nel suo insieme un oggetto, un panorama, una persona o, appunto, una immagine, è dunque solo un'illusione. Mentre osserviamo il dipinto di Klee, i nostri occhi compiono una infinità di rapidissimi movimenti (denominati "saccadi"), allo scopo di cogliere tutte le diverse porzioni del quadro, una dopo l'altra, nel migliore dettaglio possibile.

> Quando guardiamo il mondo intorno a noi, i nostri occhi passano da un oggetto all'altro come una farfalla che si sofferma su un fiore qui e uno là. Si tratta di una farfalla supersonica, perché i salti e le "saccadi" sono straordinariamente veloci. Una saccade può avere una velocità di circa 600 gradi al secondo, abbastanza veloce da seguire un proiettile o un aereo supersonico che passa a 20 metri di distanza da noi. Ne segue che l'informazione fornita dalla retina dall'immagine

> del mondo è resa totalmente confusa dalle saccadi. Perché non vediamo tale confusione?[3]

La ricostruzione dell'insieme dell'oggetto, la percezione di un'immagine completa, è dunque un lavoro enormemente complesso svolto dalla nostra mente, che elabora tutte queste informazioni che le pervengono attraverso il nervo ottico e le organizza in quella che ci appare come una immagine mentale unitaria e coerente.
Il celebre neurologo Oliver Sacks, nei suoi testi divulgativi, ha ragionato spesso su questi temi; in *Musicofilia* ricorda il caso di un suo paziente, Virgil, cieco dalla nascita, che a cinquant'anni acquista la vista grazie a una operazione.

> La sua vista, però, era molto limitata e fragile [...]. Per lui la visione era uno sforzo: quando si faceva la barba, per esempio, all'inizio riusciva a vedere e a riconoscere la sua faccia allo specchio; dopo qualche minuto però si ritrovava a lottare per aggrapparsi a un mondo visivo riconoscibile. Alla fine, rinunciava e si radeva al tatto, perché l'immagine visiva della sua faccia si era scomposta in frammenti irriconoscibili.[4]

Cosa vedono veramente i nostri occhi? Quali sono le informazioni che essi "passano" al cervello, attraverso e nonostante questa frammentarietà della visione, questa attività frenetica di esplorazione che compiono incessantemente? Possiamo chiederci se ciò che la nostra mente "vede" veramente, prima di elaborare queste informazioni visive in un tutto coerente, sia quella moltiplicazione di frammenti e punti di vista che ci sorprende nei "ritratti mosaico" del fotografo Maurizio Galimberti, come in questo dedicato nel 2007 a Lucio Dalla (Fig. 1.3).

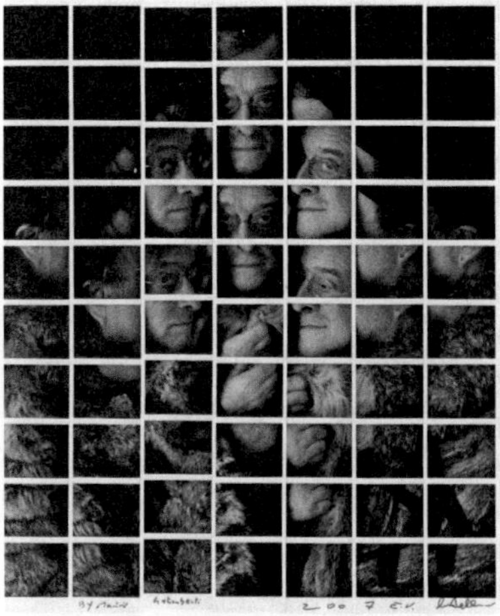

Fig. 1.3

O ancora, andando all'origine della pittura del Novecento, possiamo chiederci se la rivoluzionaria idea compositiva di tanta opera del Picasso "cubista", così evidente nel suo celebre *Violon et raisins* del 1912, non sia anche il tentativo di dare conto nel modo più preciso e oggettivo di come funziona veramente il meccanismo dello sguardo (Fig. 1.4).

[3] J. Kevin O'Regan, *Perché i colori non suonano. Una nuova teoria della coscienza*, Raffaello Cortina Editore, Milano 2012, p. 19.
[4] Oliver Sacks, *Musicofilia*, Adelphi, Milano 2010, p. 143.

E certamente la pittura cubista – come si vede chiaramente in questo esempio – vuole rappresentare, simultaneamente e da più punti di vista, figure e oggetti che si giustappongono e si sovrappongono dando vita a un montaggio di frammenti, rappresentati in un unico quadro.

Fig. 1.4

Oliver Sacks riassume efficacemente queste osservazioni:

> Noi diamo per scontati i nostri sensi. Pensiamo, per esempio, che il mondo visivo ci sia offerto completo di profondità, colore, movimento, forma e significato, tutti perfettamente combinati e sincronizzati. Di fronte a questa apparente unità, può sfuggirci il fatto che una singola scena visiva si compone di molti diversi elementi che devono essere tutti analizzati separatamente e poi messi insieme.[5]

L'azione di guardare, in primo luogo, è dunque una **esplorazione**:

> Come possiamo vedere bene nonostante il disastro dell'occhio? Possiamo pensare all'occhio come a una mano gigante che campiona il mondo esterno. [...]
> La visione è anche un processo esplorativo. Dato che gli occhi possiedono un'elevata acuità solo nella fovea centrale, normalmente è necessario muoverli per ottenere tutte le informazioni necessarie per riconoscere un oggetto. [...] È possibile avere l'impressione di essere alla presenza dell'intera scena visiva nonostante i nostri occhi forniscano straordinariamente poche informazioni riguardo ad essa. [...] Possedere la conoscenza che ho accumulato, insieme con quei segnali periferici, equivale ad avere effettivamente la reale informazione visiva. Dato che l'informazione è disponibile su richiesta, ho l'impressione di vedere tutto. [...] Pensiamo di vedere in modo continuo perché non appena vagamente ci chiediamo se stiamo vedendo, lo stiamo effettivamente facendo. E ciò perché vedere è effettivamente questo: indagare il mondo esterno con i nostri occhi.[6]

Lo sguardo, sottolinea poco oltre lo stesso O'Regan, è paragonabile a una palpazione: come alcuni indizi tattili ci consentono di riconoscere, nella tasca dello zainetto, la chiave della macchina dalla chiave del box, così questa attività oculare di "prelievo" di informazioni visive dell'oggetto che stiamo osservando ci consente di identificarlo e ricostruirlo nella sua complessità.

[5] Ibidem.

[6] J. Kevin O'Regan, *op. cit.*, pp. 33-41.

Ma torniamo ancora un istante alla tela di Klee. Abbiamo visto come alcuni elementi presenti nel quadro attirino in modo prioritario il nostro sguardo: c'è "qualcosa" che ci fa istintivamente preferire alcuni particolari rispetto ad altri o, nel caso di rappresentazioni figurative, alcuni oggetti o personaggi rispetto ad altri, ugualmente presenti nell'immagine.
Alcune di queste ragioni sono già risultate evidenti: caratteristiche di forma, colore e contrasto possono calamitare la nostra attenzione con la stessa forza elementare con cui un odore particolarmente attraente guida il nostro cane nell'esplorazione di un territorio.
Naturalmente a costruire questa gerarchia che dirige il nostro sguardo "esattamente lì" c'è molto altro: c'è il riconoscimento di forme già note; c'è l'aspetto antropologico (un corpo umano avrà normalmente la precedenza rispetto ad altri elementi); c'è l'aspetto sociale (la nostra esplorazione andrà a scandagliare le parti di un volto più significative per la nostra attività relazionale e per la nostra proiezione empatica, come gli occhi e la bocca); c'è l'intenzionalità (stiamo guardando quella particolare immagine con uno scopo preciso); c'è l'aspetto legato alla memoria personale dell'osservatore e alla sua competenza acquisita (in una immagine che rappresenta un gruppo di persone, ci si andrà a soffermare, per prima cosa, su un volto riconosciuto – cosa ovvia ma, a ben vedere, fondante di tutte le forme di divismo); c'è l'aspetto più propriamente compositivo (i giochi di simmetria e di prospettiva, ma anche i "pieni" e i "vuoti" di una composizione, che guidano il nostro sguardo creando una vera e propria "corrente d'aria" all'interno dell'immagine); c'è poi – fondamentale nella cinematografia come nella vita – l'aspetto cinetico, l'attrazione naturale verso i movimenti che si svolgono davanti ai nostri occhi.
Tutti questi aspetti interagiscono costantemente e si potenziano l'un l'altro, guidando quel gioco intuitivo ma nello stesso tempo enormemente complesso e raffinato che è la nostra esplorazione visiva del mondo – e dell'immagine.

È chiaro che tutte queste ipotesi sono suffragate da numerose evidenze sperimentali. A partire dagli anni '60 del secolo scorso e dagli studi pionieristici dello scienziato russo Alfred L. Yarbus sono innumerevoli le ricerche (spesso e non per caso legate al mondo della comunicazione pubblicitaria) che, analizzando con opportuni strumenti i movimenti oculari, studiano quali siano i maggiori "centri d'interesse" di una immagine agli occhi degli osservatori.
In una immagine come la Fig. 1.5[7], ad esempio, realizzata con un sistema di tracciamento oculare, possiamo verificare come a funzionare da attrattori

---

[7] Gus Lubin e Hayley Hudson, "29 Eye-Tracking Heatmaps Reveal Where People Really Look", in *Insider.com*, 22 luglio 2014 (https://www.businessinsider.com/eye-tracking-heatmaps-2014-7?IR=T).

Fig. 1.5

siano da un lato le esigenze legate alla socialità (riconoscimento facciale, riconoscimento della direzione degli sguardi e del movimento delle labbra), e dall'altro quelle legate alla maggiore brillantezza di alcuni particolari (l'orologio, l'anello, la collana). Le zone rosse (qui più chiare) sono quelle dove si concentra in modo proporzionalmente maggiore lo sguardo degli osservatori.
Insomma, per dirla con una battuta, sembra che la nostra mente faccia svolgere agli occhi un preciso lavoro d'indagine che sta a mezza strada tra quello di un software di riconoscimento facciale e quello di una gazza ladra!

Ma sottoponiamo ora questi ragionamenti a una "prova su strada" ponendoci di fronte a questo fotogramma, estratto da una sequenza di *C'era una volta il West* (1968) di Sergio Leone (Fig. 1.6).

Fig. 1.6

Come osservatori, possiamo per prima cosa riconoscere i diversi aspetti dell'universo fisico che questa immagine rappresenta. Ci troviamo così a guardare e, appunto, a riconoscere una quantità di forme note, a cui possiamo facilmente attribuire un nome: mani, braccia e teste umane; sbarre di ferro e traversine di legno; giubbe da lavoro e cappelli; lo sfondo lontano di una collina ecc.
Pur nella fissità dell'immagine, possiamo intuire e descrivere anche le azioni compiute dagli uomini raffigurati; e, in questa descrizione, appare subito evidente come la figura isolata al centro dell'immagine svolga un ruolo diverso da tutti gli altri: abbiamo una squadra di lavoratori che posa in opera un tratto di binari ferroviari e un caposquadra che li comanda e guida. La nostra conoscenza del mondo (sappiamo bene come funzionano i diversi ruoli e le gerarchie che sorreggono tutti i rapporti di lavoro) e alcuni aspetti evidenti della composizione (l'isolamento e la centralità nell'inquadratura della figura del caposquadra) guidano perciò il nostro sguardo nell'esplorazione, e impongono anche a esso una gerarchia di movimento.

Ma la nostra capacità di "riconoscere forme" non si limita a questo; non ci fermiamo al solo riconoscimento di questi oggetti e di queste persone, riconosciamo anche forme compositive più complesse. Ad esempio, ci rendiamo benissimo conto che le figure che agiscono in questa immagine si dispongono in una evidente simmetria bilaterale. E, come tutte le immagini simmetriche, che pure noi riconosciamo immediatamente "a colpo d'occhio", anche questa pone subito un problema di scelta al nostro sguardo: andiamo a esplorare per prima cosa il lato destro o quello sinistro? Forse la maggioranza di voi, come noi, è stata attratta in primis dal lato destro, perché direttamente illuminato e reso "brillante" dalla luce del sole, per poi tornare "in un secondo momento" a percorrere con lo sguardo il gruppo di lavoratori in ombra.
Ma c'è di più. Avrete sicuramente riconosciuto la presenza di un'altra forma compositiva, forse ancora più rilevante: la prospettiva centrale. E la prospettiva centrale guida potentemente, direi quasi ineluttabilmente, il nostro sguardo verso il centro prospettico dell'inquadratura, rappresentato proprio dal caposquadra, confermandone il ruolo centrale che già i precedenti indizi (che poggiano come abbiamo visto sulla consapevolezza della gerarchia sociale e sull'isolamento compositivo della sua figura) gli avevano assegnato. Oltre a questo, la figura centrale esaltata dalla tensione prospettica si pone anche come elemento di occlusione: in qualche modo ferma il nostro sguardo prima che possa perdersi verso la profondità dell'immagine; divide l'immagine stessa in un "al di qua" fatto di elementi nitidi e ben riconoscibili e un "oltre" fatto di elementi più indistinti e vagamente "spappolati", fino ad arrivare alle colline che chiudono il fondo, rese poco definite dal fuori fuoco e dalla leggera nebbia (la "prospettiva aerea" tanto a lungo studiata da Leonardo).

A questo punto possiamo porci una domanda fondamentale: descrivendo una immagine come questa si può affermare che possegga un ritmo interno? Forse la maggior parte di voi risponderebbe di sì. Ma dobbiamo intenderci: parliamo di ritmo in modo metaforico o in modo letterale? Giacché il ritmo, se lo intendiamo in modo letterale, prevede una successione di eventi (un'azione come il camminare, un rumore come il ticchettare di un orologio, una pulsazione come il battito cardiaco) che si sviluppano e si ripetono nel tempo, in una cadenza; non a caso è la prima cosa che riconosciamo in una espressione musicale. È corretto applicare la dimensione del tempo all'osservazione di una immagine statica come questo fotogramma?
Se è vero il nostro ragionamento precedente, in cui abbiamo evidenziato come lo sguardo sia una esplorazione che "prende possesso" per gradi della realtà sensibile e/o dell'immagine che viene osservata, dobbiamo rispondere affermativamente. C'è un tempo, una durata del nostro sguardo; e in questa durata il nostro sguardo si comporta veramente come la velocissima e irrequieta farfalla di cui parla O'Regan, che senza sosta volteggia e si posa sulle zone e gli elementi più interessanti del mondo visibile che andiamo a esaminare.

Parlare dunque di "ritmo interno" di un'immagine, di un quadro o di una fotografia (come spesso fanno i critici d'arte) non è soltanto un'evocazione, una metafora: è un discorso assolutamente concreto e reale. Nell'esplorazione del nostro fotogramma, ad esempio, i nostri occhi – percorrendo la successione delle persone intente ad afferrare il binario e poi la sequenza delle traversine, che crea una vera e propria "cadenza" di oggetti identici dal primo piano fino al fondo – percepiscono chiaramente un ritmo prodotto da una ripetizione e da una durata.

Tutti questi ragionamenti sembrano dirci qualcosa di significativo sulla natura dell'inquadratura cinematografica; e ci confermano l'esistenza di un "montaggio prima del montaggio", realizzato dalla nostra mente di spettatori.
Già nella metà del secolo scorso, anche se all'interno di differenti ambiti di ricerca, la filmologia aveva iniziato a porsi domande simili a queste, in un contesto dove l'evoluzione della cinematografia sonora e il lavoro di artisti come Jean Renoir e Orson Welles avevano portato a una maggiore durata delle inquadrature, e quindi anche a una maggiore attenzione verso la loro dinamica compositiva. Per limitarci all'esempio più noto, il celebre critico, studioso e cinefilo André Bazin introduceva nei primi anni '50 un concetto fondamentale, quello di "montaggio in profondità":

> La fama di *Citizen Kane* non sarà mai troppa. Grazie alla profondità di campo, scene intere sono girate senza interruzione, a volte anche con la macchina da presa immobile. Gli effetti drammatici, prima affidati al montaggio, nascono ora tutti dallo spostamento degli attori nell'inquadratura scelta una volta per tutte [...] mentre la scenografia, l'illuminazione e l'angolazione danno alla composizione una differente leggibilità. Sulla superficie dello schermo il regista e l'operatore hanno saputo organizzare una scacchiera drammatica da cui nessun dettaglio viene escluso. [...] In altri termini, il pianosequenza in profondità di campo del regista moderno non rinuncia al montaggio, [...] ma lo integra nella propria plasticità.[8]

Poco più oltre, Bazin cerca una ragione di questa importante possibilità di messa in scena (una novità per quei tempi), e la trova anche lui nell'attività esplorativa dello sguardo dello spettatore:

> Nella realtà, infatti, il nostro occhio si assesta spazialmente, come l'obiettivo, sul punto importante dell'avvenimento che ci interessa; esso procede per investigazioni successive, introduce una sorta di temporalizzazione di secondo grado con l'analisi dello spazio di una realtà che evolve essa stessa nel tempo.[9]

---

[8] André Bazin, *Che cosa è il cinema? Il film come opera d'arte e come mito nella riflessione di un maestro della critica*, Garzanti, Milano 1973, pp. 85-87.
[9] Ivi, p. 100.

A partire da queste suggestioni del critico francese, l'analisi filmica ha sviluppato il concetto più generale di "montaggio interno" all'inquadratura. Un concetto che esprime, da un lato, la consapevolezza che, se il montaggio è variazione – da un'inquadratura all'altra – di piani, campi e punti di vista, in moltissimi casi possiamo osservare questi cambiamenti anche all'interno di una singola inquadratura, grazie alla combinazione dei movimenti scenici degli attori e dei movimenti di macchina; ma che dall'altro lato esprime anche la consapevolezza che, pure nel caso di inquadrature fisse, come le celebri inquadrature "tutte a fuoco" del cinema di Orson Welles, un sapiente gioco compositivo (che si appoggia sulla disposizione della scena, sul punto di vista, sulla scelta della lunghezza focale, sull'illuminazione e sulla performance degli attori) può tuttavia portare lo spettatore a organizzare mentalmente una vera e propria successione (un montaggio?) di elementi differenti, che vengono esplorati dallo sguardo in un percorso governato (in modo più o meno vincolante e "obbligato") dall'arte di messa in scena del regista[10].

Non è certamente questo il luogo dove analizzare in dettaglio gli infiniti modi con cui il cinema e l'audiovisivo hanno sviluppato questa dimensione del "montaggio interno", utilizzando e sperimentando tutti gli strumenti della messa in scena (scenografia, recitazione e azione scenica, punto di vista e movimento di macchina), della tecnologia di ripresa (ottiche, profondità focale, ratio ecc.) e dell'illuminazione del set: un lavoro straordinario iniziato già da Edison e dai Lumière e poi sviluppato senza interruzioni in un secolo e un quarto di cinematografia, in una continua evoluzione incrociata di stili, linguaggi e tecnologie. Vorremmo fare solo un paio di esempi, utili più che altro per capire la complessità del tema e la forza emotiva delle soluzioni inventate dai diversi autori cinematografici.

Il primo di questi esempi lo estraiamo da un film che potremmo sicuramente definire "di genere", dove però possiamo trovare un utilizzo molto consapevole e ricco dello stato dell'arte delle convenzioni cinematografiche: si tratta del *Sapore del successo* (2015), diretto da un regista, sceneggiatore e produttore di grande mestiere come John Wells. L'inquadratura in questione (Fig. 1.7) si trova a 1h 2' 13" dall'inizio. {☞ ***Il sapore del successo*, scena analizzata**}

---

[10] Più recentemente, questa idea del "montaggio interno" si è aperta anche a comprendere i sempre più numerosi casi di *split screen*, dove la presenza di più immagini in un'unica inquadratura pone in modo ancor più evidente il tema della scelta dello spettatore su "cosa osservare". Cfr. in proposito Federico Vitella, *Il montaggio nella storia del cinema. Tecniche, forme, funzioni*, Marsilio Editori, Venezia 2009.

Adam (Bradley Cooper) e Reece (Matthew Rhys), due cuochi rivali, si incontrano all'inaugurazione del ristorante di quest'ultimo. Mentre i due si fronteggiano con uno scambio di battute dai molti sottintesi, un aggiustamento di fuoco mette in evidenza alle loro spalle una giovane donna che li osserva: è Anne Marie (Alicia Vikander), che in passato ha avuto una relazione tempestosa e distruttiva con Adam.

Fig. 1.7

Qui possiamo veramente apprezzare tutta la potenza del montaggio in profondità; senza stacchi di montaggio, e rimanendo nel medesimo piano di ripresa, l'aggiustamento di fuoco porta la nuova protagonista, letteralmente, in primo piano, con un'efficacia forse ancora superiore a quella che avrebbero avuto un convenzionale attacco sull'asse o una soggettiva. Lo sguardo viene trascinato, quasi risucchiato, dal volto della donna, che prende forma mentre il resto dell'inquadratura praticamente scompare dalla percezione dello spettatore.

Il secondo esempio che vogliamo presentare è sicuramente più complesso: si tratta del long shot che, a 19' 50" dall'inizio, conclude la prima parte dei *Predatori dell'Arca perduta* (1981) di Steven Spielberg. Dopo l'incontro con i servizi segreti, durante il quale si è deciso di intraprendere la ricerca dell'Arca, Marcus Brody (il direttore del museo, interpretato da Denholm Elliott) si reca da Indiana Jones (Harrison Ford) per salutarlo prima della partenza. {☞ ***I predatori dell'Arca perduta*****, scena analizzata**}
In questa lunga inquadratura (che sarebbe un piano-sequenza, se non fosse per i due repentini attacchi sul movimento che concludono la scena) possiamo individuare chiaramente sei composizioni chiave, sostanzialmente fisse, raccordate tra loro da movimenti di macchina (carrellate e panoramiche). In ognuna di queste composizioni chiave il nostro sguardo viene guidato nella sua attività di esplorazione, come già abbiamo visto analizzando il fotogramma di *C'era una volta il West* (Fig. 1.6, a p. 17).

Nella prima posizione chiave (Fig. 1.8) la nostra attenzione viene divisa tra il personaggio di Indiana (che è in ombra, ma è interpretato dalla star del film) e il volto di Marcus, evidenziato dal taglio di luce; allo stesso

Fig. 1.8

tempo le due strisce trasparenti ai lati della porta, da cui filtra la luce dall'esterno, attirano la nostra attenzione per la loro simmetria e per il fatto di costituire una sorta di "cornice" che isola e sottolinea la figura di Indiana. A questo punto, un movimento combinato di panoramica e carrello ci porta nella seconda posizione, dove questa volta è Elliott a essere "incorniciato" dai due elementi simmetrici dello sfondo (le due librerie, con l'ultimo ripiano illuminato); il movimento dell'attore in scena sposta tuttavia l'attenzione su Ford, che passa da un lato all'altro dell'inquadratura (Fig. 1.9) riequilibrando, in modo anche qui simmetrico, la composizione del quadro. L'uscita di scena di Ford sulla destra attira la nostra attenzione verso il fuori campo in quella direzione, dove infatti veniamo condotti subito dopo da un movimento della macchina da presa (mdp) che segue in modo assolutamente naturale il movimento di Elliott.

Fig. 1.9

Giunti alla terza posizione (Fig. 1.10 sopra), ci troviamo in una situazione compositiva complessa e interessante. Il paralume sulla destra attira la nostra attenzione, contribuendo a creare una forte sensazione di profondità: il paralume, Ford che si muove in penombra tra armadio e valigia e, più oltre, Elliott seduto ed evidenziato da un taglio di luce producono nell'inquadratura tre piani differenti. In questa successione di piani l'occhio dello spettatore viene come "invitato" (dalla fuga prospettica e dallo stesso movimento di Indiana che si gira verso Marcus, mentre questi inizia a parlare del mistero dell'Arca) a stringersi verso il piano più lontano, quello occupato proprio dalla figura di Marcus. La composizione in profondità anticipa quindi quello che poco dopo farà la macchina da presa, che scivola al fianco

Fig. 1.10

di Indiana per arrivare finalmente a isolare con un *character dolly* la mezza figura di Elliott (quarta posizione, Fig. 1.10 sotto).

Conclusa la riflessione di Marcus (che, enfatizzata dal suo sguardo a filo macchina, sembra quasi rivolta agli spettatori, piuttosto che a Indiana), Ford rientra improvvisamente in campo per andare a prendere la pistola, attirando lo sguardo dello spettatore fino alla quinta posizione (Fig. 1.11).

Fig. 1.11

Il repentino movimento di macchina che segue Indiana (anticipato dalla sua risata fuori campo, che interrompe improvvisamente la meditazione di Marcus e anche il *Tema dell'Arca* che era apparso in sottofondo come musica di commento) si propone come una istantanea rottura ritmica della scena, altrettanto (e forse più) brutale di quanto avrebbe potuto essere uno stacco di montaggio!

A questo punto, il ritmo dell'azione e dei movimenti di macchina torna a rilassarsi, anche se è sempre più "allegro" (per usare un termine musicale) del precedente character dolly verso Marcus; la macchina da presa accompagna il movimento dell'attore e ci porta nella sesta posizione (Fig. 1.12), anche questa giocata sui due piani in profondità; e anche qui, come già nella seconda posizione, lo sguardo dello spettatore viene attratto alternativamente da Indiana (in mezz'ombra, ma in azione) e da Marcus (gratificato da un taglio di luce ma sostanzialmente immobile), fino al gesto conclusivo del primo (lo srotolamento del panno), che porta necessariamente l'attenzione verso la sua mano e apre direttamente la strada al successivo attacco sul movimento.

Fig. 1.12

Quella che avete appena letto è certamente un'analisi semplificata di questa scena, a cui ciascuno di voi può aggiungere altri elementi e osservazioni significative. Pensiamo sia sufficiente, tuttavia, per confermare l'importanza decisiva dell'idea di "montaggio interno", e per rendere conto di come la pratica di messa in scena e di composizione dell'inquadratura produca effetti di importanza decisiva per la comprensione del fenomeno cinematografico, in almeno due direzioni:

1) all'interno della singola inquadratura, a prescindere dal montaggio in senso stretto, si possono verificare (grazie alla dinamica dell'azione

scenica e/o ai movimenti di macchina) variazioni dei piani e dei campi di ripresa, e spesso anche variazioni dei punti di vista;

2) anche quando l'inquadratura sia il risultato di una ripresa fissa e con scarsa o nulla azione scenica, l'attività di esplorazione nel tempo operata dal sistema visivo dello spettatore porta a una frammentazione e alla costruzione di una gerarchia della visione; elementi differenziati che possono equivalere, nella mente dello spettatore, alla presenza di tagli di montaggio veri e propri.

Dunque, frammentare e connettere, come afferma Murch, funziona. Funziona, come abbiamo visto, nel "montaggio prima del montaggio", nell'attività di perlustrazione dell'immagine che frammenta la visione creando nella mente dello spettatore gerarchie, zone di interesse, particolari separati ma interconnessi. Ma, come vedremo nella seconda parte, funziona ancora di più nell'attività di connessione, che a partire da frammenti effettivamente distinti (le inquadrature girate separatamente e messe in successione dal montaggio), porta la mente dello spettatore a costruire uno "spazio virtuale", percepito come una realtà vivida e ininterrotta – quella che Martin Scorsese ha definito "illusione di realtà"[11].

RIEPILOGO DEL PRIMO CAPITOLO

- L'inquadratura (e in generale qualsiasi immagine contenuta in una cornice) identifica e isola una porzione di realtà che è **altra** rispetto a quella della nostra vita quotidiana. Si tratta di una realtà **organizzata**, un universo chiuso le cui parti sono composte in un **gioco di relazioni**.
- La visione dello spettatore non avviene in maniera unitaria ma **frammentata**: l'immagine non viene percepita immediatamente nella sua totalità, ma **esplorata per gradi**; di volta in volta lo sguardo si sofferma su determinati particolari che la nostra mente riconosce istintivamente come i più significativi.
- Questa esplorazione non è casuale, ma **è guidata** da alcuni fattori ben precisi (composizione dell'immagine, colori, forme, contrasti, luci, ombre, prospettive) che di fatto "costringono" lo sguardo a dare **precedenza** a determinati particolari piuttosto che ad altri.
- Nella percezione dei particolari che compongono l'immagine si viene quindi a creare una **gerarchia** che verrà poi **riorganizzata** e **ricostruita** attraverso una complessa operazione di **elaborazione mentale**, al termine della quale avremo finalmente ottenuto quella struttura di senso unitaria che ci permette di "decifrare" correttamente l'immagine.
- Questa gerarchia della visione anticipa quell'attività di **frammentazione** e **ricomposizione della continuità** che è propria del montaggio cinematografico. La nostra mente di spettatori opera, cioè, sulle singole inquadrature, una sorta di "**montaggio prima del montaggio**".

[11] Martin Scorsese e Michael H. Wilson, *Un viaggio personale con Martin Scorsese attraverso il cinema americano*, Archinto, Milano 1998, p. 68.

Capitolo secondo

LA CORNICE E IL FUORI CAMPO

[...] e questa siepe, che da tanta parte
dell'ultimo orizzonte il guardo esclude.
Ma sedendo e mirando, interminati
spazi di là da quella, e sovrumani
silenzi, e profondissima quiete
io nel pensier mi fingo, ove per poco
il cor non si spaura. [...]
(Giacomo Leopardi, *L'infinito*)

Immaginiamo: siamo sdraiati sul divano, intenti a leggere un libro. Guardiamo concentrati la pagina scritta quando, a un certo punto, sentiamo un miagolio; lasciamo la pagina e volgiamo lo sguardo verso la porta. Il nostro gatto, che prima dormiva sul letto, si è svegliato e ci sta raggiungendo. Nel nostro campo visivo il dettaglio della pagina è stato sostituito dal gatto che si avvicina e da uno sfondo ben più ampio della pagina del nostro libro.
Partiamo subito da una certezza: in un film, e in generale in un'opera audiovisiva, tutto quello che è in campo finirà poi fuori campo.
Nell'avanzare della narrazione, la dinamica dell'inquadratura e il montaggio producono una concatenazione di eventi, di spazi diversi e di personaggi che parlano e agiscono. Sappiamo che è facoltà dello spettatore immagazzinare, tenere in memoria, ciò che si è visto e che non si vede più, ciò che è già accaduto.
L'uscita di campo di cose e personaggi, ma anche di spazi rappresentati, avviene con rilievi e incidenze diverse rispetto a quello che si racconta: un conto è perdere il contatto con il protagonista e un conto è veder andare fuori campo un personaggio secondario, poco rilevante per lo sviluppo della trama.
Ancora una volta è importante ritornare al ruolo dello spettatore, alla sua tendenza alla riarticolazione secondo un ordine causa/effetto della struttura narrativa, alla sua predisposizione a completare, fare previsioni e congetture, partendo dagli elementi e dagli indizi che a poco a poco l'immagine gli cede. Sappiamo, per esperienza di lettori/spettatori, che ogni narrazione si sostanzia di eventi principali e di eventi secondari: i

primi sono essenziali allo sviluppo di ciò che viene raccontato, sono i cardini della narrazione, mentre i secondi arricchiscono la trama, la completano, la sviluppano; la loro omissione può sì provocare un impoverimento estetico della narrazione, ma non ne pregiudica lo sviluppo.

Ma non è sempre stato così: quando da piccoli guardavate la Pimpa, che usciva di campo lasciando l'Armando seduto sulla sua poltrona, potevate chiedere ai vostri genitori: «Dove è andata?». Avete poi imparato a considerare uno spazio fuori dal quadro ma dentro la storia, esattamente come era già vostra esperienza nella realtà, quando vi trovavate nel vostro lettino e sapevate che mamma e papà erano in un'altra stanza e il vostro cane probabilmente dormiva sul divano. Avevate una consapevolezza della spazialità che faceva parte del vostro mondo e questa veniva richiamata da supposizioni (il cane che di sera era solito dormire sul divano) e dalle voci dei vostri genitori in un'altra stanza.
Partiamo da una definizione: l'inquadratura può essere considerata l'unità base del discorso filmico, si compone di fotogrammi, una serie di immagini fisse che viste in successione e a una certa velocità restituiscono l'illusione del movimento e della tridimensionalità. Le immagini che scorrono determinano anche l'illusione di realtà, rafforzata dal fatto che, mentre noi guardiamo, sullo schermo accade qualcosa in un tempo che accomuna noi e lo schermo: due realtà diverse che condividono lo stesso tempo.

Nella disamina delle forme e delle valenze determinate dal passaggio dal campo al fuori campo, che può avvenire per la dinamica di un oggetto o di un personaggio, per i movimenti della macchina o per un taglio di montaggio, metteremo a fuoco le diverse modalità, con i rispettivi pesi, che ci indurranno a percepire uno spazio che preme ai bordi dell'inquadratura. Innanzitutto sappiamo che se c'è uno spazio in campo ci sarà sicuramente uno spazio *fuori*, tutt'intorno, che si potrà sviluppare orizzontalmente, verticalmente o in profondità (quest'ultimo inquadrato ma nascosto, come quando sentiamo parlare delle persone dietro una porta chiusa).

Come primo passaggio, per definire il fuori campo e la sua portata di senso all'interno di una narrazione, prendiamo in esame un grado zero del cinema, *L'arrivo di un treno alla stazione di La Ciotat* (1896)[1]. {☞ ***L'arrivo di un treno alla stazione di La Ciotat*, film completo**}
Nei 50 secondi ripresi dai fratelli Lumière, che inizialmente erano solo la testimonianza di una scoperta tecnologica e non l'embrione di un'arte

[1] Da *catalogue-lumiere.com*: «Un treno entra in stazione, si ferma e molti passeggeri scendono dai vagoni, mentre altri salgono». Il periodo delle riprese è stato attribuito in base all'età dei bambini Lumière presenti nel quadro; fu girato nell'estate del 1897. Altre due versioni non catalogate sono state girate, probabilmente da Louis Lumière, sulla stessa banchina.

straordinaria che avrebbe illuminato il XX secolo, possiamo dire che l'evoluzione del quadro unico che racconta l'arrivo di un treno in una stazione di fine '800 presenta già la nozione di fuori campo e l'evoluzione semantica del soggetto, il treno.
La ripresa in continuum dei Lumière, con la macchina da presa posta in prospettiva laterale sulla banchina e collocata più o meno all'altezza dello sguardo degli astanti, consente di racchiudere tutti i particolari dell'evoluzione della scena a quadro unico. Guardando e riguardando, perché per impossessarsi degli elementi di un linguaggio occorre ripercorrere più volte l'oggetto di studio, possiamo cogliere una notevole variazione del quadro.
Qui sotto (Fig. 2.1) sono riportati un fotogramma dell'inizio e uno della fine dell'opera di Auguste e Louis Lumière, così descritta da Georges Sadoul:

> In *L'arrivée d'un train* la locomotiva giunge dal fondo dello schermo, avanza sugli spettatori e li fa sussultare dando loro la sensazione che stia per schiacciarli. Essi identificano quindi la loro visione con quella della macchina da presa: ecco che la macchina da presa diventa per la prima volta un personaggio del dramma. Per questo film Louis Lumière aveva utilizzato tutte le risorse di un obiettivo a grandissima profondità di campo.[2]

Fig. 2.1

Per l'evidente evoluzione del quadro siamo portati a suddividere l'azione in due parti.
All'inizio (Fig. 2.1 a sx) vediamo il treno che da lontano si avvicina fino all'uscita di campo del suo elemento identificativo, la locomotiva; con l'avvicinarsi del treno variano progressivamente le sue dimensioni. Fino a questo momento il treno è evidentemente il soggetto: è il centro dell'attenzione per noi spettatori e per coloro che attendono sulla banchina. La costruzione prospettica si presenta chiusa: le linee convergono sul soggetto che progressivamente avanza, tutto si concentra ancora all'interno della composizione.
Con l'evoluzione del quadro abbiamo tuttavia anche una variazione del valore semantico, del senso dell'immagine: con l'uscita di campo della loco-

[2] Georges Sadoul, *Storia del cinema mondiale*, Feltrinelli, Milano 1972, vol. I, p. 32.

Fig. 2.2

motiva tutto cambia, il treno si trasforma da soggetto a sfondo (Fig. 2.2). Possiamo anche notare che ora i vagoni del treno, che scorrono e poi si fermano, hanno messo fuori campo l'ambiente circostante, quello che prima era visto da noi e dagli astanti in attesa sulla banchina (Fig. 2.3).

Fig. 2.3

Ora le persone in attesa del treno si muovono e la nostra attenzione è rivolta alla dinamica creata dagli intrecci, tra chi aspetta, chi viene incontro, i passeggeri che scendono e quelli che salgono. La focalizzazione è sull'azione, sul movimento; il nostro sguardo va ai dettagli delle persone che si spostano, alcuni "impallano"[3] la macchina da presa, che sempre fissa cattura la realtà dinamica lungo la banchina.

In questa fase non possiamo più parlare di un'intenzione, di uno sguardo comune tra spettatore e persone contenute nel quadro: prima entrambi guardavamo l'arrivo del treno, ora noi guardiamo loro. Se in principio la composizione dell'immagine creava un'inquadratura chiusa, con una forza centripeta concentrata sull'avanzare del treno, ora la composizione assume ben altra valenza: il movimento continuo dei personaggi allude a uno spazio più ampio, da cui provengono e verso cui vanno. L'evoluzione del piano ha trasformato il quadro in una composizione aperta, in cui il fuori campo, lo spazio oltre i bordi dell'immagine, è percepito dallo spettatore (Fig. 2.4).

[3] Si ha un *impallamento* quando il soggetto dell'azione scompare alla vista, coperto da oggetti, persone o elementi di scena.

Fig. 2.4

Con *L'arrivo di un treno alla stazione di La Ciotat* abbiamo potuto saggiare la complessità di una narrazione a quadro unico che si colloca idealmente all'inizio della storia del cinema. Già in questa manciata di secondi è apparsa evidente la relazione tra campo e fuori campo, in un'evoluzione unicamente profilmica: la macchina da presa rimane fissa, solo ciò che è nella messa in scena è dinamico.
È da notare anche come la semplicità del significato di ciò che abbiamo visto, un treno che arriva in una stazione, possa essere accompagnata dalla complessità degli strumenti di linguaggio messi in campo. Riassumendo, possiamo dire che la nozione di campo è relativa a ciò che ci viene mostrato nel quadro, a ciò che lo spettatore vede; il fuori campo è invece lo spazio escluso dal quadro, uno spazio che può essere conosciuto, sconosciuto o solamente ipotizzato.

Sappiamo che l'immagine cinematografica è racchiusa in un'ideale cornice che ne delimita lo spazio di rappresentazione, ma sappiamo anche che la dinamica interna all'inquadratura opera il superamento di questo limite, proprio come abbiamo visto nell'*Arrivo di un treno.*
Il campo e il fuori campo possono avvicendarsi già all'interno della singola inquadratura; oltre alle variazioni interne alla messa in scena (*profilmico*) sono da considerare anche i movimenti della macchina da presa (*filmico*), che possono escludere o includere personaggi e parti dello spazio, con movimenti autonomi o subordinati all'azione ripresa. Ma il cuore della scrittura, che include ed esclude, che costruisce il peso narrativo della presenza e dell'assenza, è il montaggio cinematografico, che lavora alla costruzione del senso attraverso la messa in sequenza delle immagini: con l'alternanza di un dialogo, con le evoluzioni delle relazioni spaziali, con la costruzione dello spazio e del tempo della narrazione. Un'operazione complessa e affascinante che mette insieme i pezzi di un racconto restituendo l'incredibile e il verosimigliante.
Se nel quadro cinematografico la cornice non è visibile ed è solo un confine regolare che accompagna tutta la successione delle inquadrature, nella pittura invece svolge il ruolo di limite visibile tra una realtà rappresentata e organizzata e la realtà in cui è collocata l'opera. Al di là del confine fisico e concreto, determinato dalla cornice di un quadro, è necessario considerare la composizione della scena rappresentata, che si

potrebbe esaurire tutta al suo interno come anche potrebbe alludere con evidenza a uno spazio *oltre*.

Fig. 2.5

Per meglio comprendere questa differenza analizziamo qui di seguito due celebri esempi pittorici. Nel primo caso, con la *Decollazione di San Giovanni Battista* di Caravaggio (Fig. 2.5), abbiamo una composizione chiusa: gli sguardi e la disposizione delle figure convergono in un punto all'interno della rappresentazione, un punto reso evidente anche da una soluzione cromatica forte, il panno rosso che copre le nudità di Giovanni Battista, in contrasto con i colori freddi delle altre figure. Un'espansione della spazialità, oltre il limite della cornice, l'abbiamo invece nella *Giuditta con la sua ancella* di Artemisia Gentileschi (Fig. 2.6). La composizione delle due donne, i cui sguardi sono rivolti a un altrove, ci induce a ipotizzare che stiano rispondendo a un richiamo, o che semplicemente abbiano visto qualcuno venir loro incontro; poiché nelle mani di entrambe sono visibili i segni dell'azione compiuta, la nostra condizione di osservatori ci porta a considerare la valenza narrativa del fuori campo, che diventa un'estensione del racconto, uno spazio in cui ciò che accade è collegato a ciò che vediamo.

Fig. 2.6

Possiamo quindi affermare che lo spazio oltre la cornice è uno spazio virtuale che si costruisce nella mente dell'osservatore/spettatore e che può giocare un ruolo importante per sviluppare e completare il racconto. Possiamo anche dire che in entrambi gli esempi riportati è presente il fuori campo; ma, se in Caravaggio non si percepisce, perché la narrazione è concentrata all'interno della composizione, ed è lì che si esaurisce, nel quadro della Gentileschi, al contrario, è la composizione stessa che allude al fuori campo come spazio narrativo.

Abbandoniamo ora la pittura per ritornare alle immagini in movimento, all'inquadratura come realtà diveniente che si espande, evolve, e che con il taglio di montaggio si collega alle altre.
Abbiamo già affermato che il fuori campo è una realtà costantemente presente, ma che non sempre lo spettatore rileva. Questo dipende da alcune variabili: dall'organizzazione della messa in scena, dalla messa a quadro e dalla scelta dell'autore di mettere in rilievo lo spazio adiacente a ciò che

stiamo vedendo. Il fatto che non sempre lo spettatore abbia questa nozione diventa un potente strumento per la costruzione dell'effetto sorpresa: da uno spazio sconosciuto, o conosciuto e dimenticato, improvvisamente compare o accade qualcosa che non avevamo previsto.
Per capirne meglio la complessità, e per riconoscere e utilizzare gli strumenti relativi al fuori campo, partiamo dalla sua definizione, in parte già deducibile dalle esemplificazioni fin qui proposte.
Il **fuori campo** è una realtà che "preme" ai bordi dell'inquadratura e che espande i suoi confini in sei parti distinte: i quattro bordi dell'inquadratura stessa (*fuori campo esterno*) ma anche una parte nascosta al suo interno, coperta da elementi della messa in scena (*fuori campo interno*) e infine, ben più raramente, lo spazio dietro alla macchina da presa, da cui può entrare in campo un personaggio[4]. Il fuori campo può essere *conosciuto* o *sconosciuto*, *concreto* o *immaginario*, a seconda che lo spettatore abbia già avuto modo di conoscere spazi e personaggi o non ne abbia ancora avuto nozione.
È utile rilevare che in una dialettica campo-fuori campo si possono articolare e potenziare gli aspetti emozionali che coinvolgono sia il personaggio che lo spettatore e in cui si intrecciano consapevolezze e ignoranze: il desiderio di vedere e sapere, la capacità di ragionamento e la disposizione ad anticipare e a ipotizzare gli sviluppi della storia. Tutto questo determina possibilità straordinarie per l'autore, che di volta in volta costruisce forme narrative che giocano "al gatto e al topo" con lo spettatore, sospingendolo verso valutazioni di senso comune, a conferma delle convenzioni filmiche, o seguendo percorsi diversi dal classico solco dell'intrigo, con conferme ritardate, se non esiti del tutto ribaltati.

Andiamo ora a vedere come si attiva la dialettica tra campo-fuori campo, quali sono gli indici visivi e sonori impiegati:

- l'entrata e l'uscita dallo spazio rappresentato, in orizzontale e, più raramente, in verticale;
- l'azione filmica di inclusione ed esclusione;
- uno sguardo verso il fuori campo, che richiama al raccordo di sguardo o alla soggettiva;
- un gesto in direzione di uno spazio non inquadrato;
- la parte in campo per un tutto (metonimia);
- un suono proveniente dal fuori campo (suono off).

L'entrata o l'uscita di campo di uno o più personaggi ci portano alla percezione dell'esistenza di spazi non inquadrati, spazi di provenienza e/o di destinazione. Il loro peso è determinato dalla rilevanza dell'azione rappresentata e dall'importanza che gli spazi possono assumere drammaturgica-

[4] Noël Burch, *Prassi del cinema*, Pratiche Editrice, Parma 1980.

mente. Le entrate e le uscite di campo sono regolate da convenzioni che permettono l'illusione di continuità visiva, garantita dal lavoro del montaggio. Nel dettaglio, se un personaggio esce a destra dello schermo proseguirà il suo percorso rientrando, nell'inquadratura successiva, a sinistra, e così l'inverso; mentre, se esce dall'alto del quadro, per garantire la continuità di movimento, rientrerà in scena dal basso, e così sarà il contrario. Qui di seguito proponiamo due esemplificazioni, estratte da due classici del cinema muto. Nella prima sequenza, tratta da *Charlot conte* (1916) e situata a circa 13' dall'inizio, vediamo Chaplin che esce e rientra in campo orizzontale: nella prima inquadratura (Fig. 2.7) lo vediamo uscire di campo a destra, seguendo con insistenza una giovane donna vestita da odalisca; nella seconda inquadratura (Fig. 2.8) vediamo la donna già in campo nella stanza attigua, mentre Charlot entra in campo da sinistra. {☞ ***Charlot conte*, scena analizzata**}

Fig. 2.7 (sopra) e Fig. 2.8 (sotto)

Nell'esempio successivo, tratto invece dal *Navigatore* (1924) di Buster Keaton e Donald Crisp, a 13' 33'' dall'inizio vediamo Buster Keaton in un'uscita e nella successiva entrata in campo verticale: nella prima inquadratura (Fig. 2.9) precipita in uno sfiatatoio di un battello; nell'inquadratura successiva (Fig. 2.10) lo vediamo piombare dall'alto in una cabina, travolgendo la fidanzata. {☞ ***Il navigatore*, scena analizzata**}
Con l'uscita di campo di persone e cose e il loro successivo rientro in campo il montaggio ha inventato uno strumento fondamentale, capace di collegare spazi separati attraverso la messa in successione di inquadrature contigue (tema che verrà approfondito nel prossimo capitolo).

Naturalmente tutto questo vale per il cinema delle origini ma anche per il cinema contemporaneo, dove però all'inquadratura visiva si accompagna quella sonora (parole, suoni, musica diegetica). Occorre quindi, ora,

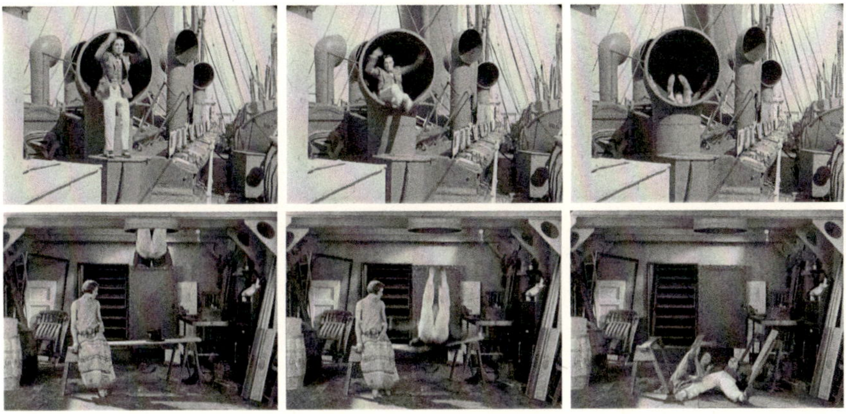

Fig. 2.9 (sopra) e Fig. 2.10 (sotto)

fare una prima considerazione sull'inquadratura sonora; il suo ruolo è cruciale perché ci permette di espandere ciò che vediamo con ciò che sentiamo, di rilevare in continuum la presenza di chi non è più in campo o non lo è ancora. I suoni e le voci contestualizzano o creano attesa, includendo porzioni di spazio adiacenti a quello che stiamo vedendo. Il fuori campo sonoro può assumere diverso rilievo, a seconda che abbia una valenza narrativa o sia solamente una tessitura d'ambiente.

Nel caso delle entrate e delle uscite di campo di un personaggio, l'anticipazione sonora del suo ingresso o la coda sonora della sua uscita richiameranno l'attenzione dello spettatore inducendolo a "vedere" con l'udito. Ma occorre fare un distinguo: l'inquadratura che inizia con un campo vuoto non allude di per sé all'ingresso di un personaggio, e non è sempre certo da che parte esso possa entrare in campo; nell'uscita di campo, invece, lo spettatore può seguirlo attraverso il percorso sonoro (il suono dei suoi passi, la sua voce, lo spessore sonoro dell'ambiente di destinazione)[5]. In questo ultimo caso abbiamo una vera e propria dissociazione audio/visiva, che ci consente di seguire attraverso la vista ciò che è in campo e attraverso l'udito ciò che accade fuori campo.

Questa è una delle grandi potenzialità del cinema sonoro, nonché una delle basi per costruire la suspense e la sorpresa.

L'azione filmica di inclusione ed esclusione è determinata dalla dinamica della macchina da presa, che assume il compito di selezionare ciò che è da far vedere: carrello, panoramica, macchina a mano, steadycam o dolly

[5] Non dobbiamo dimenticare che oggi lo spettatore, grazie alla stereofonia e alla tecnologia audio Dolby Surround, ha la possibilità di sentire l'inquadratura sonora in dinamica: ogni suono si colloca ed evolve dove il regista e il sound designer hanno deciso di farlo sentire; alla dinamica visiva, determinata dalla macchina da presa, si aggiunge la dinamica sonora.

saranno portatori di modifiche del quadro, che subirà un'evoluzione più o meno sensibile, così come lo stacco di montaggio escluderà personaggi e spazi prima inquadrati.
Sappiamo che il montaggio può generare una continuità narrativa attraverso l'articolazione delle inquadrature, che mettono in evidenza, allargano il campo, mostrano in dettaglio e collegano le diverse spazialità e gli sviluppi dell'azione. Con movimenti autonomi o subordinati all'azione stessa, la macchina da presa si muove nello spazio: un'inquadratura può finire come è iniziata o può evolvere radicalmente, partendo da un dettaglio per arrivare a un totale. La tecnologia digitale in questi ultimi decenni ci ha portato esempi di grande dinamica della macchina da presa, arrivando a negare, in alcuni film, l'azione del montaggio[6].

Un altro modo per sottintendere o dichiarare la presenza di uno spazio fuori campo è demandato alla performance dell'attore: attraverso uno sguardo del personaggio che si rivolge a uno spazio oltre, un gesto che fa riferimento a una presenza, una battuta rivolta a qualcuno che si colloca nello spazio non inquadrato. Sono questi i casi in cui si crea una sostanziale discrepanza tra ciò che vede e sa il personaggio e ciò che vede e sa lo spettatore. Questa negazione ha un peso drammaturgico rilevante, perché suscita il desiderio di voler sapere di più, il timore per ciò che sta accadendo: aspettative che il montaggio, così come la dinamica della macchina da presa, può appagare o deludere.
Possiamo aggiungere che un fuori campo può essere *attivo*, perché abbiamo gli elementi per poterlo definire, se non altro come spazio in cui accadono delle cose, o *non attivo*, uno spazio in contatto con quello rappresentato ma che, almeno momentaneamente, non può essere considerato uno spazio narrativo e, per questo, non è rilevato dallo spettatore.
Riprendendo in esame il quadro di Caravaggio, la composizione centripeta che vede al centro Giovanni Battista nega il valore dello spazio adiacente alla composizione, mentre il gesto della Giuditta di Artemisia Gentileschi fa riferimento a uno spazio narrativo nascosto che completa la scena.
Dobbiamo considerare anche che il punto di vista e la distanza dalla macchina da presa possono svelare solo in parte ciò che è in campo, inquadrata può essere solo la parzialità di un corpo. Quella che nelle figure retoriche viene indicata come sineddoche (una parte per il tutto) nelle immagini in movimento e nell'evoluzione narrativa di una sequenza assume un valore cangiante e dinamico: la presenza fisica dell'attore, totalmente o parzialmente in campo, contribuisce a creare momenti di relativo controllo da parte dello spettatore e momenti in cui lo spettatore è costretto a concentrarsi su ciò che potrebbe rivelare il non visto. Ancora una volta

[6] Il riferimento è a *Birdman* (2014) di Alejandro González Iñárritu e a *1917* (2019) di Sam Mendes; in questi casi sarebbe meglio, più che di negazione, parlare di montaggio nascosto.

la sua passività lo costringe a non esplorare direttamente, ma ad attendere che l'autore riveli ciò che effettivamente vuole far vedere.
Il caso più comune, in cui abbiamo l'alternarsi di ciò che si vede e che non si vede, si verifica quando ci troviamo a seguire un dialogo costruito sulle *corrispondenti* (in cui la mdp favorisce la visione del primo personaggio a scapito del secondo) o sul *campo/controcampo*[7]. Sono questi i casi in cui il fuori campo è, per convenzione, in alternanza: è tutto dichiarato sin dall'inizio e, pur con variazioni dei tempi di attesa, chi inizialmente era in campo andrà, a un certo punto, fuori campo, e viceversa. Di seguito due esempi di dialogo sviluppato con inquadrature corrispondenti.
Nel primo, tratto dal *Filo nascosto* (2017) di Paul Thomas Anderson (a 1h 6' 5" dall'inizio), abbiamo una classica alternanza di primi piani (Fig. 2.11); si tratta di una scena in cui il rapporto tra i due protagonisti, Alma e Reynolds, si presenta problematico: stanno cenando, soli con le loro incomprensioni; la donna (Vicky Krieps), per ricreare un contatto con il proprio compagno (Daniel Day-Lewis), ha deciso di organizzare una cena che per le sue modalità rompe la preziosa routine del protagonista. La scena è tesa, piena di naufragate aspettative per lei e di profonda irritazione per lui. **{☞ *Il filo nascosto*, scena analizzata}**

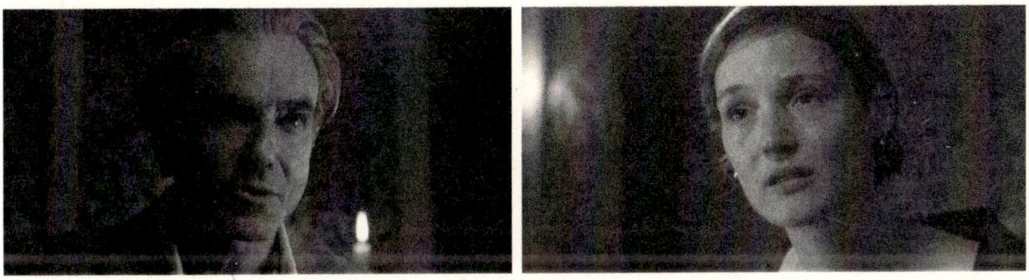

Fig. 2.11

ALMA: Volevo avere un po' di tempo con te, volevo solo averti per me.
REYNOLDS: Noi stiamo insieme tutto il tempo; di che cosa stai parlando?

Possiamo notare l'inesistenza dello sfondo, che non ha rilievo nella narrazione perché a essere centrali sono gli sguardi e le parole. Anderson mette in relazione di sguardo i suoi personaggi e nel contempo li isola; ci dice che sono così diversi che è difficile poter immaginare un loro futuro insieme.

La scena che segue, meno convenzionale, è tratta dal film di Robert Bresson *Lancillotto e Ginevra* (1974), in cui il regista spazza via tutti gli stereotipi delle consuete rappresentazioni dell'amore cavalleresco.

[7] Il campo/controcampo è l'alternarsi di inquadrature nelle quali i rispettivi soggetti sono ripresi da due punti di vista opposti, alle estremità di un angolo di 180°. È la rappresentazione del limite oltre il quale si produce uno scavalcamento di campo, con il conseguente disorientamento dello spettatore causato dal cambio delle posizioni relative dei personaggi.

Fig. 2.12

Fig. 2.13

Siamo a 1h 9' 53" dall'inizio del film. Il dialogo tra Lancillotto (Luc Simon) e Ginevra (Laura Duke Condominas), in mezza figura, è, per lei, l'occasione di un definitivo commiato. Bresson inizia il dialogo tra i due amanti con un piano a due (Fig. 2.12), che restituisce la distanza relativa tra loro, per poi passare a piani singoli, inizialmente alternati (Fig. 2.13).
{☞ ***Lancillotto e Ginevra*, scena analizzata**}
La lettura della *timeline*[8] (Fig. 2.14), dove le parti scure corrispondono alle mezze figure di Lancillotto e le più chiare a quelle di Ginevra, ci viene in aiuto e ci mostra con evidenza il gioco di corrispondenti che accompagnano le battute di dialogo, e che proseguono per qualche taglio di montaggio in modo assolutamente abituale. A un certo punto, però, Bresson e Germaine Lamy, sua montatrice di fiducia, operano una scelta sorprendente e per nulla convenzionale: lasciano che per oltre un minuto e mezzo (un tempo assai apprezzabile e sicuramente inconsueto) il dialogo tra i due amanti sia interamente coperto dalla sola inquadratura di Ginevra, mentre Lancillotto, benché continui a parlare, resta insistentemente fuori campo.

Fig. 2.14

Le ragioni di questa scelta anticonvenzionale le troviamo nel contenuto del dialogo: «Tu non hai più niente da chiedermi, io non ho più niente da darti».

---

[8] La *timeline* è il "tavolo da lavoro" del montaggio digitale non lineare, differentemente declinato dai diversi software. Qui vengono visualizzati gli oggetti audiovisivi giustapposti e sovrapposti; è lo spazio di creazione e sperimentazione, in cui le inquadrature, visive e sonore, sono disposte in un numero potenzialmente infinito di tracce e possono essere eliminate, ricollocate e rielaborate.

Ginevra ha deciso che la sua storia d'amore si deve concludere, e Robert Bresson marca questa intenzione, escludendo visivamente Lancillotto. È da notare anche che nelle inquadrature a lei dedicate lo sguardo di Ginevra non è mai rivolto all'amante, mentre quest'ultimo indirizza sempre la sua attenzione, con decisione, verso di lei: è dunque evidente l'intenzione del regista di non costruire una relazione di sguardo tra i due amanti, sottolineando così, in modo ancor più esplicito, la distanza che si è accumulata tra loro.

Prendiamo ora in considerazione le potenzialità del suono off, strumento che, come abbiamo già anticipato, espande il quadro e diventa motore per far immaginare allo spettatore un'azione che non vede. Occorre innanzitutto considerare che il peso dello spazio off dipende molto da ciò che viene rappresentato in campo e dalla durata di tale rappresentazione. Prendiamo a esempio *45 anni* (2015) di Andrew Haigh, un film in cui il fuori campo diventa elemento simbolico di ciò che è tenuto nascosto all'interno della relazione di una coppia di mezza età (Fig. 2.15). Qui vediamo tre frame estratti da punti diversi della pellicola: il passato, silenziosamente evocato da lui e immaginato da lei, diventa un centro d'attenzione che si sviluppa fuori campo, uno spazio narrativo che ricorre nel film, con la sua forza di presenza/assenza.

Haigh sceglie di sottolineare la presenza del fuori campo ritardando o negando lo stacco che includa l'altro; un fuori campo che si sviluppa prima orizzontalmente e poi verticalmente, quando il segreto si troverà nella soffitta in cui il marito nasconde le immagini del suo passato.

Fig. 2.15

Occorre aggiungere che la nozione di fuori campo (la dialettica campo-fuori campo) è uno strumento nelle mani del regista, che giocherà a confermare o a negare ciò che lo spettatore si aspetta, immagina o prevede.

Un fuori campo attivo induce all'attenzione e promuove ipotesi sul suo valore, partecipando alla creazione della suspense; uno spazio non considerato, un fuori campo passivo, può essere, al contrario, uno strumento per la creazione dell'effetto sorpresa[9].

[9] *Suspense*: «Stato di apprensione e di ansiosa attesa con cui si segue l'evolversi di situazioni, soprattutto di opere narrative, teatrali, cinematografiche e televisive, ricche di drammaticità e d'imprevisti e dall'esito incerto; anche, la situazione, e spec. il momento, di un film, di un racconto e sim., capaci di suscitare uno stato di ansiosa

È importante considerare sempre che il linguaggio cinematografico è uno strumento teorico che si declina ed evolve nelle infinite possibilità della prassi, che dà luogo a molteplici forme, ibridate e contaminate, e in costante divenire. Per questo, dobbiamo considerare gli indici visivi e sonori non come modalità rigidamente a sé stanti, ma come strumenti per potenziali invenzioni e associazioni.

Vediamo ora come Alfred Hitchcock costruisce, in una magistrale scena di *Notorious* (1946), un momento di suspense utilizzando la potenza narrativa del fuori campo, e quali degli strumenti sopra menzionati utilizza.
{☞ ***Notorious*, scena analizzata**}
Brevemente, la trama: dopo la Seconda guerra mondiale, Alicia (Elena nella versione italiana) Huberman (Ingrid Bergman), figlia di una spia nazista, viene contattata da Devlin (Cary Grant), agente dei servizi segreti americani, per riallacciare i rapporti con Sebastian (Claude Rains), sua vecchia conoscenza ed esponente dello spionaggio di gruppi nazisti al riparo in Brasile. Alicia accetta l'incarico, si innamora, ricambiata, di Devlin, ma sposa Sebastian per poter meglio indagare sulla sua vita.
La scena considerata (a 1h 55' dall'inizio del film) ci mostra Alicia mentre, nello spogliatoio, si avvicina al mazzo delle chiavi di Sebastian, che nella stanza accanto si sta preparando per il ricevimento che avrà inizio di lì a poco e a cui è invitato anche Devlin. La chiave in questione è quella della cantina, dove Alicia sospetta siano nascosti dei segreti; il ricevimento è un buon pretesto per potervi accedere con Devlin, mentre Sebastian è impegnato con i suoi ospiti.
Hitchcock, abilmente, frustra lo spettatore già nell'apertura della scena con una falsa soggettiva[10], illudendolo che l'azione sia già stata compiuta da Alicia mentre Sebastian è nello spogliatoio; alla fine del movimento di macchina, tuttavia, uno stacco ricolloca la protagonista al punto di partenza, con l'azione ancora da compiere. Ora il reale avvicinamento avviene con un'alternanza delle inquadrature di Alicia e dell'ombra del marito, proiettata sulla porta semiaperta (Fig. 2.16). Sebastian è presente ma in fuori campo; la dinamica della sua ombra è fondamentale per la costruzione della suspense, sappiamo che è nella stanza accanto e che prima o poi ne uscirà, ma non possiamo prevedere quando.

---

incertezza e di attesa spasmodica, di tenere con il fiato sospeso» (da *Treccani.it*). La *suspense* consiste quindi nel suscitare uno stato di incertezza, di attesa per l'esito di una vicenda: lo spettatore aspetta che tutto si compia, mentre il narratore ritarda, con divagazioni, spostando l'attenzione su altre parti del racconto. L'*effetto sorpresa* consiste invece nel verificarsi di qualcosa di imprevisto, che coglie di sorpresa lo spettatore, che non aveva immaginato potesse accadere qualcosa di simile. Rispetto alla suspense, l'effetto sorpresa si consuma in un lasso di tempo ridotto.

[10] Un'altra utile analisi di questa scena la si può trovare in Vittorio Gallese e Michele Guerra, *Lo schermo empatico. Cinema e neuroscienze*, Raffaello Cortina Editore, Milano 2015, pp. 96-98.

Fig. 2.16

Nella stessa condizione di noi spettatori si trova Alicia, che mentre toglie la chiave dal mazzo volge lo sguardo verso la porta. È uno sguardo di controllo, ma è un controllo mai completo.
Di seguito la successione dei frame che rivelano la presenza di Sebastian (Fig. 2.17), alternati, nella scena, a primi piani e piani americani di Alicia; possiamo vedere la dinamica dell'ombra, che tiene viva la presenza dell'uomo nella stanza accanto.

Fig. 2.17

È possibile evidenziare due tipologie di fuori campo. Il primo è un fuori campo contenuto nell'inquadratura, *interno*, rivelato dall'ombra dinamica di Sebastian (Fig. 2.18 a sx, a p. 40), che rende manifesta la presenza del personaggio, confermata poi dal suono off della sua voce. Il secondo fuori campo è invece prodotto dallo stacco di montaggio, dalla successione delle inquadrature, dall'inclusione e dalla conseguente esclusione: all'ombra di Sebastian segue il primo piano (PP) di Alicia. È, questo, un fuori campo *esterno*, alluso dallo sguardo di Alicia e confermato dalla voce off di Sebastian (Fig. 2.18 a dx): Alicia, mentre sfila le chiavi dal mazzo, volge più volte lo sguardo in direzione della stanza dove il marito si prepara. Mentre seguiamo l'azione di Alicia, "sentiamo" la presenza di Sebastian e temiamo che da un momento all'altro possa entrare nella stanza.

Fig. 2.18

La consapevolezza che lo spettatore ha del rischio che Alicia venga scoperta e l'imprevedibilità dell'azione di Sebastian, che si basa sul vedere senza però averne il controllo, determinano il meccanismo della suspense. Di Sebastian vediamo prima l'ombra; la voce off si inserisce nel momento di massima tensione, mentre Alicia si avvicina al mazzo di chiavi per estrarre quella che le interessa (Fig. 2.19). Uno stacco sulla porta e Sebastian: «Sono sorpreso che venga anche il signor Devlin, questa sera; non biasimo nessuno per essere innamorato di te, cara... spero soltanto che non accada nulla che possa dargli una falsa impressione... comprendi?».

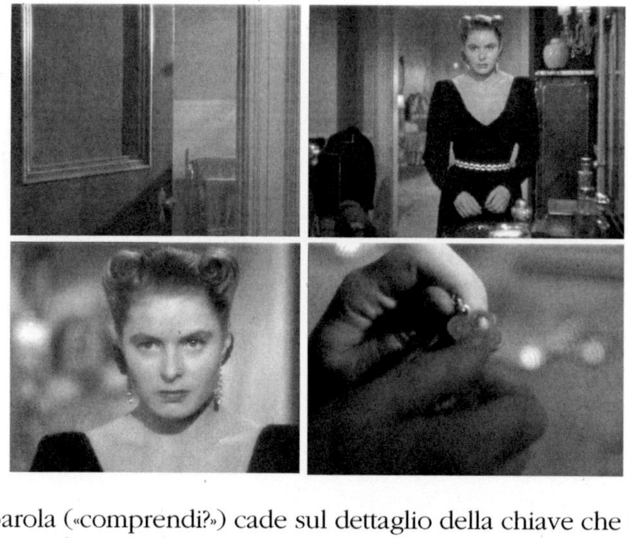

Fig. 2.19

L'ultima parola («comprendi?») cade sul dettaglio della chiave che viene sfilata: Alicia è salva, e Sebastian può entrare in campo.

Ma Hitchcock, si sa, è il "maestro del brivido", e quindi per Alicia il pericolo non è ancora finito. Sebastian la raggiunge in camera da letto, lo spettatore sa che lei tiene la chiave in una delle mani. Il marito si avvicina, le afferra i pugni chiusi e si piega per baciarle un palmo (Fig. 2.20 a-b); la tensione cresce, il dettaglio ci rivela finalmente che la chiave non è in quella mano (Fig. 2.20 c-d); ma poi Sebastian vuole baciarle anche l'altra mano, dove certamente è nascosta la chiave, anch'essa in fuori campo interno. Alicia reagisce velocemente distogliendo il marito dalle sue intenzioni con un caldo abbraccio (Fig. 2.20 e-f-g). A seguire, la schiena di Sebastian diventa lo sfondo dell'azione di passaggio da una mano all'altra della chiave (Fig. 2.20 h), fatta poi cadere su una soffice moquette; con il piede, infine, Alicia sposterà la chiave al riparo dallo sguardo del marito (Fig. 2.20 i).

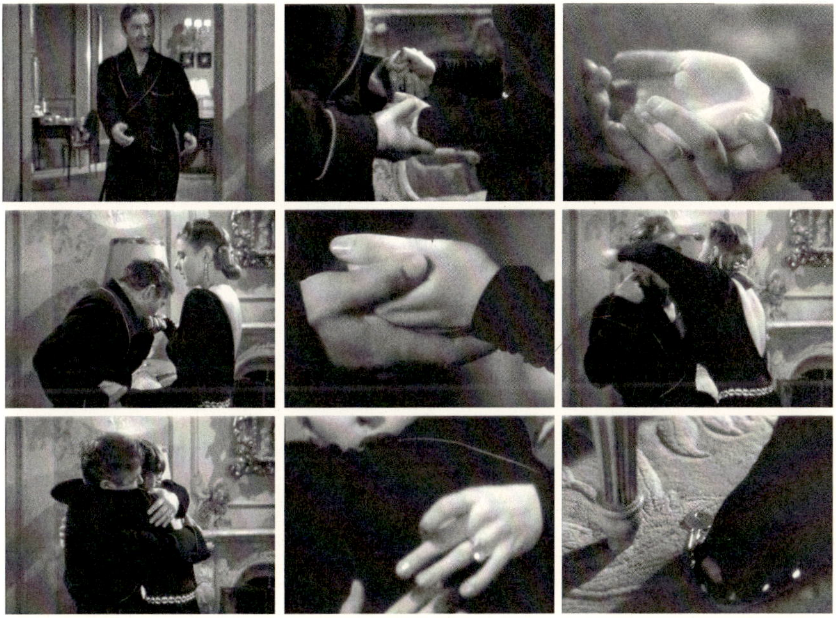

Fig. 2.20

Hitchcock ha realizzato un'architettura a doppia suspense, costruita sul fuori campo, interno ed esterno, e sulla voce off. In questa scena sono impiegati gli indici visivi e sonori sopra elencati: l'entrata e l'uscita dallo spazio rappresentato (l'ombra di Sebastian); lo sguardo di Alicia verso il fuori campo; la parte in campo per il tutto (il dettaglio delle mani di Alicia, che sfilano le chiavi dal mazzo e poi tengono stretta la preziosa chiave); e infine il suono off, con Sebastian che parla manifestando la sua preoccupazione per la presenza di Devlin al ricevimento.

Un altro efficace esempio di narrazione in fuori campo lo troviamo in *Funny Games* (1997)[11] di Michael Haneke, film che ha suscitato polemiche e allarme a Cannes '97 per il carico di violenza implicita ed esplicita della storia e della messa in scena. Un "gioco divertente" straordinariamente inquietante, un vero film dell'orrore.
Brevemente, la trama: marito e moglie, con il loro figlioletto, sono appena arrivati nella loro bella casa sul lago in Austria, con il giardino ben curato e la barca. Tutto molto tranquillo, abitudinario: passeranno le vacanze in compagnia dei vicini, riposandosi e giocando a golf. Ma l'entrata in scena di due ragazzi viennesi, estremamente gentili e ostinatamente presenti, scatenerà un perverso gioco dell'orrore. «Vogliamo scommettere che voi in... diciamo dodici ore, sarete tutti e tre morti?».
In alcuni passaggi di efferata violenza, la regia di Haneke volge lo sguardo, allontana la macchina da presa dalla messa in scena delle sevizie. Questo non attenua affatto l'impatto, anzi, costringe lo spettatore a tenere attivi i due piani narrativi: lo spazio che si vede e lo spazio da cui si sente e che si è costretti a immaginare.
Prendiamo in esame una delle scene più scioccanti del film, a 1h 3' 17" dall'inizio. {☞ ***Funny Games*, scena analizzata**}
Siamo nel soggiorno della casa, la televisione è accesa e trasmette una gara automobilistica; i due giovani aguzzini in guanti bianchi, dopo aver fatto una conta, identificano la prossima vittima tra padre, madre e bambino. Mentre uno, armato di fucile, si prepara al tiro a segno (Fig. 2.21 a sx), l'altro lascia la stanza per andare in cucina a preparare un panino (Fig. 2.21 a dx). La macchina da presa segue quest'ultimo mentre fuori campo sentiamo in sotto-

Fig. 2.21

Fig. 2.22

[11] È invece del 2007 il remake americano con la regia dello stesso Haneke e interpretato da Naomi Watts, Tim Roth, Michael Pitt e Brady Corbet; una ri-produzione che ricalca fedelmente l'originale.

fondo i suoni della gara automobilistica che prosegue. In un quadro unico seguiamo l'apertura del frigorifero, quindi la domanda: «Volete che vi porti qualcosa?» e subito dopo, dal fuori campo, il rumore dello sparo (Fig. 2.22). La preparazione del panino prosegue come se nulla fosse accaduto, il suono off che proviene dalla stanza accanto aggiunge al conosciuto ronzio della corsa automobilistica i singhiozzi disperati della donna che, seduta sul divano e legata, ha assistito con il marito all'uccisione del figlio. Lo spettatore però non vede nulla di tutto questo, continua ad assistere alla preparazione del panino (Fig. 2.23).

Fig. 2.23

Uno stacco ci riporta quindi al soggiorno: inquadrato è il dettaglio del televisore (Fig. 2.24), che continua a trasmettere la corsa automobilistica, ma il monitor è ora schizzato di sangue. È un'inquadratura lunga, della durata di 38", che fa da contenitore visivo delle voci off dei due assassini:

Fig. 2.24

> PAUL: Sei un idiota, Thorn. Quando si fa la conta non si ammazza l'ultimo che hai contato, ma quello che resta fuori, che ti ha preso?
> PETER: Voleva scappare...
> PAUL: E allora? Non era un motivo valido per spararegli addosso... non hai il senso del timing... Che ore sono?
> PETER: Manca poco alle 12.
> PAUL: Merda... adesso quei due non ci servono a niente, filiamocela.
> PETER: Va bene.
> PAUL: Mille grazie per il driver, lo rimetto a posto nella sacca, eh? Grazie.
> PETER: Arrivederci.
> PAUL: Ciao.

Con una forte valenza narrativa, Haneke mette in scena un fuori campo conosciuto, sospendendo l'azione che si svolge nel soggiorno proprio nel momento cruciale. In continuum, la sua macchina da presa segue uno degli aguzzini mentre si prepara un panino: l'orrore si accompagna alla banalità, rendendolo ancora più ingiustificato e patologico. Lo spettatore sdoppia visione e ascolto, e ricompone una scena che oltrepassa il quadro. Uno stacco ci porta quindi nuovamente in soggiorno, davanti allo schermo del televisore che contiene passato e presente: gli schizzi di sangue della vittima e una competizione automobilistica che non si è mai fermata. Il regista decide di sviluppare in fuori campo anche l'epilogo della scena: mentre prosegue la competizione automobilistica, uno spiazzante dialogo off sottolinea ancora una volta l'indifferenza e il sadismo dei due giovani assassini che, esaurito il gioco, salutano e ringraziano.

In ultimo, il caso di un fuori campo costantemente in scena, per tutta la durata del film, e fondamentale per lo sviluppo narrativo: si tratta del *Colpevole* (2018), con la fortunata ed estrema regia di Gustav Möller. Già Jean Cocteau, con l'opera teatrale *La voce umana* (1930), e poi Roberto Rossellini, con la sua trasposizione cinematografica nel film a episodi *L'amore* (1948), avevano sperimentato la storia raccontata attraverso un dialogo al telefono, con l'esclusione sonora del dialogante fuori campo. Lo spettatore allora era costretto a immaginare dalla risposta del personaggio in scena le parole dette da quello fuori campo, anche grazie all'inserimento, nel testo, di ripetizioni di ciò che il personaggio in campo aveva ascoltato: un gioco di costruzione di senso molto sottile e ben calibrato. Nel *Colpevole*, Asger Holm (Jakob Cedergren) è un agente che è stato sospeso dal lavoro investigativo e relegato a rispondere al centralino di una stazione di polizia (Fig. 2.25); durante un turno di notte riceve la telefonata di una donna che finge di parlare con la figlia (Fig. 2.26): è per strada su un furgone, accanto a lei l'ex marito che l'ha rapita. I figli sono stati lasciati a casa da soli.

Fig. 2.25 (sopra) e Fig. 2.26 (sotto)

L'agente comincia un'indagine a distanza per individuare dove possa trovarsi la donna, attraverso successive telefonate (Fig. 2.27).

Fig. 2.27

È un thriller in tempo reale, scarno ma efficacissimo, che lascia allo spettatore l'immaginazione dello spazio e dei volti, e in cui il sonoro costruisce il visivo. Alle inquadrature dell'agente al telefono si sovrappongono le inquadrature, immaginate dallo spettatore, della donna in pericolo. Lo spazio di maggiore valenza drammatica è quello che non si vede, il fuori campo è rilevante per tutto il film. La regia gira in ordine cronologico e sviluppa la parte in campo attraverso piani stretti dell'agente.
Sempre più isolato nella stanza della centrale (Fig. 2.28), chiuso nei piani stretti che lo ritraggono, l'agente espande le proprie ricerche attraversando uno spazio ampio, utilizzando tutti gli indizi forniti per identificare dove si stia svolgendo l'azione fuori campo. Parole, attese, ricerche e silenzi, il lavoro di sound design è raffinatissimo, fatto di pieni e vuoti di voce e suoni: la pioggia, il tergicristallo, tutto nitidissimo, producono un'esperienza sinestetica.

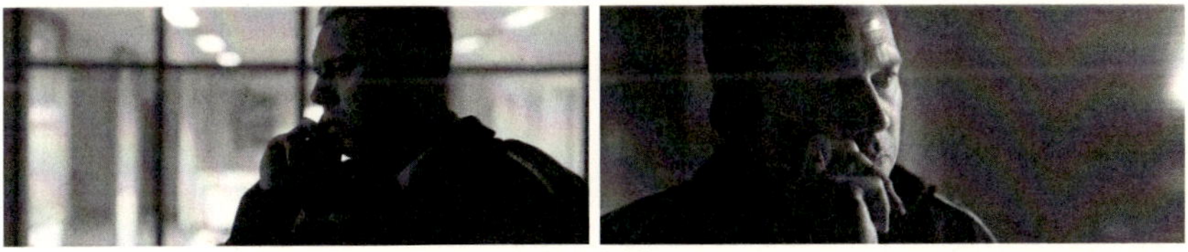

Fig. 2.28

Il colpevole di Möller imprime variazioni di fotografia a marcare l'evoluzione di quello che accade in campo. Le variazioni di spazio e di illuminazione segnano il percorso emotivo di Holm: all'inizio contestualizzato in una sala della centrale operativa, si apparta poi in una stanza in penombra per proseguire la sua indagine. I piani si stringono sempre di più mentre la storia rivela verità inaspettate.
Un film che è una grande sfida, che per tutta la sua durata tiene incollato lo spettatore e in cui il fuori campo è lo spazio esclusivo e riservato alla coprotagonista.

RIEPILOGO DEL SECONDO CAPITOLO

- L'**inquadratura** è l'unità base del discorso filmico. Essa si compone di **fotogrammi**, una serie di immagini fisse che, viste in successione a una certa velocità, restituisce l'**illusione del movimento**.
- Il montaggio cinematografico lavora alla costruzione del senso attraverso la **messa in sequenza** delle immagini.
- L'immagine cinematografica è racchiusa in una **cornice** ideale che ne delimita lo spazio di rappresentazione. La porzione di realtà che viene mostrata agli spettatori **all'interno** di questa cornice è chiamata **campo**.
- **Oltre** questa cornice si trova uno spazio che non viene mostrato ma si costruisce nella mente dello spettatore e che può giocare un ruolo importante per sviluppare e completare il racconto: il **fuori campo**.
- Attraverso la dinamica della messa in scena e della macchina da presa, il contenuto dell'immagine (racchiuso nell'ideale cornice) può variare, passando dall'essere in campo all'essere fuori campo.
- Il fuori campo può essere **esterno**, quando espande i confini dell'inquadratura *al di fuori* di essa, oppure **interno**, quando lo spazio in questione è già *dentro* l'inquadratura ma nascosto da altri elementi della messa in scena.
- Il fuori campo è una realtà costantemente presente, ma che non sempre lo spettatore percepisce. Questo fatto è alla base dell'**effetto sorpresa**: da uno spazio sconosciuto, o conosciuto ma dimenticato, improvvisamente compare o accade qualcosa che lo spettatore non aveva previsto.

Parte seconda

IL MONTAGGIO AL LAVORO

Capitolo terzo

MONTAGGIO DI RICOSTRUZIONE E MONTAGGIO DI COSTRUZIONE

Il montatore lavora contemporaneamente a un livello macroscopico e a uno microscopico: è lui che decide quanto deve essere lunga un'inquadratura, che ristruttura e ricolloca le scene, o elimina intere sequenze.[1]
(Walter Murch)

Ci sono due giochi che favoriscono lo sviluppo della creatività attraverso la costruzione, il Lego e il Kapla. Essi partono da due principi diversi: il primo si basa su mattoncini di plastica colorata di varie dimensioni da assemblare con il meccanismo dell'incastro (Fig. 3.1); il secondo consiste invece in pezzi di legno tutti uguali da sovrapporre gli uni sugli altri, senza l'ausilio di supporti e incastri, per una libera creazione di forme alla ricerca dell'equilibrio (Fig. 3.2, a p. 48).

Fig. 3.1

[1] Michael Ondaatje, *Il cinema e l'arte del montaggio. Conversazioni con Walter Murch*, Garzanti, Milano 2003, p. 35.

Fig. 3.2

Entrambi i giochi sono pensati per ri-costruire e costruire, intendendo nel primo caso forme già predisposte, mentre nel secondo caso forme d'invenzione scelte e create dal giocatore. Le confezioni dei Lego contengono il necessario per ricostruire oggetti: case, elicotteri, monumenti; anche il libretto di istruzioni del Kapla propone forme da realizzare, dalle più semplici alle più complesse: animali, velieri, castelli delle dimensioni più disparate (da quelle più piccole alle grandi costruzioni che possono occupare persino un'intera stanza).

Ma cosa c'entrano il Kapla e i Lego con il montaggio audiovisivo? Consideriamo la timeline del software di montaggio come un tavolo da lavoro, un supporto per la costruzione di scene e sequenze: le inquadrature vengono disposte una dopo l'altra (microstruttura) per costruire articolati blocchi narrativi e discorsivi (macrostruttura), dove per blocco narrativo intendiamo una successione di inquadrature che ricostruiscono un'apparente continuità, fatta di azioni, descrizioni e dialoghi, e per blocco discorsivo un'operazione che attraverso la messa in sequenza delle inquadrature crea delle relazioni di significato[2].

Fig. 3.3

Nello spazio di lavoro della timeline, le inquadrature vengono messe in successione con una disposizione che può essere sia orizzontale che verticale (Fig. 3.3): gli oggetti visivi e sonori sono giustapposti e/o sovrapposti su più tracce, a creare complesse architetture audiovisive, proprio come i mattoncini dei Lego e i legnetti del Kapla.

Nella prassi del montaggio ritroviamo entrambe le modalità tipiche dei due giochi: il montaggio è un lavoro di incastro, di costruzione e ricostruzione, di messa in successione e di sovrapposizione, in equilibrio, delle inqua-

---

[2] Secondo la definizione che ne dà Vincent Amiel, si può parlare di *montaggio discorsivo* quando la giustapposizione delle inquadrature nel montaggio crea una relazione di significati più o meno evidenti ed espliciti (Vincent Amiel, *Estetica del montaggio*, Lindau, Torino 2014, pp. 61-63).

drature; inquadrature che possono saldarsi tra loro seguendo uno schema predefinito di progettazione e di ripresa (*découpage*) oppure dar luogo a un percorso più libero, di costruzione, capace di apportare sensibili variazioni alla struttura temporale prevista. Costruzione e ricostruzione sono quindi due modalità del montaggio cinematografico. Definiamo in un primo momento, attraverso una macrodistinzione di forme, la ricostruzione come l'articolazione delle inquadrature di *découpage*, mentre la costruzione come un più libero lavoro di *collage* e *montage*, dalla connotazione più discorsiva, concettuale.

Occorre quindi introdurre il concetto di découpage, che ricorrerà nel testo. Il découpage designa anzitutto un'operazione tecnica: l'azione di frammentare in piani, in scene, in sequenze la sceneggiatura di un film, definendo gli oggetti visivi e sonori necessari al racconto. Si tratta di un'operazione di scomposizione della "storia su carta" in unità minime (inquadrature) a cui seguirà la loro realizzazione (ripresa) e infine la loro ricomposizione (montaggio). Il lavoro di frammentazione e di ricostruzione assicura alla narrazione la continuità e la discontinuità dell'azione. Come sottolinea Vincent Amiel: «È il fondamento del montaggio narrativo che impone un'unità logica attraverso elementi frammentari (le inquadrature successive)»[3].

Per proseguire, un'altra importante distinzione da fare, semplice ed essenziale, è tra la nozione di scena e quella di sequenza. Per scena si intende un insieme di inquadrature visive e sonore unite tra loro da una continuità di spazio, di tempo e di azione; per sequenza intendiamo invece una serie di inquadrature che, giustapposte e sovrapposte, creano un senso narrativo compiuto e che non sono necessariamente legate da una continuità spazio-temporale (proprio per questo, la forma della sequenza è per il montaggio uno straordinario "laboratorio" dello spazio e del tempo).

Passiamo ora a considerare due casi che ci aiuteranno a operare una prima, netta distinzione: come esempio di **ricostruzione** scegliamo una scena tratta dal *Diavolo veste Prada* (2006) di David Frankel, una commedia tutta glamour che racconta le vicissitudini di una giovane aspirante giornalista che dopo la laurea arriva nella Grande Mela e viene assunta come assistente della spietata Miranda Priestly, direttrice di *Runway*, il più influente magazine di moda degli USA. Come esempio di **costruzione** scegliamo invece una sequenza tratta da *Letizia Battaglia – Shooting the Mafia* (2019), documentario di Kim Longinotto: un ritratto intimo della fotoreporter italiana, donna inquieta e combattente, che dagli anni '70 agli anni '90 ha documentato i morti per mafia nelle strade di Palermo.

Prima di procedere, occorre però fugare il pensiero che queste due modalità possano rigidamente appartenere l'una alla forma della *fiction* e

---

[3] Ivi, p. 35.

l'altra a quella della *non-fiction*: una distinzione da negare sin da subito, evitando così di incorrere in facili schematismi.

La scena tratta dal *Diavolo veste Prada* si trova a 38' 11" dall'inizio del film.
{☞ ***Il diavolo veste Prada*, scena analizzata**}
La giovane protagonista Andy (Anne Hathaway), dopo un avvio complicato come assistente di Miranda Priestly (Meryl Streep) ha subito una trasformazione da brutto anatroccolo un po' trasandato a sofisticato cigno, e anche il suo giudizio sulla rivista per cui lavora sta cambiando: lei che considerava l'esperienza in un magazine glamour solo come fase di passaggio per diventare una giornalista, ora sta rivalutando il suo iniziale giudizio. La scena si svolge di sera, in un bar; Andy arriva in ritardo, il fidanzato e una coppia di amici la stanno aspettando.
«C'è stata una crisi nel reparto accessori, dovevo trovare una fascia di pitone».
Andy è carica di regali costosi, tutti scarti di Miranda; gli amici partecipano entusiasti alla distribuzione, in particolar modo l'amica, felice di impossessarsi di una iconica e costosissima borsa che "il Diavolo" ha scartato. A un certo punto suona il cellulare di Andy: per gioco il fidanzato lo afferra, guarda, è Miranda: «Sì, è la donna drago»; Andy in preda all'agitazione rivuole il telefono ma è l'amica a prenderlo: «Fammici parlare… le dico di prendersele da sola le uova strapazzate», quindi lo lancia all'amico che le sta di fronte. Andy sempre più agitata si reimpossessa del telefonino, si allontana dal tavolo e risponde: Miranda le affida l'ennesimo incarico da svolgere, subito. Terminata la telefonata, Andy ritorna arrabbiata al tavolo e si congeda dicendo: «Certo che potevate evitare di essere… così stronzi». Questo è un punto di svolta nella vita di Andy: la sempre più forte adesione al mondo di *Runway* la porta gradualmente ad allontanarsi dalle persone che ama.
La scena si sviluppa attraverso una serie di inquadrature che raccontano l'evoluzione dell'azione e del dialogo; il découpage operato in fase di ripresa viene ricostruito con il montaggio. Le inquadrature offrono punti di vista e distanze cinematografiche diverse e, al loro interno, il quadro può cambiare grazie alla dinamica degli attori e della macchina da presa. Il montaggio lavora di giustapposizione, utilizzando gli strumenti della continuità: variazione dei piani, raccordi di sguardo, raccordi sul movimento, raccordi di posizione e continuità sonora (che verranno introdotti e approfonditi nel prossimo capitolo).
Nella Fig. 3.4 vediamo in successione alcuni frame estratti dalle inquadrature che compongono la scena.
Possiamo affermare che il montaggio di ricostruzione sia la risultante di una selezione di piani, di durate[4] e di ritmo, quest'ultimo determinato dal contenuto dell'inquadratura in rapporto alla sua durata, dalla giustappo-

[4] È importante distinguere tra durata dell'inquadratura di ripresa e durata dell'inquadratura di montaggio: quest'ultima è l'inquadratura che verrà condivisa con lo spettatore o che sarà oggetto d'analisi.

Fig. 3.4

sizione con altre inquadrature e complessivamente dalla frequenza di taglio. L'inquadratura viene selezionata, frammentata, accorciata e giustapposta per ricostruire la scena, per mostrare allo spettatore ciò che l'autore ha scelto di far vedere, per creare un senso narrativo determinato da un tutt'uno di contenuto ed espressione: nella creazione cinematografica, contenuto, strumenti e forme non sono da considerare a sé stanti. Ogni narrazione (contenuto) si può sviluppare con forme diverse; l'abilità dell'autore sta nel trovare la forma migliore, la più efficace, per la storia che desidera raccontare. Il risultato sarà ciò che vedremo noi spettatori: un racconto per immagini che verranno recepite come una cosa sola e che potranno entusiasmare o deludere.

Passiamo ora alla seconda voce della nostra macrodistinzione, il montaggio come costruzione: una giustapposizione di inquadrature, non frutto di un découpage, che si integrano dando vita a un nuovo rapporto di senso[5]. Si tratta di un montaggio che cerca, sperimenta, costruisce, attin-

[5] Qui le variazioni sul tema possono essere diverse: il montaggio di costruzione può realizzarsi esclusivamente con materiale di repertorio, d'archivio, o svilupparsi

gendo da un serbatoio di materiale eterogeneo e multimediale. Il caso di *Letizia Battaglia – Shooting the Mafia* ci viene in aiuto[6]. Il film mescola con sapienza diversi materiali, costruendo il racconto di una vita narrato in prima persona o in dialogo con altri testimoni. Il montaggio dà forma a un intreccio di pubblico e privato: l'intimità di una donna, la nascita di una professionista e l'inedito di uno sguardo femminile che cattura la cronaca di strada dei morti per mafia; una testimonianza della nostra storia recente. {☞ ***Letizia Battaglia – Shooting the Mafia*, trailer**}
La sequenza che consideriamo si trova a 16' 52" dall'inizio del film. Letizia ricorda: ha 17 anni, corteggiata, si innamora e si sposa. «Sembrò un regalo, mi dissi ora mi sposo, sarò felice, avrò tanti bambini, sarò libera». Diventa madre felice e sposa infelice, costretta dal marito a un ruolo che non le lascia la libertà di proseguire gli studi, di realizzarsi andando oltre l'essere moglie e madre.

«Poi cominciai a stare male, a stare male psichicamente. [...] Sono successe cose molto violente, molto drammatiche perché un uomo quando vede che la donna che ama se ne vuole andare reagisce molto male». Ricoverata in una clinica in Svizzera, «diventai una donna inquieta, [...] una persona che esisteva, che voleva, che cercava e che non si accontentava». Ci furono altri uomini, altri amori, tra cui Santi, anche lui fotografo, che racconta il loro amore clandestino, lui vent'anni e lei trentadue: «Letizia era bella e attirava gli uomini come la carta moschicida».
Letizia vuole lavorare, inizia un'estate come giornalista nel giornale palermitano *L'Ora*: «Cominciai a capire, piano piano, che la fotografia mi piaceva più della scrittura. [...] Ero la prima fotografa in Italia che lavorasse per un quotidiano, [...] pensai che avrei fotografato bambini, donne, le strade, [...] tutto, ma non pensavo alla Mafia. [...] Il primo omicidio ti rimane in testa, forte forte forte».

Nella Fig. 3.5, per visualizzare il lavoro di costruzione operato dal montaggio, vediamo in successione alcuni frame estratti dalle inquadrature che compongono la sequenza. A colpo d'occhio possiamo notare l'eterogeneità dei materiali visivi utilizzati: materiali che hanno il compito di evocare e arricchire il ricordo, seguendo il senso delle parole di Letizia Battaglia e degli altri testimoni, ma che sono anche capaci di realizzare una scrittura autonoma, che integra e completa il discorso. Il montaggio lavora estraendo e costruendo i ricordi e i pensieri, ai quali sono sovrapposti o giustapposti gli

---

attraverso un'articolazione di découpage e repertorio. Ripetiamo che questo tipo di montaggio può riguardare sia la fiction che la non-fiction, sia l'advertisement che il lungometraggio.

[6] Per un approfondimento su Letizia Battaglia, fotografa e fotoreporter di fama internazionale, cfr. la pagina a lei dedicata su *enciclopediadelledonne.it* (http://www.enciclopediadelledonne.it/biografie/letizia-battaglia/).

So, Santi...
with her own desires.
I didn't want to be a journalist.
I'd go out with my camera.

Fig. 3.5

Home Movies[7] della fotografa, i filmati di cronaca, le scene di film (come *Mambo* di Robert Rossen) e le fotografie private e di reportage. Sono materiali di diversa provenienza, prodotti per altri scopi, ma che grazie al montaggio contribuiscono con grande ricchezza alla costruzione dell'opera. Sono successioni di inquadrature estratte da contesti differenti, che hanno lo scopo di accompagnare un discorso e di mettere in evidenza parallelismi, antitesi e analogie. Il risultato è un montaggio che dà forma e senso, orientando il pensiero e l'emozione dello spettatore: la successione delle immagini si libera dalla ricostruzione dell'azione e della continuità per esprimere un'idea, per comunicare, per stimolare l'interpretazione.

Il diavolo veste Prada e *Letizia Battaglia – Shooting the Mafia* ci hanno aiutato a distinguere con chiarezza le caratteristiche delle due tipologie di montaggio. Ora però occorre aggiungere che, poiché il linguaggio è in continua e felice evoluzione e contaminazione, il concetto di *costruzione* richiede di essere ampliato.
Veniamo quindi a un caso in cui il materiale di repertorio è inserito all'interno di una sequenza di fiction utilizzando gli strumenti della continuità. Il film è *Martin Eden* (2019) di Pietro Marcello, liberamente tratto dall'omonimo romanzo di Jack London. Marcello mette in scena una storia dallo sfondo temporale variamente rappresentato: siamo in una Napoli tra l'inizio del Novecento e gli anni '70, Martin (Luca Marinelli) è un marinaio affamato di esperienze e, dopo l'incontro con la colta e borghese Elena (Jessica Cressy), anche di cultura. Autodidatta, si appassiona a tutto ciò che i libri gli offrono, desiderando di imparare a usare bene le parole per poter raccontare storie, per potersi avvicinare sempre più a Elena.
Il montaggio di Aline Hervé intercala scene di finzione a materiale tratto dagli archivi, mescolando le temporalità e facendo emergere la vitalità, lo splendore e la miseria della città che fa da sfondo e da contenitore della storia. Prendiamo ora come esempio il passaggio a 13' 36" dall'inizio. {☞ ***Martin Eden (1)*, sequenza analizzata**}
Martin ha lasciato la casa di Elena, con sottobraccio dei libri che lei gli ha dato; attraversa la città, beato, pensando a cosa potrà riservargli questo nuovo corso della sua vita (Fig. 3.6); a un certo punto, al suo sguardo ri-

Fig. 3.6

[7] In Italia un riferimento importante è l'Archivio Nazionale del Film di Famiglia, fondato e gestito a Bologna dall'Associazione Home Movies (https://homemovies.it).

volto verso il fuori campo segue un frammento d'archivio in cui una bimba sbuca da un angolo di un vicolo guardando insistentemente in macchina, la ripresa è a mano (Fig. 3.7). L'avanzare di Martin seguito dalla ripresa della bimba attribuisce un valore soggettivo al materiale d'archivio: per lo spettatore, il riconoscimento di quel legame è immediato, nonostante la differente natura delle due inquadrature.

Fig. 3.7

È questo un esempio in cui il montaggio costruisce all'interno di una narrazione a découpage, e i "corpi estranei" dei materiali d'archivio sono montati utilizzando gli strumenti della continuità, in questo caso l'inquadratura soggettiva (una soluzione che vede come alleato lo spettatore, capace di riconoscerne i codici e il significato).
Occorre aggiungere che nel cinema contemporaneo, grazie all'avvento del digitale e all'utilizzo di software di montaggio non lineare[8], la scrittura della sequenza o la riscrittura della macrostruttura diventano spazi di sperimentazione sempre più vicini alla pratica del montaggio di costruzione. Anche quando il girato è frutto di un integrale découpage, possiamo parlare di montaggio di costruzione con la creazione di una diversa struttura narrativa o di una *montage sequence*[9]. È questo uno spazio di creazione tutto del montatore, una nuova scrittura per immagini e suoni.

Il diavolo veste Prada ci offre ancora un nuovo, breve esempio[10]; la sequenza che consideriamo si trova a 25' 43" dall'inizio del film (nella Fig. 3.8, a p. 56 mostriamo alcune delle inquadrature della sequenza) ed è caratterizzata da una successione di domande/richieste di Miranda, accompagnate dalla ripetizione del gesto di sbattere borsa e cappotto sul tavolo di Andy.

[8] Entrambi hanno permesso di superare il limite della fisicità della pellicola, consentendo un'infinita duplicazione dei girati e la conseguente sperimentazione di più versioni di montaggio.
[9] *Montage sequence*: risultato creativo di una sintesi narrativa, di un confronto (montaggio parallelo) o della convergenza di più situazioni (montaggio alternato).
[10] Ricordiamo che si tratta di un film di découpage.

In questo caso il montaggio non ha lo scopo di ricostruire un'azione, bensì di creare un crescendo discorsivo (le richieste di Miranda) in una successione temporale caratterizzata dalla ripetizione, dall'accumulo del gesto. {☞ ***Il diavolo veste Prada*, sequenza analizzata**}

Fig. 3.8

Come possiamo vedere, il montaggio alterna il gesto di Miranda all'azione di Andy, con un ritmo crescente, sincopato.

> Chiamami Isac... Non vedo la mia colazione, ci sono le mie uova? Le mie uova!... Va' a prendere le polaroid del servizio sulla lingerie... Fa' controllare i freni della macchina... Dov'è quel foglio di carta che avevo in mano ieri mattina?... Alle bambine servono delle nuove tavole da surf... Passa a ritirare le mie scarpe da Blahnik e poi passa a prendere Patricia [...].

Oltre all'accumulo[11], la coesione della sequenza è determinata dalla successione delle richieste di Miranda, sviluppate solo parzialmente a sincrono con le immagini.

---

[11] Per *accumulo* si intende uno strumento del montaggio visibile che prevede una forma di ripetizione, un'insistenza su un oggetto o su una scelta formale che

Dopo una prima netta distinzione tra montaggio di ricostruzione e montaggio di costruzione, abbiamo preso in esame due esempi in cui entrambe le tipologie hanno dei punti di convergenza: se da una parte, come abbiamo visto in *Martin Eden*, il repertorio si può legare alla fiction utilizzando gli strumenti classici della continuità, dall'altra il découpage può dar luogo a momenti di creazione ben più vicini alla costruzione che alla ricostruzione. Questa è indubbiamente la bellezza di un linguaggio in evoluzione che fa del sincretismo una delle sue caratteristiche più interessanti.
Possiamo quindi affermare che il montaggio è uno strumento che assolve a due compiti: quello di *ricostruire* l'azione e il dialogo, frammentati durante la ripresa, e quello di *costruire*, di creare il senso della comunicazione utilizzando materiali audiovisivi eterogenei, sia per contenuto, sia per provenienza. Il montaggio di costruzione può riguardare la nonfiction ma anche la fiction: pensiamo ai documentari, ai servizi di attualità e di inchiesta giornalistica, che si sostanziano di collage di immagini provenienti da fonti diverse, ma pensiamo anche alle sequenze di montaggio che integrano le immagini di repertorio. Il lavoro di costruzione è uno spazio di grande creatività per un montatore, è il luogo dove si realizza una vera e propria regia a posteriori.
Nel capitolo che segue analizzeremo gli strumenti e i modi del montaggio di ricostruzione; mentre nel quinto capitolo vedremo all'opera gli strumenti del montaggio di costruzione.

RIEPILOGO DEL TERZO CAPITOLO

- La **scena** è un insieme di inquadrature visive e sonore unite tra loro da una continuità di spazio, di tempo e di azione; la **sequenza** è invece un insieme di inquadrature (non necessariamente legate da una continuità spazio-temporale) che, giustapposte e sovrapposte, creano un senso narrativo compiuto.
- Il montaggio è uno strumento che adempie a un lavoro di incastro, di messa in successione e di sovrapposizione, in equilibrio, delle inquadrature. Esso opera attraverso due modalità: quella della **ricostruzione** e quella della **costruzione**.
- Il **montaggio di ricostruzione** articola le inquadrature di **découpage** (scomposte e frammentate in piani, campi e dettagli, secondo uno schema di progettazione predefinito) per mostrare allo spettatore **ciò che l'autore ha scelto di far vedere**.

abbia sempre in sé sfumature e variazioni. Nel caso del *Diavolo veste Prada*, la ripetizione del gesto avviene con variazioni di piano e variazioni di forma e colore degli abiti di Miranda, delle borse e dei cappotti.

- Il **montaggio di costruzione** utilizza materiali audiovisivi **eterogenei** (per provenienza e contenuto) e li giustappone con un più libero lavoro di montaggio per restituire alla comunicazione un **nuovo rapporto di senso**.
- Entrambe queste modalità possono essere utilizzate tanto nell'ambito della **fiction** quanto nell'ambito della **non-fiction**.

Capitolo quarto

IL MONTAGGIO DI RICOSTRUZIONE E I SUOI STRUMENTI

Il montaggio cinematografico è un'arte invisibile. Il compito del montatore è rendere completamente invisibile il proprio lavoro.[1]
(Michael Wohl)

Il montaggio di ricostruzione, basato sulle logiche e sulle convenzioni del découpage e della continuità, è stato spesso definito un "montaggio invisibile", definizione che rimanda alle pratiche di montaggio che si sono consolidate, soprattutto nel cinema hollywoodiano ma non solo, a partire dagli anni '10 e in particolare nei primi due decenni del cinema sonoro. L'obiettivo del montaggio invisibile è molto chiaro: fare in modo che lo spettatore percepisca il fluire della narrazione cinematografica senza avvertire interruzioni, che veda il film montato come se paradossalmente si trattasse di un'unica lunghissima inquadratura.

Per comprendere esattamente come "funziona" il montaggio invisibile e quali sono i suoi strumenti occorre fare un passo indietro e, dalla sala di montaggio, tornare al set.

Se prendiamo la fotografia di un qualsiasi set cinematografico, ciò che vediamo è una squadra di persone impegnate in un lavoro evidentemente complesso (Fig. 4.1)[2]. Ciascuno di loro svolge dei compiti specifici: ci sono gli attori, il regista e la sua assistente; attorno alla macchina

Fig. 4.1

[1] Michael Wohl, *FinalCut Pro 4. Tecniche di montaggio e editing video*, Apogeo Editore, Milano 2004, p. XIII.

[2] Qui proponiamo un backstage della *Finestra sul cortile* di Alfred Hitchcock, di cui abbiamo già parlato nell'Introduzione; la scena in questione si trova a 1h 9' 30" dall'inizio del film.

da presa si danno da fare gli operatori e il direttore della fotografia; fuori campo possiamo intuire la presenza del fonico che controlla il microfono, posizionato su una giraffa. Tutti stanno lavorando per produrre al meglio uno degli elementi costitutivi del film che si sta girando: un'inquadratura. C'è una domanda semplice ma fondamentale che dobbiamo porci davanti a una fotografia come questa: perché la macchina da presa è collocata *lì*? Perché il regista, tra tutti i punti di vista possibili per inquadrare quel momento dell'azione, ha scelto proprio quello?

Fig. 4.2

Se fossimo presenti sul set potremmo vedere l'azione messa in scena da quel gruppo di attori nella sua interezza, nella sua naturale continuità di spazio e di tempo. Guardando invece l'inquadratura che viene registrata da quel punto di vista (Fig. 4.2) vediamo che rappresenta solo un frammento di quello spazio, solo una porzione del tempo e dell'azione sviluppata dagli attori.

Durante le riprese di questa scena, possiamo immaginare che la cinepresa sia stata spostata molte volte, in altrettanti differenti punti macchina, da cui ottenere altre inquadrature, altri frammenti della continuità spazio-temporale, come in effetti è stato (Fig. 4.3). {☞ ***La finestra sul cortile (1)*****, scena analizzata**}

Fig. 4.3

È evidente che tutto questo non avviene per caso: questi punti macchina sono stati scelti da Hitchcock in modo da ottenere delle inquadrature che, una volta collocate una dopo l'altra nella successione del montaggio, siano in grado di generare un altro tipo di continuità, quella che chiamiamo "continuità cinematografica".

Un esempio tra tutti: l'inquadratura del dettaglio delle pantofole e del pigiama di Lisa (Grace Kelly) è stata girata in modo da rappresentare il punto di vista del detective (Wendell Corey); nel montaggio sarà dunque possibile raccordarla con lo sguardo di quest'ultimo verso il fuori campo (Fig. 4.4), e questo collegamento è fondamentale per rendere comprensibile e rafforzare la successiva battuta che il detective stesso rivolge all'amico Jefferies (James Stewart): «Tu dici tutto al tuo padrone di casa?».

Fig. 4.4

C'è dunque un progetto alla base di questo complesso lavoro di frammentazione della continuità spazio-temporale della scena; la realtà presente davanti alla macchina da presa viene frammentata in un certo numero (grande o piccolo) di porzioni di spazio-tempo che in seguito, grazie al lavoro di montaggio, daranno vita a una successione in cui lo spettatore possa riconoscere chiaramente lo spazio, il tempo e l'azione della scena originaria.
Per ottenere questo risultato ci sono evidentemente delle regole da seguire, ci sono delle convenzioni, delle abitudini operative consolidate dalla pratica di decenni e decenni di lavoro cinematografico. E sono proprio queste convenzioni a dare allo spettatore, durante una proiezione cinematografica, la possibilità di ricostruire mentalmente una chiara visione della scena che sta osservando, nonostante tutta questa parcellizzazione, questa grande differenza di immagini e punti di vista. Sono queste convenzioni che ci danno la possibilità di realizzare il "montaggio invisibile". Come sintetizza Vincent Amiel:

> Il découpage "progetta", in vista della sua realizzazione, un'organizzazione della realtà: ne estrae dei dettagli, sceglie delle successioni di gesti, evoca grazie ad essi una totalità conosciuta da tutti. [...]
> Il cinema del découpage ha qualcosa di metonimico: propone all'interlocutore dei frammenti affinché egli possa immediatamente far riferimento alla totalità suggerita. Ma ciò è possibile soltanto se tra i frammenti esistono relazioni evidenti, legami stretti, reciprocamente e in rapporto al tutto. L'idea di continuità è dunque indispensabile al principio del découpage: continuità cronologica tra le inquadrature che si susseguono, ma anche continuità logica, tra i primi piani e i totali, tra i differenti frammenti dell'azione o del mondo rappresentati separatamente.[3]

Ma quali sono le regole che presiedono a questa operazione descritta da Amiel? Quali sono gli "strumenti", le forme tipiche che nel montaggio di ri-

[3] Vincent Amiel, *op. cit.*, pp. 19-20.

costruzione garantiscono il raggiungimento della continuità, seguendo le convenzioni del "montaggio invisibile"? Non è certo difficile trovarli e riconoscerli: basta analizzare una qualsiasi scena di un qualsiasi filmato per vederli all'opera. Proviamo a farlo utilizzando una scena tratta dal primo episodio della terza stagione di una celebre serie televisiva, *Sex and the City*: utilizziamo di proposito un prodotto mainstream, realizzato seguendo le convenzioni più abituali e sperimentate. {☞ ***Sex and the City*, scena analizzata**}
La scena (siamo a 14' 27" dall'inizio) si apre all'interno di un locale, con le due protagoniste Charlotte (Kristin Davis) e Carrie (Sarah Jessica Parker) sedute su due trespoli a un'estremità del bancone. Il primo taglio di montaggio ci presenta una delle forme più tipiche del montaggio di ricostruzione, l'**inquadratura soggettiva**: la mezza figura di Arthur (Brad Beyer) che conversa con un amico (Fig. 4.5 a dx), collocata in diretta successione dopo il piano americano di Charlotte che guarda intenzionalmente davanti a sé (Fig. 4.5 a sx), viene necessariamente interpretata dallo spettatore come l'espressione del punto di vista della giovane donna (la sua soggettiva, appunto). Gli stacchi successivi confermano questa percezione, anzi la rafforzano, visto che si passa a inquadrature più ravvicinate su Charlotte che guarda verso il fuori campo.

Fig. 4.5

L'ingresso in campo di quinta di J.J. (Marc Grapey) apre la strada allo strumento di montaggio più utilizzato in questa scena (ma forse il più usato in assoluto nel montaggio di ricostruzione): la **corrispondenza**. Mentre J.J. e le due donne si fronteggiano durante lo scambio di battute, il montaggio passa alternativamente dalla mezza figura del giovane (Fig. 4.6 a sx) all'inquadratura, appunto, corrispondente delle due donne (Fig. 4.6 a dx). L'incrocio degli sguardi consente allo spettatore di collegare con estrema naturalezza le inquadrature, garantendo la percezione di una perfetta continuità – confermata oltretutto dalla **continuità della colonna sonora**.

Fig. 4.6

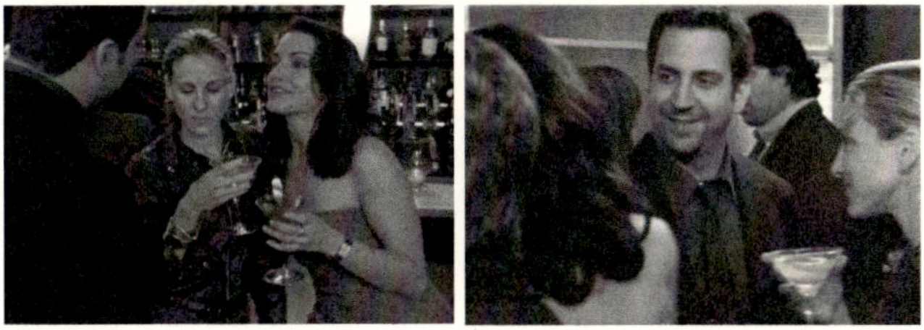
Fig. 4.7

Dopo poche frasi di dialogo Charlotte accampa una scusa per allontanarsi, trascinando con sé Carrie. Il movimento, che inizia nell'inquadratura in mezza figura (Fig. 4.7 a sx), prosegue in quella successiva, dove vediamo le due donne sfilare davanti allo sguardo di J.J. (Fig. 4.7 a dx): si tratta di un classico **attacco sul movimento**, uno dei tanti presenti in questa scena. Le due donne escono dall'inquadratura (Fig. 4.8 a sx) per ricomparire già in campo nell'inquadratura successiva, sul lato opposto del bancone (Fig. 4.8 a dx). È un taglio che sfrutta il classico principio della **contiguità**[4], ma è anche un tipico taglio di montaggio che nasconde una piccola **ellissi temporale**: sfruttando l'uscita di campo, il montatore può giocare con il tempo, "asciugando" la parte d'azione ritenuta ridondante (entro certi limiti, ovviamente, se si vuole che la compressione temporale non venga percepita).

Fig. 4.8

A questo punto, un altro attacco sul movimento accompagna Charlotte e Carrie mentre si appoggiano all'altra estremità del bancone. Subito dopo, un taglio ci porta dalla mezza figura (Fig. 4.9 a sx, a p. 64) al primo piano di Carrie (Fig. 4.9 a dx, a p. 64): si tratta di un ulteriore attacco sul movimento, ma anche di un **attacco sull'asse**; rimanendo sullo stesso asse di ripresa, la mdp si posiziona più vicina all'attrice (o, come sembra più probabile in questo caso, sfrutta il minore angolo di ripresa di un obiettivo di focale più lunga) per concentrare su di lei l'attenzione dello spettatore mentre lancia la sua battuta: «A tutte capita qualche J.J. nella vita…».

[4] L'uscita di campo consente inoltre di ammorbidire un evidente scavalcamento di campo tra le due inquadrature, che avrete sicuramente notato (a dimostrazione di come l'applicazione di un principio antico come quello della contiguità sia oggi molto più flessibile).

Fig. 4.9

Subito dopo, lo sguardo verso il fuori campo di Carrie in direzione di Charlotte introduce una nuova corrispondenza (Fig. 4.10).

Fig. 4.10

Un ulteriore attacco sull'asse (questa volta ad allargare) ci riporta sull'inquadratura a due, proprio mentre sta per entrare nuovamente in campo J.J. Ancora una volta si ripropone una situazione di corrispondenza tra J.J. e Charlotte, analoga a quella dell'inizio della scena, fino al momento in cui Arthur si avvicina dal fondo per interloquire con l'importuno (Fig. 4.11 a sx). Questo movimento viene sottolineato da un attacco sull'asse che ci mostra Arthur in un primo piano largo (Fig. 4.11 al centro); questa inquadratura dà inizio a una nuova corrispondenza, giocata questa volta sulla linea dello sguardo tra Arthur e J.J. (Fig. 4.11 al centro e a dx).

Fig. 4.11

La discussione tra i due precipita rapidamente fino al pugno di Arthur, che stende J.J. Ma, un istante prima che Arthur sferri il colpo, il montaggio distoglie bruscamente l'attenzione da questa azione per mostrarci la mezza figura di Charlotte, stupefatta di fronte a ciò che sta succedendo (Fig. 4.12 a sx). Si tratta di una classica **inquadratura di reazione**, uno strumento di montaggio fondamentale per sollecitare l'empatia dello spettatore. Poco dopo, un'altra inquadratura di reazione viene dedicata a Carrie, che cerca di non rimanere travolta da J.J. mentre questi stramazza al suolo (Fig. 4.12 a dx).

Fig. 4.12

A questo punto una nuova inquadratura a due, questa volta dedicata a Charlotte e Arthur, introduce le successive corrispondenze (Fig. 4.13), giocate su una simmetria quasi perfetta tra i piani sull'uomo e quelli sulla donna – simmetria esaltata, infine, dai due character dolly che avvicinano i due personaggi fino al primo piano.

Fig. 4.13

Ricapitolando, in questa breve scena abbiamo visto all'opera tutti gli strumenti utilizzabili nella realizzazione del montaggio di ricostruzione:

- inquadrature contigue;
- inquadrature corrispondenti;
- inquadratura soggettiva;
- attacco sull'asse;
- attacco sul movimento;
- ellissi temporale;
- inquadratura di reazione.

Come abbiamo visto, molte di queste forme di montaggio si appoggiano sulla percezione del **fuori campo video**, indicato da sguardi, da gesti o da **fuori campo audio**, mentre la perfetta sensazione di continuità viene raggiunta anche grazie alla **continuità dell'ambiente acustico** e della colonna sonora.
Sono questi gli strumenti che consentono alla "macchina cinematografica" la ricostruzione della continuità spazio-temporale della scena, frammentata durante le riprese. Una ricostruzione che, lungi dall'essere un

"anonimo" e anodino riordino della scena originale, propone allo spettatore una quantità di suggestioni capaci di renderlo partecipe ed empatico: scelta dei punti di vista, variazione dei piani e dei campi, accelerazione e rallentamento del ritmo, stacchi a sorpresa (come l'inserimento dell'inquadratura di reazione di Charlotte), uso del fuori campo per creare attesa, e molto altro ancora. Una strumentazione semplice ma dall'utilizzo complesso e infinitamente vario, che ha consentito al cinema e all'audiovisivo di diventare quella straordinaria macchina narrativa e spettacolare che tutti noi conosciamo e amiamo.

4.1 – L'EREDITÀ DEL CINEMA MUTO

> Il primo piano dirige violentemente l'attenzione dello spettatore su di un particolare che, nel corso dell'azione e per quel momento, è il più importante.[5]
>
> (Vsevolod Pudovkin)

Cosa sarebbe diventato il cinematografo se le condizioni imposte dalla tecnologia non l'avessero costretto al silenzio per più di trent'anni? Probabilmente sarebbe rimasto uno spettacolo più banale, legato alla pura documentazione della realtà (una forma di televisione ante litteram) o costretto alla sudditanza rispetto al suo antenato più prossimo, il teatro. Per nostra fortuna, il cinema muto – proprio perché tale – ha dovuto inventare forme, espedienti, invenzioni stilistiche, strutture narrative, articolazioni di montaggio che gli dessero la possibilità di raccontare storie, destini, relazioni, emozioni, pensieri, persino concetti astratti, senza poter ricorrere (se non nella forma grafica del cartello) alla parola. Ne è nata una forma espressiva di grande ricchezza e originalità, a cui ancora oggi gli autori cinematografici possono fare riferimento per trarre ispirazione e suggerimenti.

Tre sono gli strumenti di montaggio che hanno dominato il cinema delle origini tra il 1900 e il 1920: il montaggio analitico, l'attacco per contiguità e l'alternanza[6].

Della contiguità abbiamo già parlato in precedenza, collegandola al tema del fuori campo (ricordate gli esempi tratti dalle pellicole di Chaplin e di Keaton): lavorando sugli ingressi e sulle uscite di campo di persone e cose, il montaggio ha reso possibile la costruzione – nella mente dello spettatore – di spazi articolati dove sviluppare l'azione scenica, portando la rappresentazione cinematografica a un superiore livello di complessità.

Per quanto riguarda l'alternanza, tratteremo diffusamente questo argomento nell'ultimo capitolo, parlando di montaggio parallelo e alternato.

---

[5] Vsevolod Pudovkin, "La sceneggiatura" (1926), in Id., *La settima arte*, Editori Riuniti, Roma 1984, p. 82.

[6] Cfr. David Bordwell e Kristin Thompson, *Storia del cinema e dei film*, vol. I, *Dalle origini al 1945*, Editrice Il Castoro, Milano 1998, pp. 85-91.

C'è molto da dire anche sul montaggio analitico, che soprattutto nei primi esperimenti di montaggio assumeva principalmente le vesti dell'attacco sull'asse, una delle primissime forme di montaggio interno alla scena. L'idea di riprendere l'azione scenica con due inquadrature dal medesimo punto di vista, ma realizzando due piani diversi – uno più ampio e uno più ravvicinato – è stata tra le prime "convenzioni" di linguaggio del cinema di fiction, risalenti ai primissimi anni del '900. Certamente era la cosa più semplice da fare: bastava far recitare una seconda volta la scena avvicinando la macchina da presa agli attori sul medesimo asse ottico, oppure mantenendo la stessa posizione ma cambiando l'obiettivo[7]. Oltretutto, le scenografie realizzate nei primissimi anni erano costituite più che altro da fondali dipinti, dove qualsiasi immagine ripresa da un diverso asse ottico sarebbe uscita dai limiti della scenografia stessa.
Nell'indirizzare i registi a questa soluzione ha forse avuto il suo peso anche l'esperienza di spettatori teatrali, comune tanto ai realizzatori quanto al pubblico cinematografico dell'epoca. A teatro ogni spettatore era (è) obbligato ad assumere un unico punto di vista rispetto alla scena, definito dalla sua posizione in platea; l'unica cosa che poteva (e può) fare è dotarsi di uno strumento per "vedere meglio" gli aspetti più interessanti della rappresentazione: un binocolo da teatro. Nella cinematografia delle origini, lo stacco da un campo medio a un piano americano o a un primo piano rappresentava (mediato dalla tecnica fotografica e fissato per sempre sulla pellicola) questo medesimo desiderio di "vedere meglio" un volto o una porzione significativa dell'azione, per quanto vincolati a un unico punto di vista.

Ma attacco sull'asse e montaggio di inquadrature contigue – basate sugli ingressi in campo e sulle uscite di campo – non sono solo un illustre retaggio delle origini; sono strumenti che ancora oggi rimangono a disposizione di registi e montatori per invenzioni sempre nuove e funzionali. Ne troviamo uno straordinario esempio nel video musicale nel 2001 diretto da Spike Jonze per la promozione di un brano di Fatboy Slim, *Weapon of Choice*. L'attore Christopher Walken, animato dalla musica, si risveglia dal torpore e improvvisa una divertente e fantastica coreografia nei locali di un grande albergo. {☞ ***Weapon of Choice*, videoclip**}
È proprio grazie a una serie di attacchi sull'asse che veniamo introdotti nella scena: si passa da un campo lungo (Fig. 4.14 a, a p. 68) a un campo medio (Fig. 4.14 b, a p. 68) e poi ancora a un piano americano (Fig. 4.14 c, a p. 68) inframmezzato da una soggettiva verso la radio da cui proviene il brano musicale; poi nuovamente, con un attacco sull'asse e insieme sul movimento, dal piano americano al campo medio (Fig. 4.14 d, a p. 68).

[7] Non di rado, come testimoniano numerose foto di set dell'epoca, le inquadrature venivano girate simultaneamente utilizzando due o più cineprese, in una sorta di anticipazione della futura ripresa televisiva multicamera.

Fig. 4.14

Dopo aver battuto sul campanello della reception, Walken si avvicina alla macchina da presa uscendo di campo a sinistra (Fig. 4.15) per rientrare in campo subito dopo da destra (Fig. 4.16), in un chiaro esempio di attacco per contiguità, e piroettare sul carrello, che lo proietta nuovamente verso il fuori campo a sinistra.

Fig. 4.15

Fig. 4.16

Poco dopo scende dalla scala mobile ed esce di campo a destra (Fig. 4.17), ricomparendo da sinistra nell'inquadratura successiva per essere seguito nei suoi saltelli da una carrellata laterale (Fig. 4.18).

Fig. 4.17

Fig. 4.18

Dopo una atletica capriola, il personaggio improvvisa una danza su un tavolino, mentre due attacchi sull'asse prima lo avvicinano in mezza figura e poi lo allontanano nuovamente in campo medio (Fig. 4.19).

Fig. 4.19

Saltato giù dal tavolo, Walken continua a danzare ed esce piroettando sulla sinistra (Fig. 4.20), per rientrare subito dopo da destra ed essere seguito da una carrellata mentre si esibisce davanti a una serie di specchi

Fig. 4.20

Fig. 4.21

Fig. 4.22

(Fig. 4.21,a p. 69); nuovamente esce di campo a sinistra per riapparire da destra nel corridoio degli ascensori (Fig. 4.22).
Come avrete visto, l'utilizzo del principio della contiguità fatto da Spike Jonze e dal suo montatore Eric Zumbrunnen è estremamente libero: gli spazi collegati dagli attacchi di montaggio nei fatti non sono direttamente contigui, e i punti di vista da cui sono riprese le inquadrature non sono paralleli; rimane però il principio di massima della costruzione di una continuità d'azione a partire da uscite di campo/ingressi in campo. È un bell'esempio del fatto che dobbiamo guardare a questi strumenti di montaggio come a forme in continua evoluzione: la contiguità, utilizzata negli anni '10 e '20 da Chaplin e Keaton non è sparita, è però cambiata ed è diventata uno strumento più flessibile e performante.
Uscito dall'ascensore, Walken si getta nel vuoto e si esibisce in un sorprendente volo, che lo porta a fermarsi davanti al grande dipinto delle barche. Anche qui sono gli attacchi sull'asse ad avvicinarci e allontanarci dal protagonista (Fig. 4.23), per mostrarci il suo volo e la sua espressione estatica; l'ultimo attacco ci porta a un campo lunghissimo (Fig. 4.23 d), dove questa beatitudine si interrompe e il protagonista precipita improvvisamente a terra, mentre la musica si conclude bruscamente.

Fig. 4.23

Ingresso in campo (Fig. 4.24) e attacco sull'asse (Fig. 4.25) sono ancora protagonisti della conclusione del video, mentre Walken si siede e si riassopisce.

Fig. 4.24

Fig. 4.25

Come abbiamo visto, in questo video Spike Jonze utilizza in modo preponderante tutte le forme del cinema arcaico: le convenzioni di montaggio (attacco sull'asse, inquadrature contigue, ingressi e uscite di campo) ma anche le più consuete composizioni delle inquadrature (campi medi, figure intere e piani americani); non solo, ripesca dal passato anche il glorioso "formato Academy", la ratio in 4:3[8]. Non ne fa, tuttavia, né un'operazione di nostalgia né una citazione: li usa come fossero strumenti moderni e performanti, e in questo modo li rivitalizza, mostrando quanto possano essere ancora perfettamente utilizzabili nell'audiovisivo contemporaneo.

Certamente quando ci capita di vedere un film realizzato dai nostri antenati la prima tentazione è quella di pensarlo come qualcosa di troppo distante da noi, troppo lontano dai gusti e dalle consuetudini di spettatori del XXI secolo: ci facciamo respingere dalla crosta superficiale che lo rende di difficile lettura (è un cinema muto, senza colori, sfarfallante, scattoso, spesso privo di movimento, e le storie raccontate a volte sono veramente distanti dalla nostra vita contemporanea), senza accorgerci che dietro a questa patina si cela spesso una grande intelligenza di messa in scena, dove possiamo scorgere l'origine della forza comunicativa del cinema di oggi.
A questo proposito vale la pena fare un esempio, che prendiamo dall'opera di uno dei più grandi registi del cinema muto (e del cinema tout court): Erich von Stroheim. La scena, estratta da *Femmine folli*, del 1922, si trova a 37' 31" dall'inizio del film. {☞ ***Femmine folli*, scena analizzata**}
Siamo nel Grand Hotel di Montecarlo; la protagonista Helen (Miss DuPont), moglie di un diplomatico statunitense in visita ufficiale nel Principato, si

[8] Con il termine *aspect ratio* si intende il rapporto base/altezza del formato di ripresa e, di conseguenza, di proiezione e di visione. Il cinema contemporaneo predilige oggi i formati *wide* (dal comune HD, 1,77:1, fino ai cinemascope, 2,35:1). Il cinema muto (salvo rari casi, tra cui il più celebre è *Napoleone* di Abel Gance) era standardizzato su un formato leggermente rettangolare di 1,33:1.

trova casualmente in ascensore con due uomini in divisa da ufficiali (la Grande Guerra è terminata da poco). Il piccolo disguido che si crea, a causa della borsetta che le sfugge di mano, è raccontato esclusivamente con dettagli e primi piani, lasciando allo spettatore il compito di ricostruire – attraverso queste immagini strette collegate dagli attacchi di montaggio – tutti i sottintesi e le implicazioni di questa situazione: un perfetto esempio di come si poteva interpretare in quel cinema il concetto di "montaggio analitico", andando oltre il semplice strumento dell'attacco sull'asse.
Dopo l'ingresso di Helen in ascensore, ripreso in figura intera (Fig. 4.26 a sx), passiamo a un primo piano della donna (Fig. 4.26 al centro), mentre l'ascensore inizia la discesa. La caduta della borsetta è mostrata utilizzando il principio, che ormai conosciamo bene, delle inquadrature contigue: la borsetta cade fuori campo verso il basso ed entra in campo dall'alto nel dettaglio successivo (Fig. 4.26 a dx).

Fig. 4.26

Si ritorna dunque al primo piano di Helen (Fig. 4.27 a sx e al centro), che guarda verso la borsetta caduta e quindi si rivolge verso il fuori campo in direzione dell'ufficiale alla sua sinistra, in attesa che – come previsto dalla buona educazione dell'epoca – questi si chini a raccoglierla. A questo punto si passa, sempre con un attacco di contiguità, al primo piano dell'ufficiale, che sembra non reagire alla muta richiesta della donna (Fig. 4.27 a dx).

Fig. 4.27

Un taglio di montaggio ci porta quindi al primo piano dell'altro ufficiale (Fig. 4.28 a sx), a destra della protagonista, che si accorge della situazione e si china per raccogliere la borsetta (Fig. 4.28 a dx); anche qui, un attacco di contiguità e di movimento.

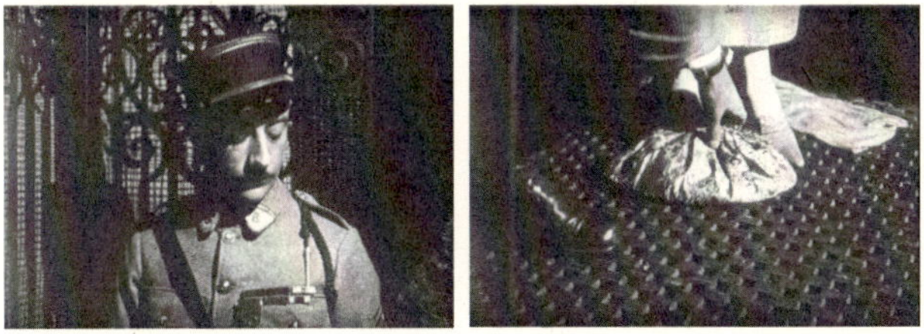

Fig. 4.28

Helen riceve la borsetta, che entra in campo nel suo stesso primo piano (Fig. 4.29), e si volge verso l'ufficiale per ringraziarlo. Subito dopo, nella stessa inquadratura, si volge nuovamente verso il primo ufficiale con uno sguardo chiaramente di biasimo.

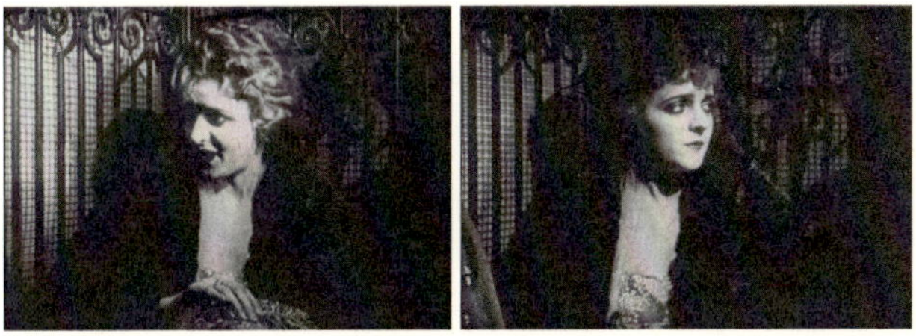

Fig. 4.29

Questi continua a comportarsi come se non si fosse accorto dell'accaduto (Fig. 4.30 a sx), e Helen gli volge ostentatamente le spalle (Fig. 4.30 a dx).

Fig. 4.30

Seguono tre primi piani dei nostri protagonisti (Fig. 4.31), tre inquadrature che ci lasciano percepire l'imbarazzo che sembra fluttuare nella scena, in attesa che l'ascensore arrivi finalmente al piano terra, dove Helen è attesa dal marito.

Fig. 4.31

Vediamo qui come Stroheim, utilizzando i principi del montaggio analitico, riesca letteralmente a "far parlare" le immagini mute, basandosi sull'eloquenza dei gesti ma, soprattutto, sull'eloquenza dei raccordi di montaggio, che – come abbiamo letto nella frase di Pudovkin in esergo a questo paragrafo – portano lo sguardo dello spettatore di volta in volta nel punto della scena che in quel preciso momento è fondamentale per comprendere il senso dell'azione. Nel fare questo, il regista crea una soluzione di découpage di grande modernità: lo spazio si fa ellittico, l'azione allusiva, e allo spettatore è chiesto di partecipare alla ricostruzione dei legami tra i personaggi e del senso dell'azione scenica. Aggiungiamo il colore, il sonoro e una diversa illuminazione, e potremmo benissimo essere in un film di Wong Kar-wai o di Terrence Malick!

4.2 – I RACCORDI DI SGUARDO

Montare un film significa legare le persone le une alle altre
e agli oggetti attraverso gli sguardi.[9]
(Robert Bresson)

Come abbiamo visto, la cornice cinematografica (quella cornice ideale che scontorna l'immagine proiettata) presenta una caratteristica particolare, che la distingue dalle cornici pittoriche: è aperta al fuori campo. Grazie a questo, ogni inquadratura può essere collegata, nella mente dello spettatore, alle inquadrature precedenti e a quelle successive. La cosa è particolarmente evidente quando osserviamo un taglio di montaggio basato sul raccordo di sguardo, anche perché lo sguardo intenzionale di un protagonista verso il fuori campo apre la via a due tra i principali strumenti del montaggio invisibile: la soggettiva e la corrispondenza.

Osserviamo queste inquadrature tratte da una scena della *Finestra sul cortile*. Il detective (Wendell Corey), da poco entrato nell'appartamento di Jefferies (James Stewart), guarda a sinistra oltre la finestra (Fig. 4.32 a sx) e osserva la festa in corso nell'appartamento dall'altro lato del cortile: un'inquadratura che ci appare evidentemente come una sua **soggettiva** (Fig. 4.32 a dx). {☞ ***La finestra sul cortile (2)*, scena analizzata**}

Fig. 4.32

[9] Robert Bresson, *Note sul cinematografo* (1975), cit. in Adelio Ferrero, *Robert Bresson*, La nuova Italia, Firenze 1976, p. 5.

Subito dopo, il montaggio ci ripresenta il precedente punto di vista, che inquadra il detective (questa volta in primo piano) mentre rivolge lo sguardo verso destra (Fig. 4.33 a sx) per incontrare quello di Lisa (Grace Kelly) che avanza verso di lui, anche lei ripresa in un primo piano largo (Fig. 4.33 a dx). Queste due inquadrature, grazie all'incrocio degli sguardi e alla simmetria dei punti di vista, configurano in tutta evidenza una **corrispondenza**.

Fig. 4.33

Dunque, a seconda delle circostanze, lo sguardo fuori campo viene interpretato dallo spettatore come espressione di due modalità di montaggio (soggettiva e corrispondenza) assai diverse dal punto di vista narrativo. Come spettatori, non abbiamo nessuna difficoltà a riconoscere questa distinzione, perché si tratta di un "lavoro" che la nostra mente compie un'infinità di volte nella nostra vita quotidiana: se stiamo chiacchierando con un amico e lo vediamo volgere lo sguardo dietro di noi, possiamo esattamente valutare dove è diretto quello sguardo (e, voltandoci a nostra volta, possiamo "inquadrare" con precisione l'oggetto del suo interesse); possiamo persino calcolare con una buona approssimazione (valutando la convergenza dei suoi occhi) la distanza di questo oggetto. Tutte operazioni che facciamo con estrema naturalezza e in modo inconsapevole, che si basano su una nostra proprietà fisica assolutamente particolare:

> A coprire la pupilla e l'iride c'è una membrana trasparente, la cornea, e attorno a essa c'è quella parte che chiamiamo il bianco degli occhi, tecnicamente la sclera. È questa parte non ottica dell'occhio umano a rappresentare il suo tratto più insolito. Stranamente, parte del bianco dei nostri occhi è visibile a chi ci guarda. La maggior parte degli animali ha occhi circolari, a bottone [...]. Ma questa tendenza evolutiva compie un passo avanti nelle scimmie antropomorfe, dove gli occhi sono più ellittici, avvicinandosi alla forma di quelli umani. Neppure qui però si vede il bianco; le aree esposte attorno all'iride ne hanno lo stesso colore castano scuro. Negli occhi umani, è proprio il bianco di queste stesse zone a renderle altamente visibili. Questo piccolo mutamento evolutivo fa sì che durante gli incontri sociali i movimenti dello sguardo siano facili da leggere, persino a una certa distanza.[10]

[10] Desmond Morris, *L'animale donna. La complessità della forma femminile*, Mondadori, Milano 2005, pp. 63-64.

Esperti come siamo in questi complessi giochi di sguardi di cui si nutrono i nostri incontri sociali, non abbiamo nessuna difficoltà ad applicare questa stessa abilità all'interpretazione degli sguardi lanciati verso il fuori campo dai personaggi cinematografici.

4.2.1 – L'inquadratura soggettiva

Cosa ci spinge, nella vita reale di tutti i giorni, a volgere lo sguardo verso un oggetto? Certamente la curiosità, la necessità, a volte la paura. Ma anche, se non soprattutto, il desiderio: desiderio di conoscere (o riconoscere) qualcosa o qualcuno; desiderio di imprimere nella nostra mente la bellezza di un paesaggio o di un volto; desiderio di comprendere meglio un fatto che si sta svolgendo attorno a noi. È questo medesimo desiderio, questa curiosità o questa paura che noi leggiamo nel volto del personaggio cinematografico intento a guardare verso il fuori campo.
La soggettiva, cioè l'attacco di montaggio che congiunge il primo piano o la mezza figura del protagonista con l'immagine di ciò che sta guardando, porta lo spettatore a una potente attrazione empatica, al riconoscimento – nel volto dell'attore – di tutta una ricchezza di sfumature e di sentimenti, che la nostra mente è portata a identificare e a condividere. Come scrivono Gallese e Guerra:

> Quando osserviamo gli altri esprimere una data emozione con la mimica facciale, i muscoli del volto dell'osservatore si attivano in maniera congruente, con una intensità che appare proporzionale con la sua natura empatica. Questa risposta è specifica per l'osservazione di espressioni del volto che esprimono emozioni, poiché non è evocata dall'osservazione di movimenti del volto privi di contenuto emozionale.[11]

Nello stesso tempo, questa medesima associazione fornisce allo spettatore una importantissima informazione narrativa: io so cosa vede (e quindi cosa sa) il protagonista. Può sembrare un tema irrilevante, ma non è così. La tensione narrativa di una scena cinematografica nasce molto spesso da questo gioco di conoscenza: lo spettatore conosce le stesse cose del protagonista? Ne conosce di meno? Ne conosce di più? Sorpresa e suspense vengono modulate proprio da questo sottile gioco, come possiamo vedere in questa scena classica, che ancora una volta prendiamo da un film di Hitchcock, *Gli uccelli* (1963): l'attesa che precede l'assalto dei corvi davanti alla scuola (a 1h 6' 20" dall'inizio). {☞ ***Gli uccelli*, scena analizzata**}
La nostra eroina Melania (Tippi Hedren) è seduta su una panchina nei pressi dell'ingresso della scuola, in attesa che la sua amica Annie (Suzanne Pleshette) termini la lezione. Mentre fuma una sigaretta per ammazzare il tempo, vediamo che un gruppo sempre più numeroso di corvi si posa su una struttura metallica alle sue spalle (Fig. 4.34). Da un taglio di montaggio all'altro l'inquadratura su Melania si fa sempre più stretta, fino ad arrivare al primo piano.

---

[11] Vittorio Gallese e Michele Guerra, *op. cit.*, p. 65.

Fig. 4.34

A poco a poco, noi spettatori diventiamo consapevoli del pericolo che incombe, sempre più minaccioso, sulla nostra eroina che non si sta accorgendo di nulla: si accumula la suspense. Dopo qualche secondo, quasi casualmente, lo sguardo di Melania va a scoprire un corvo in volo e comincia a seguirlo – e noi con lei (Fig. 4.35).

Fig. 4.35

Quando anche questo uccello, in una inquadratura che è sempre evidentemente soggettiva, arriva a posarsi sull'intelaiatura, la suspense si trasforma in sorpresa, per noi spettatori come per la protagonista (Fig. 4.36).

Fig. 4.36

L'inquadratura successiva (un piano di reazione dove Melania si alza dalla panchina e guarda verso gli uccelli, introducendo una nuova serie di soggettive) ci fa potentemente partecipare a tutta l'angoscia che si legge nel suo volto (Fig. 4.37).

Fig. 4.37

Naturalmente si tratta solo di un esempio tra i milioni (letteralmente) che potremmo fare: la soggettiva accompagna il racconto cinematografico dalle origini fino ai giorni nostri[12]. Certo, le modalità con cui lo spettatore viene "informato" del fatto che una inquadratura rappresenta il punto di vista di un personaggio possono essere le più varie: a partire dalla classica connessione primo piano/inquadratura soggettiva si sono sviluppate (in particolare nel cinema moderno e contemporaneo) tantissime altre modalità, che vanno dall'uso del movimento di macchina all'uso di espedienti grafici inseriti nell'inquadratura, alla voce fuori campo, a qualsiasi tipo di inquadratura che possa segnalare l'interesse del protagonista verso un qualcosa che rientra nel suo campo visivo. Il cinema di oggi gioca ormai con uno spettatore smaliziato, al quale basta solo un accenno per arrivare a comprendere correttamente allo sguardo di quale personaggio debba essere attribuita quella determinata immagine.

[12] I primi esempi di inquadratura soggettiva sono riconoscibili in due brevissimi filmati del fotografo e inventore inglese George Albert Smith: *Grandma's Reading Glass* e *As Seen Through a Telescope*, entrambi del 1900.

4.2.2 – Le inquadrature corrispondenti

Da quando il cinema ha cominciato a parlare, nel lontano 1927, il montaggio di inquadrature corrispondenti ha rappresentato uno degli strumenti di montaggio più utilizzati. Prima, nei trent'anni di cinema muto, l'inserimento dei cartelli (che sintetizzavano i dialoghi tra due o più persone) impediva allo spettatore di percepire nettamente il faccia a faccia tra i protagonisti. Appena gli attori hanno potuto parlare, l'evidenza del legame di spazio e tempo suggerita dalla corrispondenza ha enormemente potenziato l'"illusione di realtà" in cui lo spettatore cinematografico si trova immerso.

Visto con occhio superficiale, questo strumento sembrerebbe il massimo della banalità: due persone si fronteggiano in una conversazione (o si fronteggiano in altro modo, come in un duello alla pistola in un vecchio film western) e la macchina da presa, collocata ora verso un personaggio ora verso l'altro nel rispetto della "regola dei 180°"[13], fornisce al montaggio una serie di inquadrature, appunto, "corrispondenti". In realtà, il modo in cui queste inquadrature sono girate, e poi la maniera in cui sono montate, contribuiscono grandemente alla drammaturgia della scena, non meno della forza della performance degli attori.

Il primo elemento da valutare, osservando le inquadrature che compongono una corrispondenza, è la loro simmetria (o, al contrario, la loro non-simmetria). Una simmetria che presenta numerose caratteristiche: può esserci simmetria nell'angolo tracciato tra il punto di vista della macchina da presa e la linea del campo[14]; tra le altezze dei punti macchina; tra le ottiche utilizzate; tra gli eventuali movimenti di macchina; tra i piani e i campi di ripresa; tra le durate delle inquadrature. Si tratta di un insieme di fattori che, gestiti in modo intelligente da un regista e poi dal suo montatore, costruiscono una caratterizzazione molto forte della scena e della situazione drammatica che si sta raccontando. Come nel gioco degli scacchi un insieme finito di regole e di mosse possibili dà vita a un'infinità di partite diverse, così l'uso differente di questi elementi di ripresa e di montaggio dà vita a una moltitudine di soluzioni differenti; basta andare ad analizzare le scene in corrispondenza in una serie di film scelti assolutamente a caso per toccare con mano questo campo veramente sterminato di possibilità.

Un esempio che mostra chiaramente questo stretto legame tra le scelte di regia e di montaggio che danno vita a una corrispondenza e la costru-

---

[13] Una chiara definizione della "regola dei 180°" la si può trovare in Arcangelo Mazzoleni, *L'ABC del linguaggio cinematografico. Strutture, analisi e figure della narrazione per immagini*, Dino Audino editore, Roma 2002, pp. 37-38.

[14] Con *linea del campo* si intende quella linea ideale che collega gli sguardi dei due interlocutori.

zione drammaturgica della scena lo troviamo in questo estratto da *Bastardi senza gloria* (2009) di Quentin Tarantino (a 53' 55" dall'inizio del film). {☞ ***Bastardi senza gloria*, scena analizzata**}
La protagonista Shoshanna (Mélanie Laurent) è a colloquio con l'ufficiale Landa delle SS (Christoph Waltz); siamo in un locale di Parigi, durante l'occupazione tedesca. La situazione è altamente drammatica: Shoshanna, che è di origine ebraica, ha riconosciuto Landa come l'ufficiale responsabile dello sterminio della sua famiglia, ma non capisce, fino alla fine, se anche l'ufficiale l'abbia a sua volta riconosciuta – e anche noi con lei rimaniamo nel dubbio e nell'ansia.
La ripresa ci propone tre tipi di inquadrature su entrambi i protagonisti: una mezza figura piuttosto larga che inquadra anche la quinta dell'interlocutore (Fig. 4.38 a-b); un primo piano (Fig. 4.38 c-d) e un primissimo piano (Fig. 4.38 e-f). Come possiamo vedere in questi fotogrammi, la simmetria delle riprese è evidente: la macchina da presa è collocata sempre all'altezza dei protagonisti e l'angolo di ripresa rispetto alla linea del campo è sostanzialmente simmetrico. Unica differenza significativa è un character dolly, quasi impercettibile, che a un certo punto si avvicina al volto della ragazza.

Fig. 4.38

Possiamo notare una differenza considerevole tra i piani più larghi e gli altri: le mezze figure, che comprendono l'interlocutore di quinta, si presentano come inquadrature **esterne**, destinate a essere interpretate dallo spettatore come più "oggettive" e meno coinvolgenti; primi e primissimi piani sono invece inquadrature **interne**, e mostrano il conflitto dramma-

tico tra i protagonisti nel modo più diretto, spingendo lo spettatore a un maggiore trasporto empatico.
Date queste sei inquadrature, è interessante vedere come il montaggio le mette in gioco nel corso di questo confronto, che si sviluppa in toni educati e apparentemente innocui ma che nasconde, come sappiamo bene, una terribile minaccia.
Nelle prime battute del colloquio, i piani utilizzati evidenziano una forte asimmetria: alla mezza figura esterna sull'ufficiale (Fig. 4.39 a sx) corrisponde un primissimo piano interno sulla ragazza (Fig. 4.39 a dx). La cosa ha la sua logica: veniamo dal lungo e lento character dolly sul volto di Shoshanna mentre fuori campo due militari (Landa e il giovane eroe di guerra innamorato di Shoshanna) discutono (in tedesco!) su di lei, dopo che un rapido flashback ci ha riportati al momento del massacro dei suoi familiari; è necessario che questo clima drammatico venga conservato, almeno per un po'. Inoltre, il confronto tra due piani così diversi ci fa apprezzare ancor più il conflitto tra lo stato mentale della ragazza (che si sente intrappolata nella "tana del lupo") e i modi di ostentata cortesia esibiti di Landa.

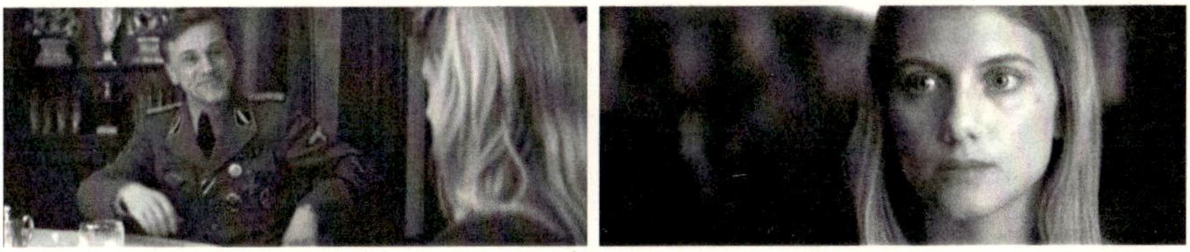

Fig. 4.39

Presto però questo clima di "understatement" prende il sopravvento, utilizzando anche l'arrivo del cameriere come elemento di sdrammatizzazione; si sussegue così una serie di corrispondenze simmetriche ed esterne in mezza figura, mentre l'ufficiale fa le ordinazioni e pone la prima domanda, sicuramente la meno impegnativa del colloquio, su dove e come la ragazza abbia conosciuto il giovane eroe di guerra (Fig. 4.40).

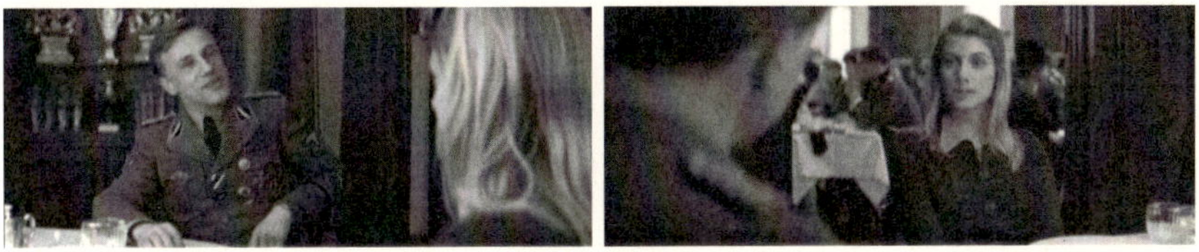

Fig. 4.40

Nonostante tutta questa affabilità, Shoshanna si mostra chiaramente a disagio, tanto che Landa si sente in obbligo di chiarire che il colloquio «è solo una formalità; non ha ragione per sentirsi in ansia» (Fig. 4.41 a sx, a p. 82). Proprio su questa battuta, uno stacco sul primissimo piano della ragazza (inquadratura di reazione) suggerisce allo spettatore che in realtà si sta trattando di tutt'altro che di una formalità (Fig. 4.41 a dx, a p. 82).

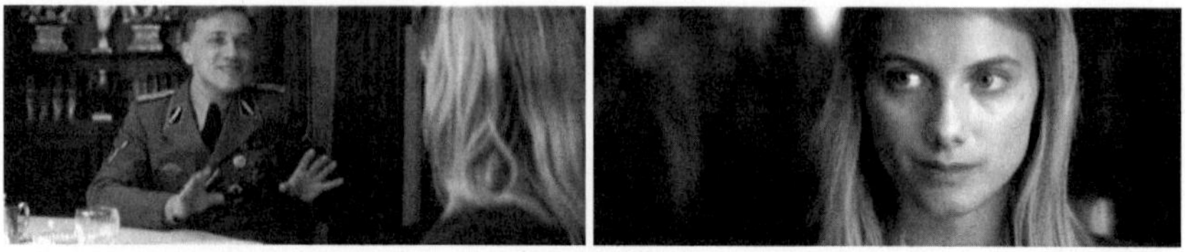

Fig. 4.41

Questa sottolineatura drammatica viene subito interrotta con un attacco sull'asse ad allargare (Fig. 4.42 a sx), giustificato oltretutto (dal punto di vista compositivo) dall'ingresso in campo del cameriere che serve le ordinazioni. A questo punto però, quando si passa all'inquadratura corrispondente, abbiamo una piccola sorpresa: questa volta è a Landa che viene riservato un primo piano, nel momento in cui ordina anche la panna (Fig. 4.42 a dx); apparentemente una richiesta innocua, ma questo passaggio al primo piano accende un qualche "campanello d'allarme" nella mente dello spettatore e prepara la strada per fargli apprezzare, alla fine della scena, tutto il significato della penultima inquadratura, quella in cui l'ufficiale spegnerà la sigaretta proprio sulla bianca e morbida panna con un gesto pieno di allusioni.

Fig. 4.42

Dopo questa inquadratura, una serie di mezze figure sui due protagonisti copre un momento di pausa, dove la tensione sembra arrivare al suo minimo e il dialogo si dirada, in attesa del ritorno del cameriere con la panna, quindi i due si servono e iniziano a mangiare.
Presto però Landa ripropone la sua domanda («Com'è diventata proprietaria del cinema?») e il clima inizia a farsi inquisitorio; un cambio di registro a cui il montaggio si adegua immediatamente, tornando a proporre l'alternanza già vista all'inizio della scena tra la mezza figura dell'ufficiale (Fig. 4.43 a sx), chiaramente a suo agio nel giocare come il gatto con il topo, e il primissimo piano della ragazza, sempre più inquieta (Fig. 4.43 a dx). In più, questa inquadratura su Shoshanna presenta un leggero avvicinamento,

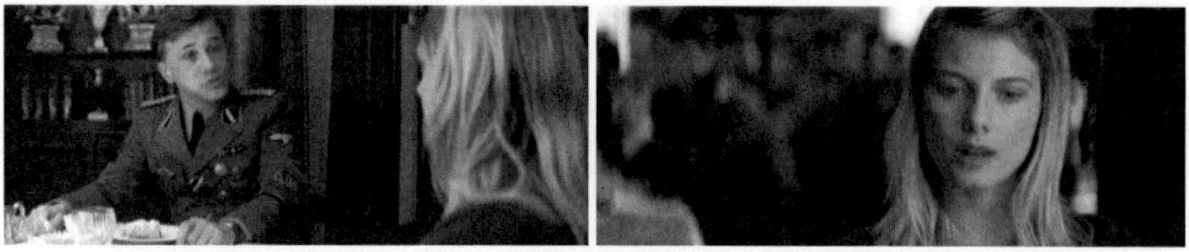

Fig. 4.43

un character dolly che induce lo spettatore a partecipare ancor più direttamente all'ansia della protagonista.
L'indagine di Landa prosegue, e mentre le sue domande si fanno più pericolose, anche su di lui si passa al primo piano (Fig. 4.44 a sx). Il montaggio propone quindi una serie di primi piani simmetrici per tutta la discussione sul proiezionista di colore (Fig. 4.44 a dx), fino alla "battuta" dell'ufficiale («Si può capire perché potrebbe essere un buon mestiere per un negro»).

Fig. 4.44

La battuta sembra chiudere l'argomento e stemperare la tensione, e subito un attacco sull'asse ad allargare ci porta nuovamente sulla mezza figura di Landa, con la ragazza di quinta. La domanda se la ragazza sappia maneggiare un proiettore, il ragionamento dell'ufficiale sui convincimenti del ministro si sviluppano in una serie di inquadrature esterne: il pericolo sembra passato. Solo quando il discorso di Landa ritorna sul pregiudizio razzista suo e del ministro («Non vorrà mai che il successo della sua serata dipenda dall'abilità di un negro»), si torna sull'inquadratura di reazione di Shoshanna in primo piano, a sottolineare quanto questo discorso la ferisca.
A questo punto l'ufficiale fa la sua proposta («Sarà lei ad azionare il proiettore. È accettabile?») e la scena sembra avviarsi a una conclusione positiva. Le inquadrature rimangono sulla mezza figura, fino al momento in cui Landa offre una sigaretta alla ragazza: un gesto evidentemente sdrammatizzante. Ma qui, diversamente da quanto ci si potrebbe aspettare, si torna allo squilibrio dell'inizio: mezza figura su Landa (Fig. 4.45 a sx) / primo piano su Shoshanna (Fig. 4.45 a dx), come a preparare lo spettatore al fatto che qualcosa di diverso sta per accadere, che la tensione rimasta sottotraccia per tutta la scena si prepara a emergere.

Fig. 4.45

Il passaggio a un primissimo piano della ragazza sottolinea questo momento e anticipa il primo piano di Landa che si esprime in modo sottilmente minaccioso («C'è un'altra cosa che volevo domandare»). La tensione sale improvvisamente: si torna sul primissimo piano di Shoshanna (Fig.

Fig. 4.46

4.46 a sx), mentre la pausa del dialogo sembra voler dilatare il tempo, aumentando la suspense; si passa quindi a un primissimo piano di Landa, che sottolinea il suo sguardo minaccioso (Fig. 4.46 a dx).
Dopo una preoccupante pausa silenziosa, l'improvviso cambio di espressione dell'ufficiale sembra trascinare la scena verso una conclusione senza traumi: ma l'inquadratura su di lui, che rimane sul primissimo piano (Fig. 4.47 a sx), e il successivo dettaglio della sigaretta spenta sulla panna montata (Fig. 4.47 a dx) ci fanno capire che il gatto non ha concluso il suo gioco, l'ha solo rimandato, e che la nostra eroina è tutt'altro che fuori pericolo!

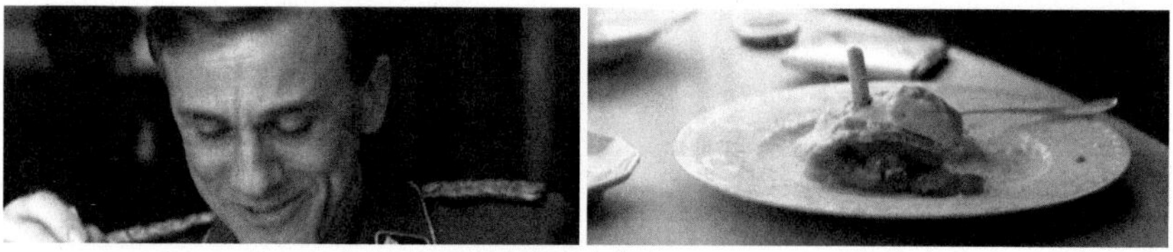

Fig. 4.47

4.2.3 – Inquadrature di reazione e piani d'ascolto

Come abbiamo visto nel sottoparagrafo precedente, nella scena di *Bastardi senza gloria*, spesso il montaggio sceglie di inserire un'inquadratura di un personaggio non nel momento in cui sta parlando ma nel momento in cui ascolta e reagisce (con lo sguardo e la mimica facciale) a ciò che sta dicendo il suo interlocutore. Ne nasce quella che definiamo **inquadratura di reazione**, o **piano d'ascolto**.
A prima vista sembrerebbe un controsenso: l'attenzione dello spettatore dovrebbe concentrarsi naturalmente – come affermava Pudovkin – sull'elemento che in quel momento è fondamentale per comprendere la scena. Non è detto però che questo elemento sia rappresentato sempre da chi parla o dall'azione principale che si svolge, anzi. La reazione di un personaggio a ciò che accade nella scena (può essere la frase di un interlocutore, come in questo caso, o un improvviso scoppio di violenza, come nella scena di *Sex and the City* che abbiamo analizzato) è spesso fondamentale per tutta una serie di motivi: può chiarire meglio il senso della scena stessa e anticipare gli avvenimenti futuri; può contribuire alla creazione di momenti di pausa e dilatazione temporale utili a costruire un climax di suspense; può servire (soprattutto nelle prime fasi di un racconto cinematografico) alla presentazione dei personaggi.

Un esempio tra i tanti: in *Smetto quando voglio* (2014), di Sydney Sibilia, dopo tutte le complicate e divertenti vicende che portano il protagonista Pietro (Edoardo Leo) a rintracciare i suoi vecchi amici, si arriva alla classica scena del primo incontro collettivo, la costituzione della "banda" (la scena si trova a 36' 33" dall'inizio del film). {☞ ***Smetto quando voglio*, scena analizzata**}

Dopo una breve discussione generata da un equivoco con Arturo (Paolo Calabresi), che pensa di essere stato convocato per organizzare l'ennesima manifestazione di protesta contro il precariato, Pietro inizia a esporre il suo piano in un ampio "establishing shot" (Fig. 4.48). Mentre le sue parole blandiscono l'orgoglio dei presenti («Voi siete le migliori menti in circolazione»), il montaggio ci presenta le loro reazioni, che consentono allo spettatore di familiarizzare con i loro volti, ma anche di comprendere qualcosa dei loro caratteri: Alberto (Stefano Fresi) sembra dimesso e rassegnato (Fig. 4.49 a); Giorgio (Lorenzo Lavia) attento e incuriosito e Mattia (Valerio Aprea) altrettanto attento ma scettico (Fig. 4.49 b); Bartolomeo (Libero De Rienzo) disincantato e attendista (Fig. 4.49 c). Dopo questa "premessa motivazionale", Pietro passa a esporre il suo piano: «Produrre una nuova droga. Il miglior prodotto che si sia visto» (Fig. 4.49 d).

Fig. 4.48

Fig. 4.49

Tornano allora le reazioni dei compagni: questa volta Alberto sembra rianimarsi, Giorgio sembra non cogliere la portata della proposta mentre continua a pulirsi gli occhiali con indifferenza e Mattia pare ancora più scettico (Fig. 4.50 a sx); Andrea (Pietro Sermonti) sembra assolutamente allibito e

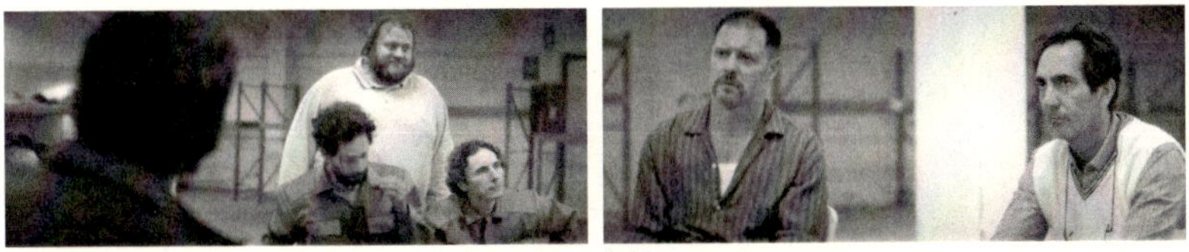

Fig. 4.50

Arturo (Paolo Calabresi), che non a caso nel film avrà il ruolo di perenne produttore di dubbi, resta perplesso (Fig. 4.50 a dx, a p. 85).
Come si può vedere, queste inquadrature non sono dei semplici "riempitivi": offrono allo spettatore un primo spaccato caratteriale dei protagonisti, facendoci apprezzare anche le loro differenze, che vengono dichiarate, oltre che dall'atteggiamento e dall'espressione facciale, anche dal loro stesso abbigliamento. Oltre a ciò, contribuiscono grandemente ad arricchire i punti di vista con cui possiamo osservare la scena, dando ritmo e varietà al montaggio.

Fig. 4.51

Ma c'è di più. Come abbiamo già visto nella scena di *Sex and the City*, l'inquadratura di reazione dedicata a Charlotte, che si ritrae sbigottita e spaventata dall'improvvisa colluttazione tra i due uomini, ha una funzione profondamente empatica (Fig. 4.51). In quel momento la protagonista rappresenta perfettamente la condizione in cui si trova lo spettatore, che osserva l'azione che si svolge sullo schermo senza poter intervenire, costretto anche lui a una reazione puramente emotiva e "passiva".
Si tratta di una funzione dell'inquadratura di reazione assolutamente comune, che possiamo trovare – salvo casi più unici che rari – in qualsiasi prodotto di fiction, e non raramente anche in documentari o in altre tipologie di audiovisivo. Ne scegliamo qui tre esempi, tratti da epoche e generi cinematografici completamente differenti, che rappresentano bene l'utilizzo che si può fare di questo strumento.

Fig. 4.52

Iniziamo dal primo esempio: in *Arsenico e vecchi merletti*, una "commedia nera" di enorme successo diretta nel 1944 da Frank Capra, il protagonista (un affascinante Cary Grant) è un giovane brillante che, rimasto orfano, è stato allevato dalle zie, due dolci e caritatevoli vecchiette; non potrebbe mai immaginare che le stesse zie sono responsabili di una lunga serie di omicidi (commessi ovviamente "a fin di bene"). {☞ ***Arsenico e vecchi merletti*, scena analizzata**}
Quando, a 18' 40" dall'inizio, aprendo per caso una cassapanca (Fig. 4.52 sopra) vi trova nascosto un cadavere, la sua reazione – sottolineata dal passaggio al primo piano (Fig. 4.52 sotto) – è straordinaria. Anche perché a noi spettatori il ca-

davere non viene mostrato, e in qualche modo lo "vediamo" solo attraverso la reazione manifestata dal protagonista (reazione che diventa una sorta di "a parte" teatrale, costruito a beneficio del pubblico per provocarne l'istantanea immedesimazione, oltre che la reazione comica).
Rimanendo sempre nell'ambito della commedia, possiamo fare un salto di sessant'anni per soffermarci su una pellicola diretta da Patrice Leconte, *Confidenze troppo intime.* Nel film la protagonista Anna (Sandrine Bonnaire) sta attraversando un momento problematico nei rapporti con il marito e alla fine decide di rivolgersi a uno psicoanalista. Con una determinazione improvvisa, ne sceglie uno a caso sull'elenco del telefono e si presenta nel suo studio senza fissare un appuntamento; solo che, una volta nel corridoio del palazzo, sbaglia porta e inconsapevolmente entra nell'ufficio sbagliato: l'ufficio di un commercialista, William (Fabrice Luchini). {☞ ***Confidenze troppo intime*, scena analizzata**}
Si tratta di una classica commedia degli equivoci, di cui i francesi sono maestri. Il primo colloquio tra i due (a 5' 10" dall'inizio) è una divertente sequenza di situazioni imbarazzanti, che nascono dalle diverse supposizioni dei protagonisti: Anna è convinta di avere di fronte uno psicoanalista, William pensa che Anna si stia rivolgendo a lui per la dichiarazione dei redditi; solo lo spettatore è a conoscenza del malinteso. Man mano che le confessioni di Anna si fanno più intime, l'imbarazzo diventa sempre più evidente nelle reazioni di William; fino a quando la donna, parlando del marito, dice: «Non mi desidera più; non abbiamo più rapporti sessuali» (Fig. 4.53 a sx) e il taglio di montaggio propone un'efficacissima inquadratura di reazione di William, che guarda verso Anna esterrefatto (Fig. 4.53 a dx).

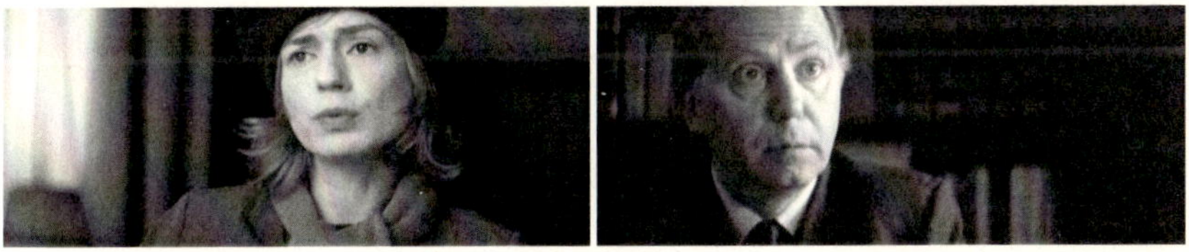

Fig. 4.53

Forse l'uomo sta iniziando a intuire qualcosa, o più semplicemente pensa di avere di fronte una pazza: in ogni caso questa reazione produce una forte immedesimazione da parte dello spettatore.

Un terzo esempio, questa volta di genere drammatico, lo ricaviamo ancora una volta da un film di Hitchcock, *L'uomo che sapeva troppo* (1956). {☞ ***L'uomo che sapeva troppo*, scena analizzata**}
Nella complessa scena del concerto (a 1h 34' 53") la protagonista Jo (Doris Day) assiste all'esecuzione della sinfonia seminascosta in un ingresso della grande sala (Fig. 4.54 a-b, a p. 88); sa che a un certo punto del concerto un killer sparerà alla personalità politica che siede nella tribuna d'onore, ma non può intervenire perché i terroristi tengono in ostaggio suo figlio.

Fig. 4.54

Il suo sguardo verso la tenda che nasconde il killer pronto a colpire (Fig. 4.54 c-d) esprime tutta la sua impotenza; e noi spettatori, che viviamo nella medesima condizione, la riconosciamo come il nostro alter ego sulla scena, il nostro avatar, con cui condividiamo emozioni e angoscia. Anche noi, come la protagonista, non possiamo fare altro che provare tutte queste intense emozioni nell'immobilità della nostra posizione, e magari – come a volte ci capita al cinema – piangere insieme a lei.

4.3 – IL TEMPO E L'AZIONE

> Nelle immagini c'è movimento. C'è movimento nei film; e poi c'è movimento tra un'immagine e l'altra. C'è una struttura ritmica, c'è contrappunto, c'è armonia e discordanza. Un film non può mai considerarsi riuscito se non è riuscito sotto il profilo musicale.[15]
>
> (Orson Welles)

Il cinema, come è stato definito pragmaticamente dalla società statunitense, è "motion picture", immagini in movimento. E se all'inizio del '900 questa definizione faceva riferimento alla capacità della nuova invenzione di rappresentare fotograficamente l'azione nel suo svolgersi nel tempo, con il passare dei decenni è diventato chiaro che la questione è assai più ampia. Il lavoro sul movimento – e il lavoro sul tempo, giacché è proprio grazie al tempo che si può percepire il movimento – ci porta al cuore dell'arte del montaggio. Se i raccordi di sguardo, come abbiamo visto nel paragrafo precedente, danno allo spettatore la possibilità di percepire la coerenza spaziale della scena e di partecipare con trasporto empatico alle avventure dei protagonisti, il lavoro sul tempo e sull'azione fornisce al film struttura, compattezza e ritmo.

[15] Dal documentario *Girando Otello* di Orson Welles, Hellwig Productions, RFD, 1978.

4.3.1 – Ellissi temporale

Fig. 4.55

Al centro della ricostruzione di un "tempo cinematografico" troviamo l'ellissi temporale e i suoi "trucchi". Obiettivo dell'ellissi temporale è (quasi sempre[16]) quello di asciugare il tempo dell'azione per eliminare i tempi morti che vi si nascondono, i dettagli irrilevanti per la comprensione della scena, senza però togliere allo spettatore l'illusione di continuità spazio-temporale.
Possiamo vederlo chiaramente in questa scena, tratta da un western postmoderno diretto da Sam Raimi, *Pronti a morire* (1995). {☞ ***Pronti a morire*, scena analizzata**}
Siamo all'inizio del film (è la scena dei titoli di testa, a 4' 21" dall'inizio): la protagonista Ellen (Sharon Stone) entra a cavallo nella cittadina di Redemption per compiere la sua vendetta contro chi le ha ucciso il padre (Fig. 4.55). Percorre tutta la polverosa main street, poco più di un centinaio di metri, fino ad arrivare al saloon.
Considerando la lentezza dell'incedere e la lunghezza del passo del cavallo, possiamo calcolare approssimativamente in un minuto e mezzo il tempo dell'azione "reale"; è il tempo in cui si consumerebbe la scena se la riprendessimo con un'unica inquadratura senza stacchi. Invece, di stacchi ce ne sono molti, e lavorano abilmente nel sottrarre tempo all'azione, tanto che la scena (l'azione rappresentata) dura un poco meno di 50".
Già nelle prime inquadrature (Fig. 4.56), quando Ellen incrocia il falegname che sta approntando una bara, vediamo come i tagli di montaggio sfruttano il passaggio al primo piano di lei (Fig. 4.56 d), che rende meno chiari i riferimenti spaziali, per portare via una manciata di secondi (Fig. 4.56 e).

Fig. 4.56

[16] Può capitare a volte che si lavori al contrario per dilatare i tempi dell'azione.

L'azione del falegname che solleva il coperchio della bara porta a un impallamento quasi totale della protagonista (Fig. 4.56 f, a p. 89), che si sta allontanando di schiena: anche questo è un modo per nascondere allo spettatore le coordinate spaziali.
Si passa quindi all'inquadratura della ragazza che guarda dalla finestra (Fig. 4.57 sopra). Il movimento di macchina "sporco" e leggermente ondulatorio denuncia chiaramente il fatto che si tratti di una soggettiva di Ellen, cosa confermata subito dopo dal primo piano della protagonista, che guarda verso la ragazza (Fig. 4.57 sotto). Le due inquadrature, così strette sui personaggi e sul dettaglio della casa, rendono impossibile allo spettatore valutare con esattezza la posizione raggiunta dalla protagonista, mentre l'impressione di continuità è garantita oltre ogni ragionevole dubbio dal carattere soggettivo dell'inquadratura sulla ragazza. Alle spalle di Ellen vediamo intanto sfilare le prime strutture del villaggio.
Il successivo taglio di montaggio ci propone un gruppo di persone sul balcone dell'albergo alla destra della protagonista (Fig. 4.58 a). In realtà,

Fig. 4.57

come possiamo vedere nel campo lunghissimo iniziale, questa palazzina è sicuramente più avanti rispetto a quella da cui si affacciava la ragazza: questo stacco "brucia" così qualche decina di metri e parecchi secondi all'azione "reale", come possiamo rilevare anche dal fatto che nel primo piano successivo (Fig. 4.58 b) Ellen è parecchio più avanzata rispetto al primo piano precedente (Fig. 4.57 sotto). Di nuovo, l'uso di inquadrature strette mette in evidenza, agli occhi dello spettatore, il legame instaurato dai raccordi di sguardo piuttosto che la coerenza geometrica della posizione; lo spettatore è così portato a soffermarsi sulla caratterizzazione macchiettistica del personaggio (Figg. 4.58 c, 4.58 e) e sulla "risposta" di Ellen, che in piano americano esibisce la sua pistola (Fig. 4.58 d).

Fig. 4.58

Il successivo taglio di montaggio è particolarmente interessante: con una sorprendente inquadratura dall'alto (Fig. 4.58 f), la narrazione cinematografica ci porta direttamente alla fine della strada, davanti al saloon.
Si tratta evidentemente dell'ellissi più ampia di tutta la scena, visto che la protagonista si trova improvvisamente spostata in avanti di alcune decine di metri rispetto alla sua posizione precedente. Cosa fa funzionare questo stacco, lasciando intatta nello spettatore la sensazione di continuità spazio-temporale? Almeno tre cose.

- Sono trascorsi più di 30" dal campo lunghissimo iniziale, l'unica inquadratura da cui lo spettatore poteva ricavare un'informazione completa sullo spazio dell'azione. Un mezzo minuto "riempito" di personaggi interessanti e pittoreschi, premonizioni (la bara), inquietudini (il volto della ragazzina). In un certo senso, è come se nella mente dello spettatore la quantità di suggestioni e informazioni si traduca in tempo: più ce ne sono, più tempo è trascorso.
- Anche il blocco di montaggio precedente (cinque inquadrature di cui ben tre dedicate allo sgradevole personaggio di Dred, interpretato da Kevin Conway) contribuisce in modo significativo a questo accumulo di informazioni; lo spettatore comprende chiaramente che questo figuro avrà una parte significativa nella storia, e intuisce anche che presto la protagonista dovrà scontrarsi con lui. Sono informazioni "pesanti", che ancor più riempiono la mente del pubblico rendendo accettabile la successiva ellissi.
- Davanti a un punto di vista dall'alto, così insolito, la mente dello spettatore è occupata per una frazione di secondo a "riorganizzare" la sua raffigurazione mentale dello spazio, e questa frazione di secondo pesa anch'essa nella valutazione dei tempi dell'azione. Inoltre veniamo da una lunga serie di inquadrature dominate dal punto di vista soggettivo di Ellen, e del tutto improvvisamente ci troviamo a guardare l'azione dal punto di vista (come direbbe Hitchcock) del "dio narratore": un cambiamento di prospettiva che sicuramente porta lo spettatore a dare un peso assai rilevante a questo passaggio.

Lentamente, Ellen si porta all'ingresso del saloon, smonta da cavallo ed entra nel locale. Tutto questo gruppo di stacchi sembra rispettare perfettamente la continuità spazio-temporale, anche perché sono quasi tutti attacchi sul movimento. Se guardiamo con attenzione, tuttavia, vediamo che anche qui l'ellissi temporale lavora sottotraccia: in tutti questi attacchi sul movimento qualche fotogramma viene "rubato", per compattare e rendere più fluida l'azione, utilizzando di volta in volta diversi espedienti.

Nella discesa da cavallo, è l'enorme dislocamento del punto di vista dall'inquadratura dall'alto a quella laterale (Fig. 4.59).

Fig. 4.59

Nell'allontanarsi dal cavallo è la parziale uscita di campo e il flusso di movimento tra le due inquadrature contigue (Fig. 4.60).

Fig. 4.60

Nell'ingresso nel saloon è il parziale impallamento prodotto dalla doppia anta della porta (Fig. 4.61).

Fig. 4.61

Dentro al locale è l'ingresso in campo da destra, che avviene non subito al momento dello stacco ma un secondo e mezzo dopo, dando allo spettatore la possibilità di "giustificare" quella parte di azione che viene lasciata fuori campo (Fig. 4.62).

Fig. 4.62

Fig. 4.63

Ma c'è un altro "trucco", forse ancora più comune, a cui bisogna prestare attenzione: Ellen non fa nemmeno in tempo a scendere da cavallo (Fig. 4.63), che il taglio di montaggio ci porta sul dettaglio di una mano che sembra mettere in ordine delle boccette di colore (Fig. 4.64 a sx), e una panoramica ci porta sul volto di un personaggio, il ragazzo cieco (Jerry Swindall), che sembra essersi accorto dell'arrivo della protagonista (Fig. 4.64 a dx).

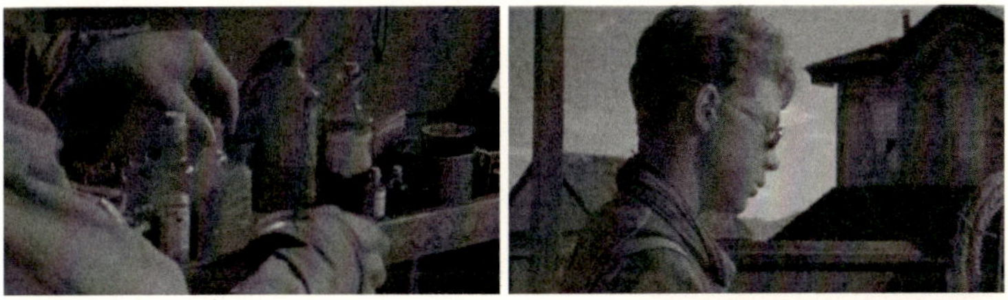

Fig. 4.64

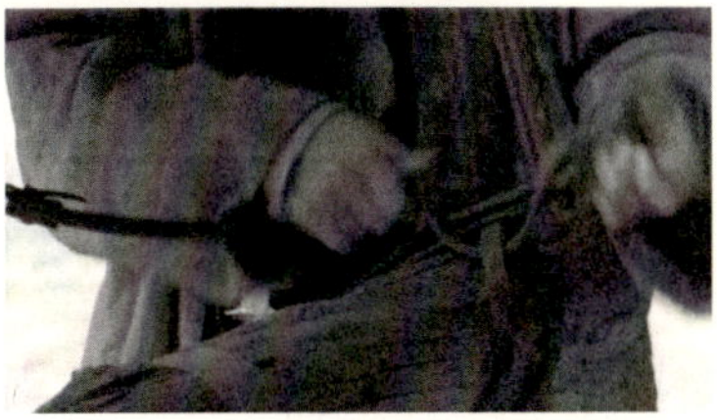

Fig. 4.65

Il passaggio a questa sorta di azione parallela e all'inquadratura di reazione del ragazzo consente al montaggio di tornare sulla protagonista quando la sua azione (scendere del tutto da cavallo e legare le briglie alla sbarra) è praticamente conclusa (Fig. 4.65).

La capacità dell'azione parallela e dell'inquadratura di reazione di giustificare una maggiore o minore ellissi del tempo dell'azione principale dipende da fattori intuibili: l'interesse e la curiosità suscitati da questa azione e da chi la compie, la sua complessità, la sua durata, l'importanza del personaggio che la compie ecc. Il montatore deve cercare di porsi dal punto di vista di chi vede per la prima volta queste immagini per riuscire a capire quanto "spazio" possono occupare nella mente dello spettatore e, di conseguenza, quanto tempo consentono di elidere.

In realtà, il lavoro che il montaggio sviluppa sull'ellissi temporale chiama in causa direttamente la nostra percezione del tempo. Cos'è per noi il tempo? Come lo sperimentiamo nella nostra vita di tutti i giorni? E come, questa nostra esperienza del tempo e della durata, che rinnoviamo a ogni istante della nostra vita, trova una corrispondenza nel montaggio audiovisivo?
Il nostro rapporto con il tempo non è molto diverso dal rapporto che abbiamo con la temperatura: sappiamo che c'è una temperatura oggettiva, quella che possiamo misurare con un termometro; ma assai più importante per noi è la temperatura percepita, che dipende – oltre che dalla temperatura oggettiva – da una miriade di altri fattori: umidità, evaporazione, abbigliamento, shock termici, umore, allenamento al freddo e al caldo ecc. Allo stesso modo, sappiamo che esiste un tempo oggettivo, quello misurato dai nostri orologi, determinato dal continuo movimento di rotazione della Terra attorno al proprio asse; più importante per noi – infinitamente più importante – è tuttavia quello che potremmo definire "tempo percepito", il tempo soggettivo, psicologico. Sappiamo benissimo che, in certe condizioni di attesa e di stress, un minuto può sembrare interminabile, mentre in altri momenti siamo portati a esclamare: «Come è volato il tempo!». Non solo: la percezione della durata è intimamente collegata alla nostra memoria e alle nostre fantasie sul futuro, tanto che particolari esperienze del passato o le nostre immaginazioni ci possono apparire, in determinati momenti, come parte integrante del nostro presente.
Per la nostra mente, il tempo è tutt'altro che una semplice freccia che ci porta da un istante a quello successivo: è un percorso estremamente libero, complesso e imprevedibile, fatto di progressione ma anche di ritorni o fughe in avanti, di dilatazioni e di improvvise compressioni.
Nel corso della nostra vita – e della vita della nostra specie – abbiamo imparato a giocare con il tempo; o, forse, sarebbe meglio dire che abbiamo imparato a "farci giocare" dal tempo. Ed è con questo stesso gioco, così intrigante e imprevedibile, che il cinema ci mette costantemente alla prova.

Lo possiamo vedere in tutta evidenza in questa "piccola scena" estratta da *Hugo Cabret* (2011) di Martin Scorsese (a 1h 8' 29" dall'inizio). {☞ ***Hugo Cabret*, scena analizzata**}
Se guardiamo superficialmente questa sequenza ci sembra tutto molto chiaro, trasparente e continuo, anche nel suo sviluppo temporale; ma se la osserviamo in profondità possiamo scorgere un sorprendente lavoro sul tempo messo in atto dalla montatrice[17].

---

[17] Si tratta della grande Thelma Schoonmaker, che proprio della capacità di giocare in modo funambolico con i tempi cinematografici ha fatto la sua più originale caratteristica di stile.

Fig. 4.66

La scena inizia con un impressionante campo lunghissimo della sala di consultazione della biblioteca (Fig. 4.66). I due ragazzi – Hugo (Asa Butterfield) e Isabelle (Chloë Grace Moretz) – sono appena entrati e appaiono al centro, sulla destra, minuscoli nella vastità di questa vera e propria cattedrale. Quasi subito ascoltiamo una voce provenire dal fuori campo: «La biblioteca dell'accademia cinematografica». In realtà comprendiamo immediatamente che si tratta di una conversazione: ascoltiamo la voce della ragazza domandare: «Come, scusate?». Ma Isabelle è presente in questa inquadratura e non sta parlando con nessuno, quindi siamo portati a pensare che l'audio sia un flashback. Stiamo perciò vivendo contemporaneamente due momenti diversi: uno (segnalato dal video) legato al presente e uno (segnalato dall'audio) legato al passato prossimo. Subito dopo, uno stacco (che mostra una evidente ellissi temporale) ci mostra i due protagonisti avviarsi lungo i tavoli di consultazione, prima in mezza figura (Fig. 4.67 a sx) e poi in campo medio (Fig. 4.67 a dx), con un attacco sull'asse e sul movimento che esprime la più completa continuità di tempo e azione.

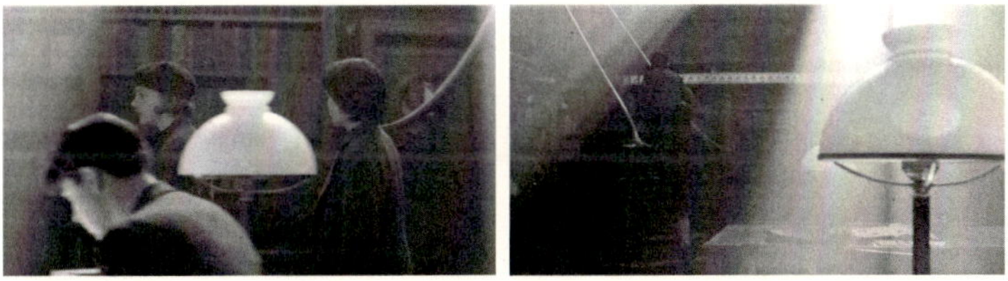
Fig. 4.67

Mentre i ragazzi stanno per salire la scala che porta al piano superiore, la voce dell'uomo continua a fornire le sue spiegazioni; ecco improvvisamente che questa voce assume un corpo, quello del bibliotecario ripreso alla sua scrivania (Fig. 4.68 a sx, a p. 96). Il flashback agisce qui nella sua modalità più consueta e "totale", sia come video che come audio.
Ma, alla fine di questa inquadratura, siamo invece proiettati ancora di più nel futuro: uno stacco di montaggio evidentemente ellittico ci propone Hugo già al piano superiore, dietro alla scaffalatura (Fig. 4.68 a dx, a p. 96), intento nella ricerca del libro consigliato dal bibliotecario (la cui voce continua ancora nel fuori campo in assoluta linearità).

Fig. 4.68

Qui la montatrice ci propone un vero e proprio gioco di prestigio: da questa mezza figura frontale (Fig. 4.69 a sx) si passa a un'inquadratura dall'alto che inizialmente può apparire come una soggettiva (Fig. 4.69 al centro), dove vediamo il libro mentre viene appoggiato sul piano di legno, e solo successivamente scorgiamo la testa di Hugo che entra in campo; quindi si passa a una nuova mezza figura in cui Hugo e Isabelle aprono il libro e iniziano a leggerlo (Fig. 4.69 a dx): solo che i due ora sono seduti, e sono in sala di consultazione al piano terra!

Fig. 4.69

Il montaggio, nella perfetta continuità di due attacchi sul movimento e di una semisoggettiva, nasconde e nello stesso tempo esibisce una evidente ellissi temporale. In un certo senso, l'inquadratura di Hugo che guarda il libro mentre lo appoggia sul tavolo è una sorta di "inquadratura bifronte": si collega perfettamente tanto con l'inquadratura precedente (che può benissimo essere letta come una dichiarazione di soggettiva) quanto con la successiva, che si presenta come un attacco sul movimento che segue l'azione delle mani del ragazzo. In questi due stacchi perfettamente "invisibili", la montatrice nasconde un significativo passaggio di tempo e di spazio.
La mente dello spettatore è perciò chiamata, istante per istante, a collocarsi nel flusso temporale del racconto audiovisivo, un flusso assolutamente disomogeneo, che vive per ellissi, salti improvvisi, sincopi ritmiche; e che spesso propone più linee temporali contemporanee, che si intrecciano e confliggono tra loro. È assolutamente sorprendente osservare come lo spettatore riesca a gestire tutta questa complessità con l'abilità di un esperto giocoliere.

Come abbiamo potuto constatare nei due esempi precedenti, per il montatore gestire l'ellissi temporale rappresenta una grande prova di abilità, che comporta comprensione del significato più profondo dell'azione, senso del ritmo e – diciamo pure – vera e propria astuzia nell'uso degli strumenti di montaggio più adatti a ottenere lo scopo: dislocazione si-

gnificativa dei punti di vista, inquadrature ravvicinate, ingressi e uscite in campo, sfruttamento della continuità di movimento, utilizzo di azioni parallele e di inquadrature di reazione.
Non sempre, tuttavia, lo scopo del montaggio è quello di garantire l'illusione di una perfetta continuità temporale, grazie all'uso di ellissi abilmente nascoste. Spesso l'audiovisivo propone scene in cui la ricostruzione dell'azione vive di salti temporali ed ellissi più esplicite, creando soluzioni stilistiche e ritmiche che ci avvicinano a quelle adottate, come vedremo più avanti, dal montaggio di costruzione.
Ne abbiamo un chiaro esempio in una delle prime scene di *Schindler's List* (1993) di Spielberg (subito dopo i titoli di testa). {☞ ***Schindler's List*, scena analizzata**}
Siamo nel 1939 in una piccola stazione ferroviaria in Polonia: un funzionario, che deve provvedere alla prima schedatura di un gruppo di ebrei appena arrivati con un treno, sta preparando la sua postazione.
Dopo un campo lungo, in cui l'uomo apre il tavolino e la borsa e inizia ad appoggiare sul tavolo i suoi strumenti di lavoro (Fig. 4.70), il primo taglio di montaggio si presenta come una perfetta continuità d'azione: la mano del funzionario prende dalla borsa il tampone inchiostrato e, nel dettaglio successivo, entra in campo, appoggia l'oggetto e lo apre (Fig. 4.71).

Fig. 4.70

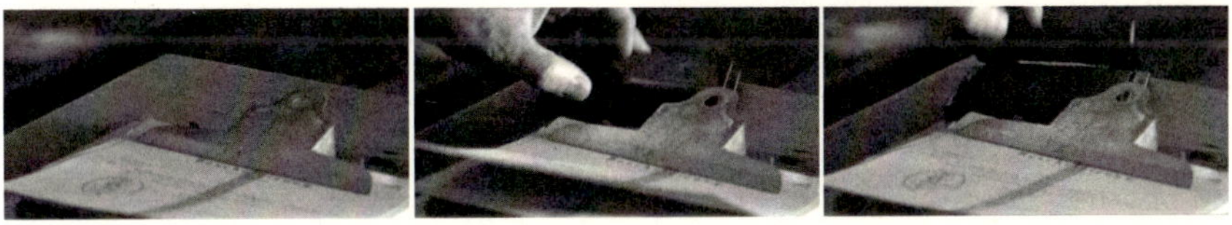

Fig. 4.71

Questo dettaglio però apre la via a una diversa modalità di montaggio, che si sviluppa in una evidente accelerazione: montate in rapida successione, tre inquadrature mostrano il subitaneo ingresso della mano che appoggia tampone assorbente e graffatrice (Fig. 4.72), timbro (Fig. 4.73, a p. 98) e quindi calamaio (Fig. 4.74, a p. 98).

Fig. 4.72

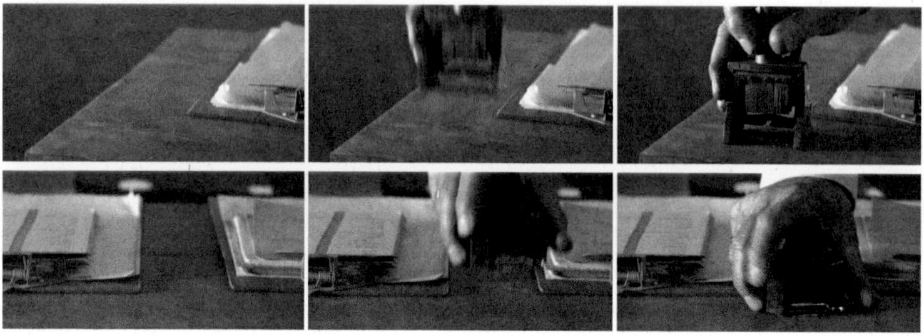

Fig. 4.73 (sopra) e Fig. 4.74 (sotto)

I tempi dell'azione non sono rispettati (viene eliso il tempo impiegato dall'uomo per cercare ed estrarre gli oggetti dalla borsa); non solo, questa eliminazione di parte dell'azione è, per così dire, "dichiarata" allo spettatore. Il racconto dell'azione non si fa meno completo, si fa però sintetico; in più, appoggiandosi su quattro inquadrature di dettaglio che racchiudono una porzione di spazio molto simile, il montaggio propone una logica di ripetizione che porta lo spettatore a una chiara percezione ritmica.
Dopo l'ultimo dettaglio sulla boccetta d'inchiostro, si torna a un attacco sul movimento perfettamente continuo[18] (Fig. 4.75); la cinepresa fa una panoramica verso l'alto, andando a inquadrare la famiglia ebrea che si sta avvicinando al banchetto.

Fig. 4.75

Qui, nuovamente, il montaggio propone un repentino cambio di modalità. Si torna al dettaglio e, senza che questo sia stato anticipato da un mo-

[18] Salvo il piccolo particolare che la mano nel dettaglio è la destra, mentre nella inquadratura successiva è la sinistra: ma l'attacco sul movimento costruisce una sensazione di continuità così forte che di questo "errore" non può accorgersi nessuno!

vimento del funzionario nell'inquadratura precedente, vediamo le mani dell'uomo già in campo intente nell'apertura della boccetta d'inchiostro (Fig. 4.76 sopra). Nel dettaglio, vediamo entrare in campo il pennino, che viene intinto, e un attacco sull'asse e sul movimento ci mostra il funzionario già seduto al suo banchetto, pronto al lavoro (Fig. 4.76 sotto).

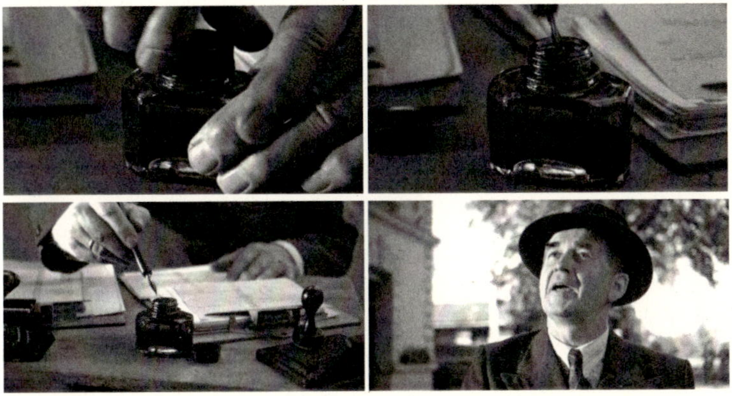

Fig. 4.76

Qui il montaggio ci riserva un'altra sorpresa costruita con originalità, appoggiandosi alle convenzioni del linguaggio cinematografico e insieme negandole. Dopo il primo piano dell'uomo che si rivolge a qualcuno davanti a sé chiedendogli il nome (Fig. 4.77 a sx), ci saremmo aspettati l'inquadratura corrispondente: un primo piano del capofamiglia che risponde. Questa inquadratura infatti arriva subito dopo, tra l'altro in una perfetta continuità della colonna sonora: ma si tratta di un evidente scavalcamento di campo (Fig. 4.77 a dx).

Fig. 4.77

È una cosa che nello spettatore genera un certo sospetto; sospetto che diventa certezza subito dopo, quando un movimento di macchina a mano si allontana dall'uomo per inquadrare una gran quantità di persone che subiscono la schedatura, in una stazione diversa e chiaramente più grande della precedente (Fig. 4.78, a p. 100).

Fig. 4.78

Quello che ci aspettavamo fosse un taglio in continuità diventa addirittura un cambio di scena, che lascia però un'idea importante nella mente dello spettatore: questi uomini e queste donne – da una stazione all'altra, da un sopruso all'altro, da una cella alla successiva – vedranno accumularsi su di loro ingiustizie e angherie, fino alla violenza finale. E questo taglio di montaggio, che esprime continuità ma anche differenza, oltre che un'ellissi temporale, ci fa partecipi di questo diabolico meccanismo di ripetizione del male.

4.3.2 – Raccordo di movimento e flusso

Nessun attacco di montaggio produce una maggiore sensazione di continuità del veder fluire un movimento tra un'inquadratura e l'altra. Non solo: l'attacco sul movimento produce accelerazione ritmica, variazione continua degli stimoli visivi e, infine, la chiara percezione di una qualche "musicalità" della sequenza di montaggio, come afferma Orson Welles.

Fig. 4.79

Nel corso dei decenni, l'impiego del raccordo di movimento è diventato sempre più consapevole e creativo, tanto da poter identificare almeno tre livelli di utilizzo di questo strumento: l'attacco sul movimento in senso proprio, l'attacco sul movimento in senso lato e un'idea più ampia di flusso di movimento tra le inquadrature.

L'attacco sul movimento in senso proprio prevede che l'azione rappresentata sia suddivisa su più inquadrature, ma sempre presente in ciascuna di queste: non a caso è spesso associato all'attacco sul-

l'asse, come abbiamo visto in un paio di attacchi nella scena tratta da *Sex and the City* (Fig. 4.79).
La concezione più "allargata" dell'attacco sul movimento considera anche l'utilizzo di impallamenti, ellissi, ingressi in campo/uscite di campo e inquadrature contigue. Ne possiamo vedere un chiaro esempio in questa rapida successione di stacchi tratta da una delle scene iniziali di *A.I. – Intelligenza artificiale* (2001) di Spielberg (a 2' 35"), dove il prof. Hobby (William Hurt), come atto dimostrativo, prova a infilare un ago nella mano della Mecha. {☞ ***A.I. – Intelligenza artificiale*, scena analizzata**}
Qui di seguito riportiamo tre fotogrammi per ogni inquadratura (Fig. 4.80).

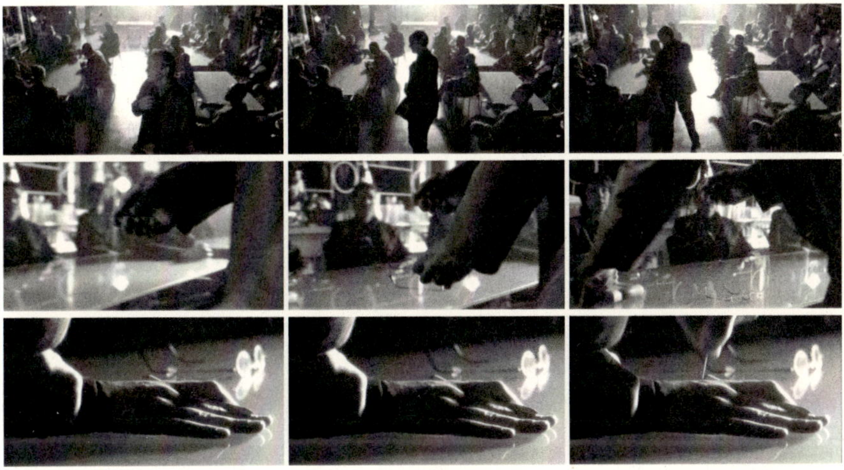

Fig. 4.80

Come possiamo vedere, in nessuno di questi due attacchi il centro dell'azione (la mano che stringe l'ago) è presente in evidenza nelle inquadrature al momento del taglio di montaggio: nella prima la mano è nascosta ("impallata", come si dice in gergo) dal corpo di Hurt (Fig. 4.80 sopra), nella seconda è invece chiaramente in campo (Fig. 4.80 al centro), mentre nella terza inizialmente non è presente ma entra in campo dopo un paio di fotogrammi (Fig. 4.80 sotto). Vediamo dunque che allo spettatore, più che mostrata, la continuità del movimento viene suggerita:

- nel primo stacco, grazie alla continuità della direzione del movimento del corpo del protagonista e poi del suo braccio;
- nel secondo, grazie all'ingresso in campo dell'ago, in un attacco che segue un po' la logica di un montaggio per inquadrature contigue.

La cosa è decisamente interessante: abbiamo visto, nel primo capitolo, come la mente dello spettatore ricostruisca la lettura di una immagine a partire da una visione frammentata di una infinità di particolari percepiti dal movimento oculare; qui vediamo come una cosa di questo genere funzioni anche nella dimensione del tempo. L'azione viene ricostruita nella sua interezza a partire da frammenti della medesima, mentre la sensazione di continuità pare essere fornita più che altro dalla coerenza delle velocità e delle direzioni dei movimenti.

Nel cinema e nell'audiovisivo contemporanei l'uso combinato di queste due concezioni dell'attacco sul movimento (in senso proprio e in senso "allargato") ha portato a soluzioni di grande complessità, che hanno anche educato la visione dello spettatore, ormai capace di orientarsi anche nelle costruzioni di montaggio più ardite e veloci.
Ne abbiamo un chiaro esempio in questo spot pubblicitario della Levi's (*Dangerous Liaison*, 2007, di Ringan Ledwidge), dove una giovane coppia ideale e in qualche modo "eterna" attraversa i decenni, con i loro diversi stili e look; e dove sono proprio gli attacchi sul movimento (il massimo della continuità spazio-temporale) a svolgere, paradossalmente, il ruolo di disvelatori dei "passaggi epocali". {☞ ***Dangerous Liaison*, spot pubblicitario Levi's**}
Già l'ingresso del ragazzo nell'appartamento è rappresentato grazie a una serie di attacchi sul movimento in senso proprio; in particolare il momento in cui la ragazza chiude la porta e vi si appoggia, taglio che presenta anche un richiamo a un attacco sull'asse (Fig. 4.81).

Fig. 4.81

Poco dopo anche il momento del bacio viene scomposto in una serie di attacchi sull'asse e sul movimento (Fig. 4.82).

Fig. 4.82

Ma è solo un istante; presto il montaggio prende un andamento decisamente ellittico e "moderno". Dal bacio si passa, in una continuità di movimento solo apparente, all'attività delle mani di lei che sbottonano la camicia di lui: sei stacchi in poco più di 5 secondi. Sono momenti di eccitazione in cui la percezione di un movimento frenetico, diluito in inquadrature altrettanto rapide e di brevissima durata, sembra quasi voler esprimere, più che la descrizione chiara di un gesto preciso, una sensazione generale di movimento: quello che è chiaro è l'obiettivo generale dell'azione (spogliare il ragazzo), e questo viene rappresentato senza curarsi della precisione dei raccordi, anzi insistendo sulle evidenti ellissi temporali che incorrono tra un'inquadratura e l'altra (Fig. 4.83).

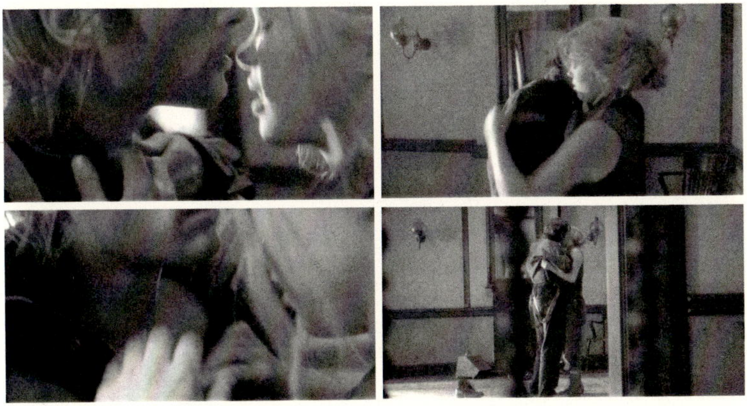

Fig. 4.83

Si arriva quindi al taglio che porta il ragazzo a sfilarsi la camicia (e che nasconde/esibisce il primo passaggio di epoca): un taglio dove l'azione si completa quasi fuori campo, per giunta con un attacco in evidente scavalcamento (Fig. 4.84).

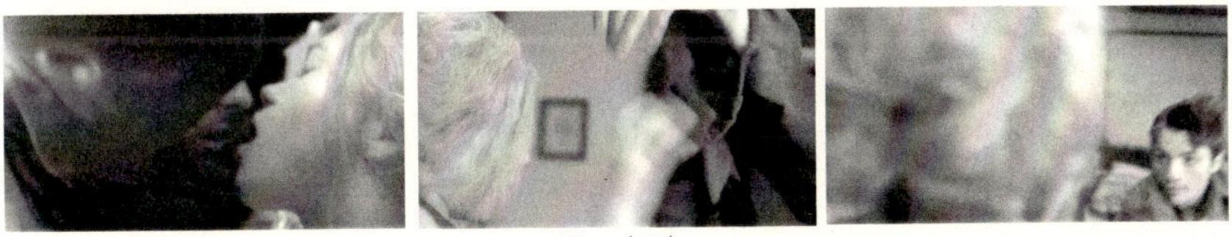

Fig. 4.84

Il resto dello spot si sviluppa in questa successione di momenti più convenzionali seguiti da istanti di ellissi dichiarate, concitazione, continuità dell'azione lasciata intuire più che rappresentata. Queste diverse modalità creano un bellissimo ritmo, dall'andamento sincopato e coinvolgente.

Come abbiamo visto, nell'audiovisivo contemporaneo l'attacco sul movimento si è trasformato quasi nel "caso particolare" di una modalità di montaggio assai più complessa, tesa a costruire quello che potremmo definire "flusso di movimento tra le inquadrature", quasi a prescindere dal fatto che queste inquadrature siano inserite in una dimensione di continuità spazio-temporale.
L'idea è che lo spettatore debba percepire un unico fluire di movimento, portato sì dai movimenti delle azioni sceniche ma non solo. Spostamenti

della macchina da presa, composizione dell'inquadratura, costruzione di centri d'attenzione, sguardi e movimenti che evocano e designano il fuori campo, ma anche collegamenti logici e simbolici e persino illuminazione e colore: tutti questi elementi, propri della messa in scena cinematografica, devono essere sfruttati dal montaggio per portare lo sguardo dello spettatore a fluire da una inquadratura all'altra; ogni inquadratura non deve vivere per sé, ma deve esistere unicamente in questa relazione di flusso costante con quella che la precede e quella che la segue. Come scrive Alessandro Baricco, anche se ragionando su un altro contesto: «Un sistema è vivo quando il senso è presente ovunque e in maniera dinamica: se il senso è localizzato, e immobile, il sistema muore»[19].

Ne troviamo un esempio interessante in questa pubblicità di Chanel (2009), diretta da Jean-Pierre Jeunet, che evoca i lussi dell'Orient Express.
{☞ ***Train de nuit*, spot pubblicitario Chanel**}
Possiamo soffermarci sul primo blocco di montaggio, dove la giovane protagonista (Audrey Tautou) corre per non perdere il treno per Istanbul. Le prime tre inquadrature sono evidentemente collegate dalla corsa della protagonista, prima all'esterno della stazione, poi all'interno (Fig. 4.85). Si tratta di due stacchi palesemente ellittici, come d'altra parte è consuetudine in uno spot pubblicitario.

Fig. 4.85

Il movimento di Tautou verso il fondo, nella terza inquadratura (Fig. 4.85 a dx), trova il suo naturale proseguimento nella carrellata dell'inquadratura successiva, che compie un movimento semicircolare attorno al dettaglio della fanaleria della locomotiva (Fig. 4.86).

Fig. 4.86

[19] Alessandro Baricco, "I barbari (9). Li ho visti abbracciarsi, da lontano", in *la Repubblica*, 15 giugno 2006. Questa serie di articoli è poi stata raccolta nel libro *I barbari. Saggio sulla mutazione*, Fandango, Roma 2006.

Subito dopo, questo stesso movimento avvolgente prosegue e si ripete attorno alla protagonista mentre sale in carrozza (Fig. 4.87).

Fig. 4.87

Nell'inquadratura successiva (la mezza figura del capostazione), a "prendere il testimone" dai due precedenti movimenti di macchina sono invece sia una carrellata in avvicinamento, sia il movimento del braccio, che porta in campo la paletta facendole fare un mezzo giro (Fig. 4.88).

Fig. 4.88

La connessione tra questa inquadratura e la successiva (il treno che esce dalla stazione, Fig. 4.89) è decisamente intrigante: da un lato, è come se il movimento della paletta del capostazione "lanciasse" la carrellata che, da destra a sinistra, sfila davanti alla locomotiva che avanza; dall'altro lato, tra queste due inquadrature si produce anche un evidente collegamento logico: in un certo senso è il fischio del capostazione a far partire il treno.

Fig. 4.89

Vediamo dunque che l'idea di messa in scena di Jeunet prevede che lo sguardo dello spettatore venga come "accompagnato" da una inquadratura all'altra dal fluire ininterrotto del movimento, realizzando così non solo una solida sensazione di continuità, ma qualcosa che lo spettatore può percepire in modi non dissimili dalla percezione di un flusso melodico.

4.4 – LE FORME E LO SPETTATORE: MONTAGGIO INVISIBILE E VISIBILE

> Ne risulta che sullo spettatore non agisce una catena di spezzoni di uomini e di avvenimenti, ma un universo di avvenimenti e uomini reali, chiamati in vita nella nostra immaginazione e nei nostri sentimenti da dettagli allusivi consapevolmente correlati.[20]
>
> Sergej M. Ėjzenštejn

La narrazione per immagini si completa con lo sguardo dello spettatore: l'autore offre una successione di immagini a colui che guarda, e questi completa l'opera; ma quando parliamo di spettatore in realtà ci riferiamo a una moltitudine incredibilmente eterogenea. Cosa fa sì che l'interesse e l'emozione provocati un racconto fatto di immagini in movimento possano rinnovarsi, generazione dopo generazione, e superare le culture e i confini geografici?
Possiamo rispondere che, attraverso le storie che racconta, il cinema ci fa conoscere e riconoscere nelle situazioni e nei sentimenti che noi stessi abbiamo provato[21]; queste due esperienze sono essenziali per "agganciare" lo spettatore, di qualsiasi età e di qualsiasi area geografica. Certo, ci saranno film più o meno riusciti o più o meno resistenti al tempo che scorre, ma il meccanismo del conoscere e del riconoscere è certamente quello che ci fa restare davanti a uno schermo, di qualsiasi dimensione esso sia.

Dal quadro unico dell'*Arrivo di un treno alla stazione di La Ciotat*, dalla discontinuità dei quadri inframmezzati dalle didascalie, il linguaggio cinematografico ha avuto una straordinaria evoluzione, frutto del buon lavoro artigianale, del "taglia e incolla" di artisti e mastri sperimentatori, che hanno colto l'efficacia che poteva avere mostrare le parzialità dei corpi e quelle degli spazi, e che hanno sperimentato la frammentazione dell'azione e del dialogo. Dobbiamo pensare che tutto questo sia stato possibile grazie al dialogo continuo tra autore e spettatore: le convenzioni si sono consolidate in un continuum di esperienze e di visione. Lo spettatore si è "allenato" progressivamente alla connessione sempre più rapida delle informazioni, prevedendo, rimanendo in attesa o sorprendendosi.
Oggi il consumo di immagini in movimento è sempre più pervasivo, e la ritualità della visione ha cominciato a venir meno: possiamo trovare lo spettatore davanti allo schermo di una sala cinematografica (che rimane ancora il luogo migliore per apprezzare adeguatamente un film), ma sem-

[20] Sergej M. Ėjzenštejn, *Teoria generale del montaggio*, Marsilio Editori, Venezia 1985, p. 165.
[21] Una distinzione fatta anni fa dal regista corso Paul Vecchiali, in occasione della presentazione di una sua retrospettiva al Teatro Franco Parenti a Milano (settembre 1989).

pre più frequentemente lo vediamo in movimento, mentre segue storie su schermi di dimensioni diverse e spesso assai ridotte. Può trattarsi di una bambina in un passeggino che guarda un cartone sullo smartphone del genitore mentre viene portata all'asilo, o di un anziano signore che segue una conferenza su un tablet mentre viaggia in treno; tra loro, c'è un mondo di spettatori che guardano e ascoltano, incessantemente; spettatori che consumano e a loro volta producono e condividono oggetti audiovisivi.

4.4.1 – Visibile e invisibile

Nel capitolo precedente abbiamo fatto una distinzione tra il montaggio di ricostruzione e il montaggio di costruzione. Occorre ora considerare che all'interno del montaggio di ricostruzione ci sono due diverse modalità per rimettere insieme i frammenti e ricostruire il découpage di ripresa: il primo è quello che abbiamo analizzato nei paragrafi precedenti, e che vede il montaggio operare nell'invisibilità, nascondendo il proprio lavoro, riscrivendo la continuità e nascondendo la frammentazione della ripresa. È questo che chiamiamo montaggio *invisibile*: lo spettatore percepisce una narrazione fluida, il montaggio cela l'utilizzo degli strumenti della continuità; il risultato è un'illusione di realtà e, per lo spettatore, una particolare facilità nell'orientarsi lungo lo sviluppo della storia. È questo il montaggio sperimentato da Griffith e consolidato nell'età dell'oro del cinema hollywoodiano (in particolare nei primi due decenni del cinema sonoro), che vede lo spettatore condotto per mano per attraversare il racconto e comprenderlo senza fatica.
Il secondo modo è quello del montaggio *visibile*, che si basa invece sull'evidenza del passaggio tra un'inquadratura e l'altra, che esalta la sottrazione del tempo e la discontinuità dello spazio, che nega la sincronia tra l'inquadratura visiva e l'inquadratura sonora. Si tratta di un lavoro di ricostruzione narrativa, che rende evidenti i frammenti di cui è costituita, che generalmente si salda a una scelta di visibilità che ha origine già nello stile di ripresa: l'utilizzo della macchina a mano, una non sincronia tra la dinamica della messa in scena e quella della macchina da presa, il découpage di inquadrature molto simili, la presenza di *long-take* girati per essere frammentati in montaggio e l'inserimento di inquadrature estranee alla narrazione, utilizzate in chiave simbolico-evocativa. Anche in questo caso occorre considerare sia la scrittura della microstruttura, con una ruvidezza di connessione tra le inquadrature, sia una visibilità nella costruzione della macrostruttura, con omissioni e sospensioni della narrazione e la costruzione di architetture temporali[22].

[22] Al riguardo, i primi 22 minuti di *21 grammi* (2003) di Alejandro González Iñárritu sono rivelatori: la successione delle sequenze e la relazione tra i personaggi sfuggono allo spettatore, che è costretto a fare delle ipotesi per ricostruire la successione degli eventi rappresentati.

Il montaggio visibile lascia la mano dello spettatore e lo induce a trovare un senso alle interruzioni dell'azione; gli chiede di essere attivo, di superare la frustrazione per una non immediata decodifica della storia, con un lavoro extraschermo di intuizioni e ipotesi.
Occorre subito dire che sarebbe un errore pensare che la visibilità sia una scrittura caratteristica del solo montaggio contemporaneo. Il montaggio visibile ha origini ben remote; Sergej M. Ėjzenštejn, cineasta e teorico sperimentatore, ne ha tracciato le linee essenziali, affermando la vocazione concettuale del montaggio: il montaggio crea il senso, rappresenta il pensiero, la posizione e il processo mentale dell'autore attraverso la successione di frammenti che, più che rappresentare, stimolano e provocano associazioni che lo spettatore fa proprie.

Un breve esempio estratto da *Ottobre* (1928) ci viene in aiuto. {☞ ***Ottobre*, scheda film**}
Commissionato dal governo sovietico per celebrare il decimo anniversario della Rivoluzione d'ottobre, il film non fu accolto con favore dai committenti per un eccesso di sperimentalismo e ricerca estetica, visti come elementi che avrebbero potuto sviare dal contenuto di propaganda (probabilmente sarebbe stata preferibile una retorica celebrativa, con una scelta di montaggio capace di accompagnare per mano lo spettatore). *Ottobre* è ambientato a Pietroburgo, quando è al potere il governo oppressivo di Kerenskij; Lenin, tornato in patria, guida i bolscevichi all'insurrezione e alla conquista del Palazzo d'Inverno.
La sequenza considerata si trova a 13' 15" e mostra un manifestante, sfuggito alla mitragliatrice delle truppe controrivoluzionarie, che viene linciato da donne e uomini, sostenitori di Kerenskij, ben vestiti e in ozio sul lungofiume cittadino. {☞ ***Ottobre*, scena analizzata**}
Le coppie di frame che seguono rappresentano il punto di passaggio e l'esaltazione della visibilità della frammentazione delle prime inquadrature, in cui il fuggitivo è scorto da una coppia che amoreggia su una barca attraccata (Fig. 4.90 a-b). Possiamo notare che le distanze cinematografiche sono molto simili; nel passaggio tra la terza (Fig. 4.90 c) e la quarta inquadratura (Fig. 4.90 d) abbiamo un raddoppio di movimento sullo stesso asse, così come nello stacco tra la quinta (Fig. 4.90 e) e la sesta (Fig. 4.90 f) inquadratura, troviamo nuovamente un raccordo sull'asse, senza un'apprezzabile distanza che giustifichi l'avvicinamento.
La vitalità della sperimentazione di Ėjzenštejn porta il racconto a non essere mai retorico: le immagini collidono e creano una logica diversa dallo sviluppo in continuità; il montaggio, con la selezione delle inquadrature, la loro durata e i punti di giunzione, lavora a una struttura dichiaratamente antinaturalistica. Negli stacchi qui riportati sono evidenti alcuni strumenti che determinano la visibilità del montaggio: la frammentazione dell'azione con inquadrature simili, qui legate da un raccordo sull'asse (Fig. 4.90 e-f), e la ripetizione dell'azione (il parasole, Fig. 4.90 c-d), anche qui con inquadrature legate con un attacco in asse.

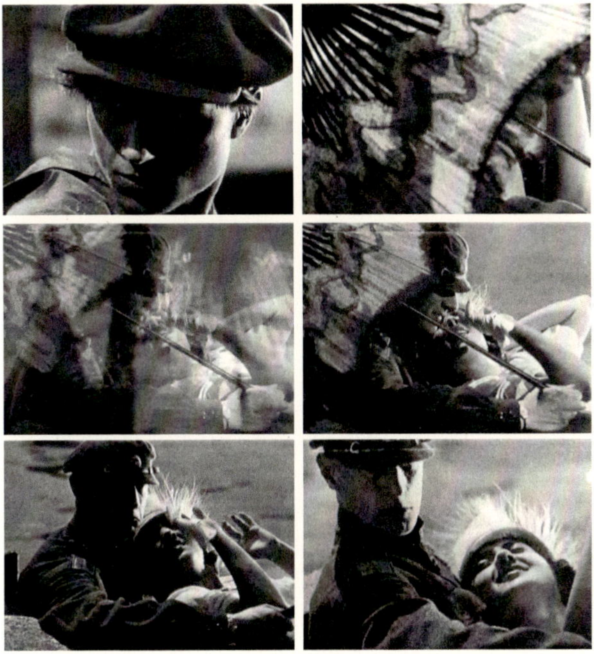

Fig. 4.90

4.4.2 – Gli strumenti del montaggio visibile

Oltre alla già menzionata scelta estetica che si determina in fase di ripresa, il montaggio visibile può connotare uno o più passaggi che vanno a interrompere un montaggio invisibile, come pure manifestarsi per tutta la durata di un film. In quest'ultimo caso la continuità potrà riguardare il passaggio tra un'inquadratura e l'altra (microstruttura) e/o caratterizzarne la struttura, come nel caso di *21 grammi* (vedi nota 22, a p. 107) o come nelle opere di Terrence Malick o Christopher Nolan.
Uno strumento che contribuisce alla visibilità del montaggio è sicuramente la rottura ritmica[23], che spezza il ritmo narrativo con una variazione della frequenza di taglio e della durata dell'inquadratura. Un buon esempio lo troviamo nel *Processo ai Chicago 7* (2020), scritto e diretto da Aaron Sorkin, che racconta le vicende giudiziarie (si tratta di una storia vera) di un gruppo di attivisti americani che, manifestando contro la guerra in Vietnam, furono accusati di cospirazione e attraversamento dei confini di Stato con l'intenzione di incitare rivolte a Chicago in occasione

[23] Un altro esempio di rottura ritmica lo abbiamo trovato in *Lancillotto e Ginevra* (1974) di Robert Bresson, analizzato a p. 36.

della Convention Democratica del 1968. {☞ ***Il processo ai Chicago* 7, sequenza analizzata**}
A 1h 11' 28" dall'inizio del film, durante un'ennesima udienza del processo, Bobby Seale (Yahya Abdul-Mateen II), cofondatore del movimento delle Black Panther, contesta con forza la testimonianza a suo carico resa da un testimone, che come tutti gli altri è un agente infiltrato. Il giudice richiama più volte l'imputato, che reagisce, quindi si rivolge alle guardie: «Portate l'imputato in una stanza e trattatelo come deve essere trattato». Quel che vediamo dopo è il proseguire dell'udienza, caratterizzata da un montaggio invisibile, ma che viene interrotta in più punti da brevi flash di inquadrature che ci mostrano come venga brutalmente trattato Seale, in una stanza poco distante.
A seguire, la visualizzazione in timeline della frammentazione a posteriori della sequenza considerata (Fig. 4.91): le parti più scure corrispondono alle inquadrature che raccontano l'aula del tribunale, quelle più chiare alle inquadrature che mostrano la violenza subita dall'imputato per mano delle guardie.

Fig. 4.91

Come possiamo subito rilevare, c'è un'evidente differenza di durata tra le inquadrature che fanno vedere come viene trattato Seale e quelle che invece mostrano l'aula del tribunale; questo è certamente un primo elemento che rende *visibile* il passaggio tra una situazione e l'altra.
Guardiamo ora in modo più analitico la prima sequenza di frame del passaggio tra l'aula del tribunale, la stanza in cui viene fatta violenza a Seale e il suo successivo rientro al cospetto del giudice.

Fig. 4.92

Le quattro inquadrature (Fig. 4.92 c-f) che interrompono la compostezza classica delle immagini del processo (Fig. 4.92 a-b e poi Fig. 4.92 g-h) hanno una natura ben diversa: sono piani stretti, fortemente dinamici, che restituiscono in dettaglio rapidità e violenza. La dinamica del piano, accompagnata alla decontestualizzazione e alla difficoltà di decodifica, provoca una sincope narrativa, che viene ripetuta quattro volte per raccontare la progressione degli abusi degli agenti, sino al rientro di Seale nell'aula dove sta proseguendo il processo.

L'evidenza della diversa natura dei due stili di ripresa è resa ancor più chiaramente nelle due immagini successive: si tratta della terza e ultima inquadratura della rottura ritmica finale della sequenza (Fig. 4.93 a sx), in cui il leader delle Black Panther, picchiato e legato, viene messo nell'impossibilità di parlare, e del suo successivo rientro in aula (Fig. 4.93 a dx), dove il giudice gli dirà: «Ho la sua assicurazione che lei non farà più niente per disturbare questo processo, se le permetto di riprendere il suo posto? Ho la sua assicurazione?».

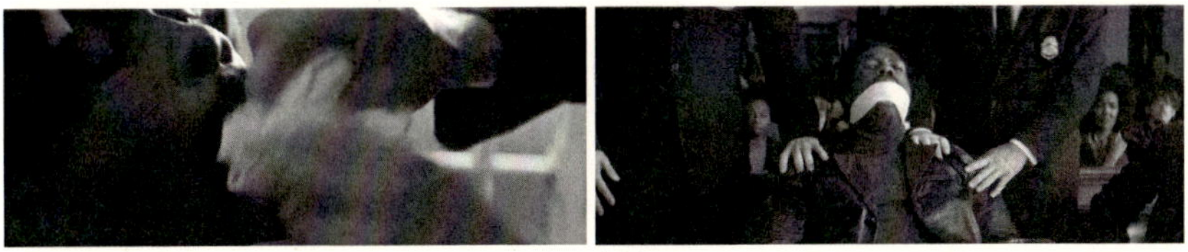

Fig. 4.93

Contrariamente a quanto si potrebbe pensare, il montaggio visibile richiede un lavoro assai complesso. Nella microstruttura è la ricerca del ritmo giusto, del punto d'equilibrio di stacco e attacco, la giusta sottrazione del tempo, il raddoppio di movimento, l'accumulo di immagini simili secondo una logica di volta in volta costruita. Nella macrostruttura è la messa in successione degli eventi, liberati o no da un ordine logico/cronologico, è do-

sare quanto cedere della storia e quanto omettere: la composizione di temporalità diverse, accostate le une alle altre in un modo apparentemente casuale, può arrivare a produrre sequenze narrative che negano l'immediata comprensibilità allo spettatore che, come abbiamo già detto, si trova costretto a cercare indizi per ricostruire extraschermo la storia.
L'esempio che segue è di una visibilità assai esibita e teorizzata, quella di Lars von Trier, che nei suoi film sceglie di negare in modo chiaro e netto le regole della continuità. Siamo alla seconda sequenza delle *Onde del destino* (1996), a 2' 38" dall'inizio: vediamo una giovane sposa vestita di bianco, Bess (Emily Watson), andare incontro al suo promesso, Jan (John Stellan Skarsgård), tecnico su una piattaforma petrolifera, che il giorno delle nozze atterra in elicottero con il suo testimone. Bess è agitata, ha temuto che Jan non si presentasse; lui è in ritardo, devono andare in chiesa; lei protesta, lo picchia, lo bacia. {☞ ***Le onde del destino*, scheda film**} {☞ ***Le onde del destino*, scena analizzata**}

Fig. 4.94

Nella Fig. 4.94 mostriamo la successione dei tagli, riportando il primo e l'ultimo fotogramma delle inquadrature.
Lars von Trier sceglie una struttura cronologica lineare, suddivisa in capitoli e accompagnata da una visibilità continua; le riprese spiazzano, le inquadrature sono lunghe e la macchina da presa segue, dando l'impressione di catturare senza alcuna previsione ciò che accade: sono movimenti repentini, seguiti da azioni e parole, a testimoniare. Tutto è concentrato sull'azione degli attori. Il montaggio di Andrers Refn assicura la continuità del dialogo, ma non quella visiva, lavorando su stacchi di estrema ruvidezza, in cui il montatore non si cura della ripetizione del gesto, della visibile sottrazione del tempo, della successione di piani simili e degli scavalcamenti di campo.
Il regista danese fa della visibilità e della discontinuità i suoi stilemi; racconta una storia facile da seguire, perché si sviluppa secondo un ordine logico/cronologico, ma lavora con la macchina da presa e con il montaggio in modo spiazzante, soprattutto per lo spettatore che si trovava in sala nel '96, anno di uscita del film, uno spettatore che tra macchina a mano e visibilità del taglio dichiarava di avere "il mal di mare". Ricordare questo ci riporta ad affermare che il linguaggio e le estetiche adottate sono in costante mutamento, suscettibili di trasformazioni e ibridazioni; le molteplici esperienze di visione si sedimentano a fare da substrato per una sempre più puntuale capacità di decodifica: le novità che spiazzano vengono presto riassorbite, rinnovate e trasformate dagli autori.

Come abbiamo già detto, visibilità e invisibilità sono definizioni in costante evoluzione, le soglie si spostano perché lo spettatore acquisisce, con l'esperienza di visione, strumenti per una sempre più rapida decodifica: alcuni film fanno da "apripista", introducendo modalità espressive che rompono le consuetudini, come appunto *Le onde del destino* e il già citato *21 grammi*. Thomas Vinterberg nel *Sospetto* (2012) ci offre un esempio di come il montaggio contemporaneo possa lavorare intrecciando invisibilità e visibilità. In questo caso non si tratta di rottura ritmica, né di una visibilità in continuum, ma di un amalgama delle due modalità all'interno della stessa sequenza: visibile e invisibile scivolano l'uno nell'altro, combinando i rispettivi strumenti e dando così senso e sviluppo alla storia. {☞ ***Il sospetto*, scheda film**} {☞ ***Il sospetto*, sequenza analizzata**}

Siamo a 1h 24' 54" dall'inizio del film; Lucas (Mads. Mikkelsen), il protagonista, è a casa, al buio, dopo essere stato preso a calci e pugni in un supermercato, perché persona non gradita. La sequenza ci racconta la reazione del protagonista, la scelta di prepararsi per la funzione di Natale, occasione di riunione di tutta la comunità che lo ha ostracizzato con violenza perché sospettato di aver molestato una bimba della scuola materna in cui lavora. Le prime due inquadrature ci mostrano Lucas con il volto tumefatto e una scritta che ci orienta temporalmente (Fig. 4.95, a p. 114): siamo alla vigilia di Natale, in lontananza, il suono delle campane.

Fig. 4.95

Con uno stacco visibile, Lucas è nella stanza da bagno, l'acqua del lavandino scorre: è passato del tempo, un tempo sottratto al semplice spostamento da una stanza all'altra o quello, meno misurabile, dall'ombra alla luce di una scelta. L'inquadratura in continuum mostra i gesti lenti dell'uomo, che osserva allo specchio il suo volto ferito, per poi iniziare a lavarsi mentre la mdp lentamente si avvicina e accompagna l'azione (Fig. 4.96).

Fig. 4.96

Lo stacco successivo marca una discontinuità: avevamo lasciato Lucas in bagno e ora lo ritroviamo dallo stesso punto di vista, mentre rientra infilandosi la giacca. Come possiamo vedere, per il punto di attacco, il movimento della giacca occlude la visione della stanza, l'inquadratura prosegue con l'uomo davanti allo specchio (Fig. 4.97) e termina con un suo sguardo verso il basso.

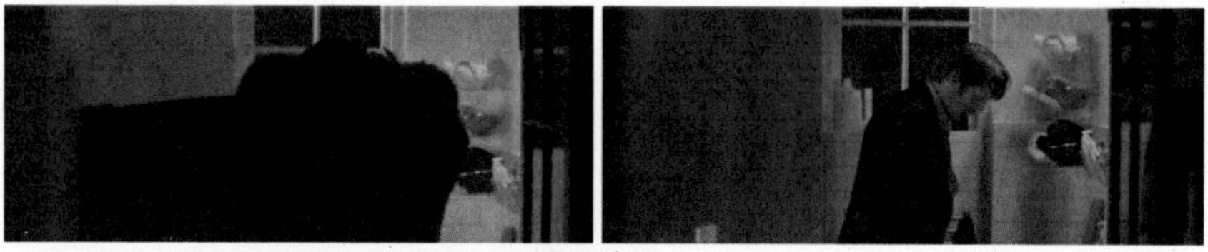

Fig. 4.97

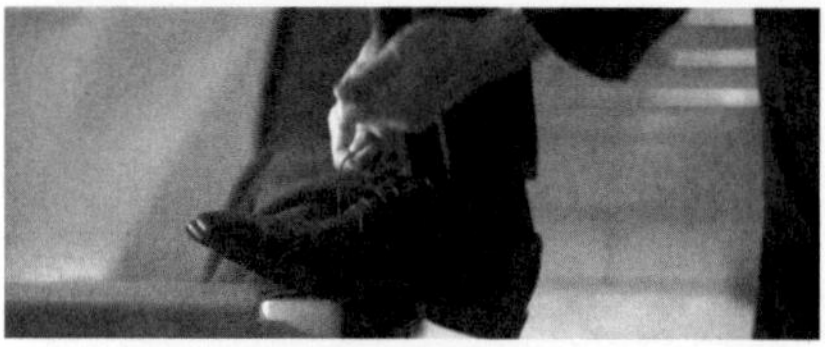

Fig. 4.98

Lo stacco che segue ci porta a un dettaglio della scarpa (Fig. 4.98), ma non si tratta di un'inquadratura soggettiva, anche se lo sguardo aveva dato il la per creare una certa continuità tra le inquadrature. È da notare inoltre che la direzione della scarpa ci indica uno scavalcamento di campo, scarsamente rilevabile per il campo ristretto utilizzato.

Possiamo dire che lo spettatore è portato a consolidare una continuità che si sostanzia per una consuetudine; il legame è anche favorito dalla dinamica dell'attore che attraversa entrambe le inquadrature determinando un raccordo tra i movimenti.
Lo stacco successivo ci riporta sulla soglia del bagno, ora Lucas in Figura intera prende gli occhiali (Fig. 4.99 a sx), un raccordo sul movimento ci fa avvicinare alle mani che stringono la montatura, da cui salta una lente (Fig. 4.99 a dx); qui lo strumento della continuità è applicato nel modo più classico. Il suono è presente, in continuità, e non varia nel passaggio tra i piani.

Fig. 4.99

Dal dettaglio delle mani si ritorna all'inquadratura precedente, con il protagonista davanti allo specchio, a cui segue un primo piano in cui lo vediamo intento ad allacciarsi i bottoni della camicia. È in questo momento che alle sonorità che nascono dalla messa in scena si fonde una corale natalizia, che anticipa lo sviluppo della sequenza e che dà continuità sonora alle azioni successive. L'inquadratura prosegue, Lucas allunga la mano fuori campo, che rientra con un bicchiere di whisky, bevuto tutto d'un fiato (Fig. 4.100 a sx). Di nuovo, Lucas si piega, la mano esce di campo con un movimento a seguire, che lo spettatore immagina sia per appoggiare il bicchiere vuoto (Fig. 4.100 a dx), ma un ulteriore stacco ci porta alla mano che versa, di nuovo, il liquido nel bicchiere (Fig. 4.101). Questo stacco è particolarmente interessante perché si presenta come raccordo ma non lo è: quella che vediamo è l'azione successiva del versare. Si tratta quindi di un *falso raccordo* che ci restituisce l'illusione di continuità, benché si tratti di un taglio ellittico.

Fig. 4.100

Fig. 4.101

L'inquadratura prosegue con un movimento di macchina a seguire il bicchiere, fino a ritornare a Lucas, di nuovo in primo piano laterale. Un nuovo stacco, in continuità, ci porta al piano frontale della sua immagine riflessa nello specchio, mentre lui compare di quinta a sinistra schermo e nuovamente lo vediamo portarsi il bicchiere alla bocca. Un successivo stacco ci conduce a un esterno notte con la chiesa sullo sfondo (Fig. 4.102). Lucas entra in campo, dirigendosi verso l'entrata.

Fig. 4.102

La visibilità della sequenza montata da Janus Billeskov Jansen è cangiante, il montaggio narrativo ricostruisce l'azione, lavorando su una discontinuità che si presenta con gradazioni diverse, nascondendosi ora nelle convenzioni classiche, ora manifestandosi con passaggi più aspri. Dobbiamo qui rilevare che la percezione dello spettatore è indubbiamente variabile; alcuni stacchi sono per lui evidenti, come il passaggio iniziale dall'ombra alla luce, altri scivolano e si aggiustano tra continuità e discontinuità, quest'ultima ben ridimensionata dall'esperienza e dalle molteplici fruizioni dello spettatore contemporaneo.

Riassumiamo quindi tutti gli strumenti del montaggio visibile[24].

- **Continuità monca**: una continuità di suono non corrisponde a una continuità visiva e viceversa; si ha un vero e proprio "scollamento" tra ciò che si segue in continuità e ciò che si mostra discontinuo.
- **Negazione del raccordo di sguardo o di movimento**: è il disorientamento dello scavalcamento di campo, che nelle pratiche contemporanee ha perso gradualmente il carattere provocatorio che aveva ai tempi di Antonioni e Godard; se da una parte può essere un'accettabile deroga della regola dei 180°, dall'altra sappiamo che il disorientamento può mitigarsi a seconda della distanza cinematografica, con la relativa contestualizzazione e decontestualizzazione, e la pregressa conoscenza dello spazio della messa in scena da parte dello spettatore.
- **Ostentazione dell'ellissi temporale**: nel passaggio tra un'inquadratura e l'altra si sottrae visibilmente il tempo dell'azione.

[24] Cfr. Diego Cassani, *Manuale del montaggio. Tecnica dell'editing nella comunicazione cinematografica e audiovisiva*, UTET, Torino 2013, pp. 346-351.

- **Frammentazione e ripetizione**: è la visibilità prodotta da una segmentazione dell'azione in inquadrature successive, con una variazione dei piani assai contenuta ed eventuali ripetizioni dell'azione stessa.
- **Accumulo**: è la riproposizione di immagini simili, per forma e/o per contenuto; si tratta di una ricerca della ripetizione, dando la dovuta attenzione alle sfumature, alle piccole variazioni, per evitare il rischio di un inefficace eccesso di uniformità[25].
- **Sincope e rifiuto della uniformità ritmica**: il montaggio si rende evidente per un repentino cambio di ritmo, sia con un incremento della frammentazione e la riduzione della durata, che con il caso opposto (un ritmo sostenuto di narrazione si interrompe con inquadrature di ampio respiro).
- **Jump cut**: in un'inquadratura vengono sottratti uno o più momenti dell'azione (in questo caso la visibilità dipenderà dalla ridotta variazione di piano).
- **Flash cut**: stacco su un'inquadratura di breve durata per rappresentare un ricordo che improvvisamente ritorna, rimarcare una situazione di tensione o costruire un'azione in modo frammentato.

RIEPILOGO DEL QUARTO CAPITOLO

- Il **montaggio di ricostruzione** si basa sulla **frammentazione**, in fase di ripresa, della continuità dell'azione scenica; questa frammentazione e si realizza sulla base di un **progetto**, ipotizzando e prevedendo il modo con cui i diversi frammenti (le inquadrature) potranno essere assemblati durante il montaggio per garantire la continuità cinematografica.
- Questa attività di ricostruzione viene effettuata sulla base di **modalità** e **convenzioni** che si sono via via affermate nel corso della storia del cinema in un costante processo di **evoluzione**.
- Dal cinema muto abbiamo ereditato tre modalità di montaggio utilizzate ancora oggi: il **montaggio analitico** porta all'attenzione dello spettatore gli elementi di volta in volta più significativi per la comprensione del senso della scena; il **montaggio contiguo** utilizza ingressi e uscite di campo per creare un collegamento tra spazi, appunto, contigui; la terza tipologia è infine basata sull'**alternanza** di inquadrature provenienti da scene differenti, sulla presentazione, cioè, di azioni che si sviluppano contemporaneamente.
- Un'altra modalità di montaggio è costituita dai **raccordi di sguardo**, dove è la direzione degli sguardi dei personaggi inquadrati a legare tra loro le varie inquadrature. A seconda delle circostanze, lo sguardo di un personaggio verso il fuori campo può essere interpretato dallo spettatore come una **soggettiva** (inquadratura di ciò che il personaggio sta guardando) op-

[25] Il tema dell'accumulo di inquadrature verrà affrontato più diffusamente nel capitolo sul montaggio di costruzione.

pure come una **corrispondenza** (inquadratura della persona con cui il personaggio sta parlando). Sempre tra i raccordi di sguardo possiamo classificare l'**inquadratura di reazione**, anche detta **piano d'ascolto** (inquadratura del personaggio che non agisce ma reagisce, con lo sguardo e la mimica facciale, a ciò che sta succedendo intorno a lui), molto importante per suscitare **empatia** nello spettatore.

- Il montaggio di ricostruzione si avvale anche di modalità che agiscono sul tempo e sull'azione: sono l'**ellissi temporale** (i tempi morti e i dettagli irrilevanti per la comprensione della scena vengono eliminati senza togliere allo spettatore l'illusione di continuità spazio-temporale) e il **raccordo di movimento** (una stessa azione viene distribuita su più inquadrature).
- Nel cinema contemporaneo il montaggio di ricostruzione può essere **invisibile** (la natura frammentata della narrazione viene nascosta, lo spettatore percepisce una narrazione fluida) o **visibile** (la natura frammentata della narrazione viene esibita, lo spettatore percepisce chiaramente il passaggio tra le varie inquadrature).
- Visibilità e invisibilità sono definizioni in costante **evoluzione**: con l'esperienza di visione lo spettatore impara a connettere sempre più velocemente le informazioni che riceve, perfezionando le proprie **capacità di decodifica**.

Capitolo quinto

IL MONTAGGIO DI COSTRUZIONE E I SUOI STRUMENTI

L'incontro tra due immagini determina un prodotto
e non una somma.[1]
(Roberto Perpignani)

Nei capitoli precedenti ci siamo concentrati sulle forme e gli strumenti utilizzati per la ricostruzione cinematografica di una scena, di uno spazio, di un'azione. Tuttavia basta fare un po' di zapping sul proprio televisore o su YouTube per rendersi conto che il mondo dell'audiovisivo è assai più vasto, e che tantissime tipologie di prodotto sfuggono a questi parametri, mirano ad altri scopi: nell'informazione come nel documentario, in tanta parte del video musicale e della pubblicità, nel video promozionale, nelle sigle tv e nei trailer, negli *opening credits* dei film e delle serie, ma anche nella fiction (come vedremo parlando del montaggio parallelo e delle sequenze di sintesi) troviamo spesso realizzazioni audiovisive nelle quali l'obiettivo del montaggio è quello di costruire un percorso di senso e di ritmo piuttosto che ricostruire la verosimiglianza di un'azione scenica.
Dal punto di vista del lavoro pratico di montaggio non sembrerebbe che questo porti a delle differenze significative: si tratta pur sempre di legare in una successione una serie di inquadrature; inquadrature che in qualche modo appariranno agli occhi dello spettatore "concatenate" le une alle altre, le une dopo le altre. Tuttavia a nessuno può sfuggire che le logiche e gli "strumenti" del montaggio, così come li abbiamo visti nei precedenti capitoli, qui sembrano non trovare applicazione. Se nel caso del montaggio di ricostruzione questa successione di inquadrature produce nella mente dello spettatore una "illusione di realtà", una sorta di rappresentazione mentale dello spazio e dell'azione, cosa succede quando il montaggio lavora in quest'altra dimensione e con questi diversi obiettivi?

---

[1] Roberto Perpignani, *Dare forma alle emozioni. Il montaggio cinematografico tra passato e futuro*, Falsopiano, Alessandria 2006, p. 178.

Facciamo subito un esempio, estratto da *Dracula di Bram Stoker* (1992) di Francis Ford Coppola. {☞ ***Dracula di Bram Stoker*, sequenza analizzata**}
Nei primi minuti del film, prima di entrare nel vivo del racconto della celebre leggenda del vampiro, il regista costruisce una breve sequenza per spiegare gli antefatti storici che hanno portato alla nascita del "Principe della notte". Sono poche immagini, ma di grande potenza visiva e di significato immediatamente comprensibile.
La sequenza si apre sull'immagine di una grande cupola, quella di Santa Sofia di Costantinopoli (Fig. 5.1 a sx). L'imponente edificio è sormontato da una pesante croce in pietra. Un taglio di montaggio (praticamente un attacco sull'asse) ci porta al dettaglio della croce (Fig. 5.1 a dx).

Fig. 5.1

Si tratta di immagini dal significato molto forte e di immediata comprensione: la croce (uno dei più potenti simboli immaginabili, l'emblema di una grande religione) svetta al culmine di un imponente edificio, come a rappresentare tutta la forza di un potere politico-religioso che domina quella parte del mondo da mille e più anni. Ma queste stesse inquadrature (prima ancora della voce fuori campo che le commenta) ci raccontano come questo potere sia – letteralmente – in bilico: la cupola e la croce sono rappresentate con una ripresa obliqua, mentre nuvole di fumo scuro si elevano dal basso fino a nascondere la croce stessa. Il successivo taglio di montaggio ci porta direttamente alla caduta di questo potere: la croce, ripresa con una inquadratura dall'alto, precipita a terra e va in pezzi (Fig. 5.2).

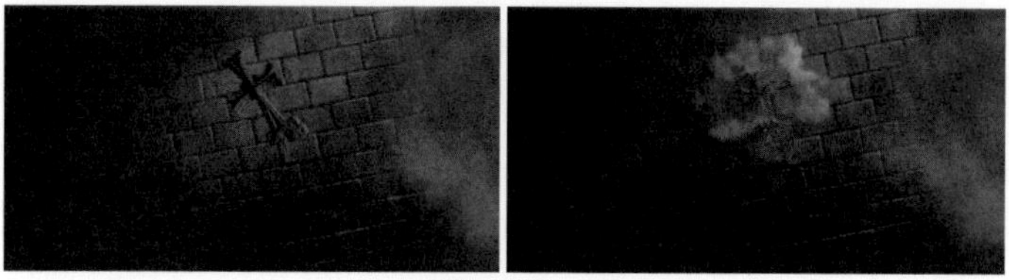

Fig. 5.2

Subito dopo, ecco apparire l'emblema del nuovo potere: la mezzaluna ha sostituito la croce sulla sommità della cupola (Fig. 5.3 a sx). Questa volta però la chiesa (ora trasformata in moschea) è ripresa in modo assolutamente corretto: l'immagine, "in bolla" e perfettamente equilibrata, ci racconta come il nuovo potere sia forte e saldo – ma anche, a giudicare dal cielo rosso che si riverbera sulla costruzione, aggressivo e sanguinario. La sequenza procede quindi con una inquadratura se possibile ancor più emblematica e di pregnante simbolismo, dove il confronto tra i diversi elementi in gioco viene risolto grazie a quella particolare forma di montaggio interno che è il **compositing** (Fig. 5.3 a dx).

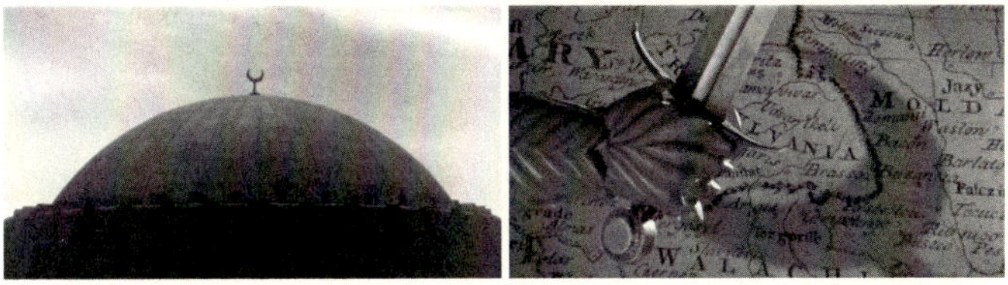

Fig. 5.3

Queste sei inquadrature sono sufficienti per mostrare come una concatenazione di immagini in movimento sia perfettamente in grado di produrre senso, informazione, emozione; e di spiegare la logica di un evento – in questo caso un evento storico – senza rinunciare alla potenza evocativa del simbolo, e senza rinunciare a proporre (o a imporre) un punto di vista interpretativo.

Come si spiega questa proprietà straordinaria della sequenza audiovisiva? Per rispondere a questa domanda è opportuno fare un passo indietro e tornare per un attimo a ragionare sulle basi materiali della visione cinematografica. Montare “una inquadratura dopo l’altra”, come abbiamo già accennato, comporta due caratteristiche essenziali:

1) la visione di una sequenza montata è **continua e sequenziale**. Le inquadrature costituiscono una ideale catena che si srotola nel corso del tempo, un anello dopo l’altro, in un flusso ininterrotto. Nessuno spettatore può sapere quando si concluderà l’inquadratura che sta osservando e quale sarà quella successiva;
2) il taglio di montaggio è **impositivo**. Lo spettatore subisce le scelte degli autori, che decidono se, dove e quando tagliare e quali inquadrature porre in successione. Ogni nuova inquadratura si presenta allo sguardo dello spettatore come una piccola sorpresa. Non solo, lo stacco di montaggio porta la mente del pubblico a una attenta – anche se in gran parte inconsapevole – attività di analisi e confronto, e all’individuazione di tutte le possibili connessioni tra le due immagini in movimento che si susseguono.

Queste due caratteristiche pongono la mente dello spettatore in una condizione molto particolare, costretta ma tutt’altro che passiva: la successione di immagini chiede di elaborare un senso, di creare collegamenti, di sviluppare ipotesi. Non possiamo rifiutarci di farlo, perché la nostra mente è fatta così, opera per processi causali, non può farne a meno: se due inquadrature ci pongono di fronte a due soggetti in apparenza incongrui (come fa Ėjzenštejn in *Sciopero!* montando in successione il bue macellato e la folla di rivoltosi), dovremo necessariamente cercare e trovare un nesso che plachi la nostra sete di causa/effetto; se questo nesso non può essere di tipo narrativo, dovrà allora essere intellettuale, concettuale o evocativo. Come sintetizza efficacemente lo sceneggiatore e regista David Mamet:

> I registi dei documentari prendono materiale per lo più sconnesso e lo giustappongono in modo da comunicare allo spettatore l'idea che vogliono esprimere. Riprendono un uccello che spezza un rametto. Poi riprendono un cerbiatto che alza la testa. Le due inquadrature non hanno nulla a che vedere l'una con l'altra. Sono state riprese a distanza di giorni, o anni, o chilometri. Ma l'autore giustappone le immagini in modo da dare l'idea di grande allerta. Le due inquadrature non sono connesse. [...] Sono immagini essenzialmente neutre. Ma se sono accostate danno ugualmente allo spettatore l'idea di allerta in vista di un potenziale pericolo.[2]

Tutto questo si traduce, durante la visione cinematografica, in esiti diversi a seconda della modalità di montaggio: nel caso di un montaggio di ricostruzione, nella capacità dello spettatore di realizzare – a partire dalla frammentarietà degli elementi che gli vengono presentati in successione temporale – la continuità di tempo, spazio e azione della scena che gli viene presentata; nel caso del montaggio di costruzione, invece, nella capacità del medesimo spettatore di percepire connessioni, confronti, differenze e similitudini, che possono portare il montaggio di un film ad accedere anche a una dimensione simbolica e concettuale. Così, se nel montaggio di ricostruzione lo spettatore è chiamato a collegare porzioni di spazio e azione, completandone le parti eventualmente mancanti, fino a riconoscere la continuità spazio-temporale della scena, nel caso del montaggio di costruzione è chiamato a completare un senso, a operare confronti, a individuare lo sviluppo di un discorso, ma anche a riconoscere tempi, forme e ritmi[3].

---

[2] David Mamet, *I tre usi del coltello. Saggi e lezioni sul cinema*, minimum fax, Roma 2010, p. 106.

[3] Come si è già accennato, non bisogna sovrapporre la distinzione ricostruzione/costruzione a quella più tradizionale fiction/non-fiction. Una sequenza di costruzione può benissimo far parte di un prodotto di fiction (ne abbiamo visto un chiaro esempio nella "sequenza del cappotto" del *Diavolo veste Prada*, analizzata nel terzo capitolo); mentre in tantissimi documentari, programmi di informazione, docufiction e tutorial possiamo trovare scene che si basano sui medesimi principi di découpage tipici del montaggio di ricostruzione (un esempio per tutti: l'intervista a un ospite durante un tg, che si basa essenzialmente sul principio della corrispondenza).

5.1 – LA CONCATENAZIONE

Dolcemente viaggiare /
rallentando / per poi accelerare /
con un ritmo fluente / di vita nel cuore /
gentilmente / senza strappi al motore /
e tornare a viaggiare /
e di notte / con i fari illuminare /
chiaramente la strada /
per saper dove andare /
con coraggio gentilmente, /
gentilmente / dolcemente viaggiare.[4]
(Mogol-Battisti)

Come abbiamo potuto osservare nella brevissima sequenza di *Dracula di Bram Stoker*, la concatenazione agisce su tre parametri fondamentali:

1) è un **percorso** (dalla conquista di Costantinopoli allo scontro armato tra esercito turco e cristiano);
2) produce **confronto** e **giustapposizione** (croce *vs* mezzaluna; potere in bilico *vs* potere saldo);
3) può evocare una **contemporaneità** (*mentre* l'esercito turco dilaga verso Vienna, un cavaliere rumeno vi si oppone e affronta il nemico in battaglia).

Come vedremo nel prossimo capitolo, il confronto (in particolare se esteso su un'intera sequenza) porta al montaggio parallelo; la contemporaneità (nel momento in cui viene sviluppata in una serie di stacchi di montaggio) porta al montaggio alternato.
Rimane molto da dire sul tema della concatenazione come percorso. Naturalmente si tratta di un tema assai generale, che compete a qualsiasi forma di comunicazione: verbale, scritta, musicale, pittorica e ovviamente cinematografica. Tutte le forme di comunicazione, da una rassegna stampa radiofonica a un grande romanzo o a una sinfonia, devono cercare di condurre per mano l'ascoltatore/lettore/spettatore in un viaggio vario, ricco di sorprese e proteso verso una meta; non diversamente deve avvenire in una scena cinematografica, in particolare in un montaggio di costruzione. A ben vedere questi due elementi (varietà e direzione verso una meta) sono quelli che caratterizzano una sequenza ben riuscita. Con una metafora, potremmo parlare di due modalità di viaggio molto comuni e molto amate: una passeggiata in montagna e una navigazione in barca a vela. La bellezza di un itinerario in montagna è fatta di una ininterrotta varietà, di continue sorprese distribuite lungo il faticoso percorso: si valica un colle e davanti a noi s'apre un ampio vallone dove pascolano cavalli bradi; sor-

[4] *Sì, viaggiare*, testo di Mogol (Giulio Rapetti), musica di Lucio Battisti, 1977.

passiamo un dirupo e al nostro sguardo si presenta un imponente picco innevato; salito un ultimo tornante del sentiero ci appare inaspettato un azzurro lago alpino. La navigazione a vela ci propone invece un altro tipo di fascinazione: in ogni istante del viaggio la nostra barca deve ricevere il massimo di spinta, e in ogni momento il navigatore sente che la vela ben cazzata, che si oppone all'impeto del vento e lo trasforma in forza propulsiva, imprime alla barca una energia compatta, una direzione, una tensione, forse anche un destino.

Varietà e **direzione** dunque: vediamo subito con un esempio come queste due qualità possono trasformarsi in una intrigante ed efficace concatenazione di inquadrature. Lo prendiamo da un documentario, *Riccardo III – Un uomo, un re* (1996), realizzato da Al Pacino come backstage di una messa in scena teatrale, da lui stesso curata, del *Riccardo III* di Shakespeare. {☞ ***Riccardo III – Un uomo, un re*****, sequenza analizzata**} A 18' 17" dall'inizio, l'autore sente la necessità di precisare un aspetto fondamentale della scrittura poetica del drammaturgo inglese, il "pentametro giambico": concetto non certo comune e sicuramente sconosciuto alla gran parte degli spettatori. Proprio per questo, il tema viene affrontato partendo da lontano: in una pausa dopo le prove alcuni attori si rilassano in un pub e, come spesso capita in questi casi, discutono a ruota libera del loro particolare mestiere. Per la maggior parte sono attori statunitensi, ed è lo stesso Pacino a esternare un dubbio che li accomuna (Fig. 5.4): perché gli attori americani vanno nel panico quando si tratta di interpretare Shakespeare? A questo punto uno stacco ci porta nella saletta dove si svolge la prova di lettura, e tocca a un altro celebre attore americano, F. Murray Abraham, esprimere il problema in modo più articolato: «Abbiamo la sensazione che saremo sempre inferiori agli inglesi». Al primo piano di Abraham (Fig. 5.5 a sx), il montaggio contrappone immediatamente quello di Kenneth Branagh (Fig. 5.5 a dx), uno tra i più celebri attori e registi inglesi contemporanei, che più volte si è cimentato, a teatro come al cinema, nei drammi shakespeariani. Lo stacco di montaggio porta i due interlocutori a fronteggiarsi anche visivamente, quasi si trattasse di una corrispondenza.

Fig. 5.4

In realtà è proprio Branagh a fare l'elogio dell'attore statunitense, «che non è mai goffo e impacciato», e mentre parla viene "coperto" da una serie di primi piani che mostrano la passione e l'intensità del lavoro degli attori americani, nel pieno della prova di lettura (Fig. 5.6); immagini che rafforzano, con la loro evidenza, le affermazioni di Branagh.

Fig. 5.5

Fig. 5.6

Fig. 5.7

Questo primo blocco di montaggio iniziato in modo informale in una birreria si chiude nel modo più istituzionale possibile, con un'intervista dai toni ufficiali al più grande attore shakespeariano allora vivente, Sir John Gielgud (Fig. 5.7): personaggio autorevolissimo, inquadratura ben composta, fotografia dai toni caldi e per concludere anche un character dolly che si stringe sul primo piano dell'anziano attore.

A questo punto il terreno è stato preparato per lanciare la domanda vera e propria (cos'è il pentametro giambico?); si torna quindi alla birreria, dove è l'attore newyorkese Kevin Conway a porla, collegandola al tema precedentemente discusso («Gli attori di formazione classica possono capire per esempio il pentametro giambico»). Uno stacco su un inaspettato intervento grafico (la scritta "iambic pentameter" su sfondo nero) apre – quasi fosse il titolo – la nuova sezione di montaggio, dove il tema viene affrontato con gli interventi più disparati e collocati ai più vari livelli (Fig. 5.8, a p. 126).

Qui il percorso si mostra evidente: i diversi interventi da un lato contribuiscono alla spiegazione, quasi da vocabolario, del termine (la domanda viene rilanciata in strada da Al Pacino, quasi fosse un "vox populi" videogiornalistico); dall'altro lato producono una progressione che porta lo spettatore dalla mera curiosità tecnica alla comprensione della funzione ritmica del verso, fino alla dimensione poetica ed evocativa affermata con passione da Vanessa Redgrave nell'ultimo intervento.

È un percorso costantemente variato, che contrappone continuamente modi "bassi" e modi "alti" di affrontare il tema; da un lato la divulgazione popo-

Fig. 5.8

lare, che si svolge, letteralmente, in strada e dall'altro l'interpretazione accademica; da un lato attori e caratteristi che sono vere star del cinema e della fiction popolare statunitense (Al Pacino, Harris Yulin, Madison Arnold), dall'altro icone del teatro e del cinema inglese più colto (lo stesso Branagh, la Redgrave, Rosemary Harris). Ed è un percorso in cui, attraverso tutte queste collisioni e tutti questi salti tra i diversi livelli, ci sentiamo trascinati verso l'alto, verso la conclusione poetica e allusiva della Redgrave.

Non possiamo terminare questo ragionamento sulla concatenazione come percorso senza parlare del **ritmo**; qualsiasi percorso – narrativo, musicale, figurativo – manifesta un proprio ritmo, e non può che essere così anche per il montaggio audiovisivo.
Proprio nel cuore della nostra sequenza, nelle inquadrature che più direttamente affrontano la spiegazione del pentametro, possiamo trovare alcuni elementi tipici del ritmo cinematografico:

- la frammentazione di un'azione (qui si tratta di una spiegazione, ma è pur sempre un'azione) in numerose inquadrature;
- punti di vista e soggetti differenti che si susseguono configurando un'alternanza;
- la realizzazione di questa successione in modi non ripetitivi e imprevedibili.

Cerchiamo per un istante di metterci dal punto di vista del montatore[5] di questa breve sequenza: che cosa ha "avuto tra le mani" iniziando a montarla? Quali inquadrature gli sono state fornite dall'attività di ripresa? La risposta è semplice: aveva tra le mani tre inquadrature.

1) Inquadratura A: Al Pacino con i suoi due compagni, che discutono camminando sul marciapiede[6].
2) Inquadratura B: Kenneth Branagh spiega ad Al Pacino il ritmo della metrica battendo il tempo con l'indice.
3) Inquadratura C: Rosemary Harris legge sillabando una battuta shakespeariana, quindi evidenzia il ritmo metrico nello stesso modo di Branagh.

Nulla vietava al montatore di accontentarsi di mettere in sequenza le tre inquadrature nella loro interezza, A – B – C: il senso del discorso sarebbe stato ugualmente comprensibile. La scelta, invece, è stata quella di fram-

Fig. 5.9

[5] In realtà i montatori accreditati per questo film sono quattro: William M. Anderson, Ned Bastille, Pasquale Buba, Andre Ross Betz.

[6] Qui l'operatore è stato molto abile, lavorando di zoom, a "estrarre" dalla situazione tanto dei piani americani quanto dei primi piani dei tre protagonisti.

mentare i discorsi, creando una struttura assai più complessa: $A_1 - B_1 - C_1 - B_2 - A_2 - C_2 - A_3 - A_4$ (Fig. 5.9 a p. 127).

Il risultato è non solo quello di dare maggiore compattezza a tutta la spiegazione (la struttura alternata ha reso possibile l'eliminazione di tempi morti sicuramente presenti all'interno delle tre inquadrature, in particolare nella A), ma soprattutto quello di creare una vera e propria polifonia, una successione di voci diverse che si passano letteralmente il testimone della spiegazione (come nel passaggio tra il primo intervento di Branagh, B_1, e il primo intervento della Harris, C_1), ribadendo, lasciando anche dei momenti di sospensione (il discorso della Harris, C_2, non viene chiuso, come sembrerebbe logico, dopo il secondo intervento di Branagh, B_2, ma solo dopo la spiegazione riassuntiva di Madison Arnold, A_2).
Possiamo poi vedere come anche il montaggio di costruzione non rinunci del tutto alle forme tipiche del montaggio di ricostruzione: il primo piano di Pacino (A_4) si presenta come una vera e propria inquadratura di reazione, dove l'attore (prima di passare il "testimone" alle profonde parole della Redgrave) ammicca al pubblico, quasi volesse conquistare il ruolo di "rappresentante" dello spettatore spaesato.
In questa concatenazione, dove il "testimone" passa da un'inquadratura all'altra come in una veloce staffetta, non dobbiamo dimenticare infine il ruolo del movimento: i movimenti delle mani dei protagonisti che scandiscono il ritmo del pentametro creano un richiamo, una ripetizione, esaltata dalla collocazione dei tagli di montaggio; e contribuiscono a scandire anche il ritmo della sequenza audiovisiva.

5.2 – MONTAGGIO PER ACCUMULO

> Noi lo chiamiamo "cutting" ("tagliare"), ma tagliare implica recidere qualcosa. Si dovrebbe invece chiamare "assemblaggio": come i mosaici, che sono assemblati per creare un insieme. "Montage" significa assemblare porzioni di pellicola che si muovono in rapida successione davanti agli occhi dello spettatore per creare un'idea.[7]
> (Alfred Hitchcock)

Come abbiamo visto in quest'ultimo esempio e in altre scene analizzate in questo testo[8], la concatenazione di inquadrature si può avvalere di meccanismi di reiterazione di inquadrature simili, se non addirittura identiche. Spesso questa pratica risulta talmente evidente e ostentata da diventare la chiave stilistica di una sequenza. In questi casi possiamo parlare di accumulo di inquadrature.

---

[7] Da un'intervista a cura di Fletcher Markle trasmessa nella trasmissione televisiva canadese *Telescope* (CBC, 1964).
[8] Soprattutto le sequenze estratte dal *Diavolo veste Prada* e da *Hot Fuzz*.

Montare per accumulo significa costruire sequenze dove siano chiaramente riconoscibili uno o più livelli di similitudine tra le inquadrature coinvolte. Similitudine che può essere di qualsiasi tipo: similitudine di contenuto, similitudine tecnico-formale, similitudine di campi di ripresa, similitudine compositiva ecc.
Il montaggio per accumulo può vantare una storia antica e illustre. È stato sperimentato a lungo dai registi del cinema muto sovietico (soprattutto Vertov e Ėjzenštejn), ma prima ancora è stato un terreno di ricerca delle avanguardie storiche, da Fernand Léger a René Clair. Anche nel sonoro non mancano certo sequenze di accumulo che, come si usa dire, fanno ormai parte della storia del cinema: dalla celebre "sequenza dei guardoni" in *F come falso* di Orson Welles alla sorprendente scena dell'attacco alla trincea austriaca in *Uomini contro* di Francesco Rosi, dai frenetici esperimenti cinematografici di Carmelo Bene agli impressionanti documentari di Godfrey Reggio, dalla commovente "sequenza dei baci" che conclude *Nuovo Cinema Paradiso* (Giuseppe Tornatore) fino alla divertente "sequenza dei quindici orgasmi" nel *Favoloso mondo di Amélie* di Jean-Pierre Jeunet.
Naturalmente ci sono tipologie audiovisive che si prestano meglio di altre all'utilizzo di questa modalità di montaggio: documentario, video musicale e cinema promozionale in primis. È proprio da un documentario musicale che prendiamo un esempio significativo di accumulo.

Nel 1988 il fotografo e regista di moda Bruce Weber realizza *Let's Get Lost*, dedicato a una leggenda della musica jazz, Chet Baker. Nel film, tra le persone che portano la propria testimonianza c'è anche William Claxton, un fotografo appassionato di jazz che aveva realizzato un libro fotografico su Baker (la sequenza è a 6' dall'inizio). **{☞ *Let's Get Lost*, sequenza analizzata}**
Come succede spesso nel montaggio di interviste, buona parte dell'intervista stessa è montata solo in audio, mentre l'immagine di Claxton è nascosta per la maggior parte del tempo dalle cosiddette "coperture": inquadrature che illustrano nel modo più adeguato quanto detto dall'intervistato. Come è ovvio, in questo caso le "coperture" sono le fotografie di Claxton; o meglio, sono *riprese* delle fotografie e dei provini, realizzate dall'operatore Jeff Preiss con uno stile molto libero: macchina a mano, zumate e panoramiche rapide, movimenti di rotazione.
Basta vedere qualcuna di queste inquadrature (Fig. 5.10 a p. 130) per comprendere i diversi livelli di similitudine che vengono messi in gioco e percepiti dallo spettatore: sono riprese di fotografie in bianco e nero; il soggetto è spesso il medesimo Baker o comunque persone collegate a lui e alla sua arte; lo stile di ripresa è quello appena descritto ed è riconoscibilissimo in tutte le inquadrature; sono tutte riprese di dettagli.

Naturalmente il primo obiettivo di un montatore, lavorando a una sequenza di accumulo, è evitare che la successione delle inquadrature dia la sensazione di essere casuale o raffazzonata. Occorre dunque una scelta accurata delle inquadrature, e una scelta ancor più accurata dei punti

Fig. 5.10

delle inquadrature da selezionare come fotogramma di ingresso e di uscita dalle stesse. Come afferma Murch, con una metafora che vale per il montaggio di ricostruzione ma ancor più per il montaggio di costruzione:

> Un'inquadratura ha diversi punti buoni per lo stacco, come un albero ha diversi rami, e una volta identificati, ne scegliamo uno in base a quello che lo spettatore ha pensato finora e quello che vogliamo fargli pensare in seguito. [...]. I punti di stacco (i rami) sono fissati organicamente dal ritmo interno dell'inquadratura e da ciò che lo spettatore ha pensato fino a quel momento [...].[9]

Come ottenere il risultato di una successione che appaia come necessaria e stimolante? In primo luogo, il montaggio della sequenza di accumulo cerca quasi sempre di esaltare il movimento tra le inquadrature. Quando a essere accumulate sono inquadrature che raffigurano movimenti e azioni, questo flusso può essere determinato da attacchi sul movimento in senso proprio. Più spesso il montatore potrà lavorare sugli aspetti delle inquadrature che producono una sensazione di flusso: il loro montaggio interno; il movimento che il suo sguardo compie nell'esplorazione dell'inquadratura; il movimento prodotto dagli spostamenti di macchina.

[9] Walter Murch, *op. cit.*, pp. 62-63.

Nel nostro caso questo è particolarmente evidente: già osservando il primo stacco della sequenza possiamo vedere come il veloce movimento rotatorio in senso antiorario della prima inquadratura (Fig. 5.11 a) "lanci" il movimento dell'inquadratura successiva, una panoramica da sinistra a destra (Fig. 5.11 b e c), il cui punto di inizio è stato scelto in modo da corrispondere alla velocità del precedente movimento rotatorio.

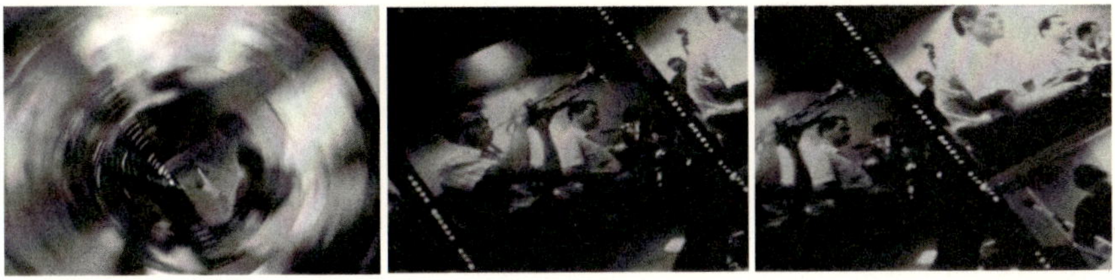

Fig. 5.11

È solo un esempio: se provate ad analizzare in dettaglio la sequenza, potrete toccare con mano come praticamente tutti gli stacchi sono studiati attentamente in modo che l'intera concatenazione pulsi in un continuo flusso di movimento.

Il secondo strumento che ci consente di rendere viva questa sequenza è l'applicazione intelligente dell'idea – che abbiamo discusso in precedenza – di percorso, nel suo duplice aspetto di varietà e "direzione verso".

5.2.1 – Varietà

Come possiamo vedere dalla timeline (Fig. 5.12), la sequenza di fotografie è suddivisa in tre blocchi (porzioni chiare), intervallati dalle due inquadrature in cui appare Claxton (porzioni scure).

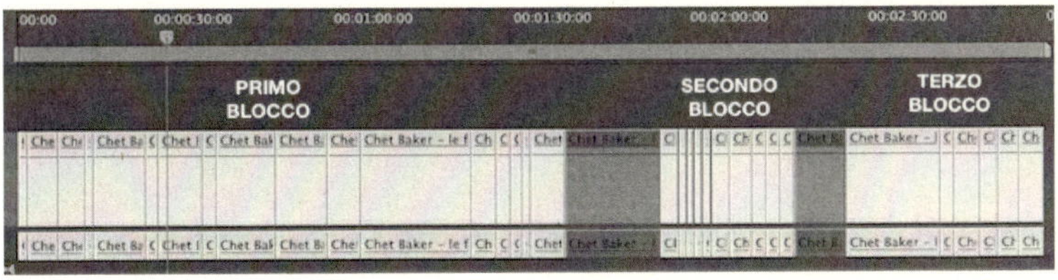

Fig. 5.12

Nel primo blocco, mentre Claxton parla del suo servizio fotografico realizzato durante la prima incisione discografica di Chet Baker, le immagini alternano il lavoro del fotografo – che segna sui provini i tagli da dare alle stampe – a un altro tipo di lavoro di ricerca, quello dell'operatore che esplora, con rapidi movimenti di macchina, le fotografie stampate, collegandole le une alle altre. Vediamo qui il dettaglio della timeline di questo blocco (Fig. 5.13 a p. 132): più scure le inquadrature dei provini, più chiare le riprese sulle fotografie.

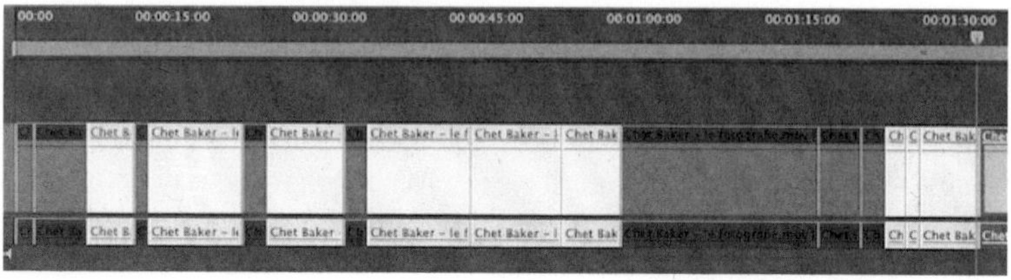

Fig. 5.13

Nel secondo blocco inizialmente abbiamo una maggiore staticità: dopo una zumata a stringere su una foto in cui Baker suona tra due sassofonisti si apre una successione di quattro inquadrature (quelle più scure nella timeline della Fig. 5.14), sempre riprese di fotografie, intercalate da brevissimi flash neri, quasi a simulare il “clic” della macchina fotografica. Poi la macchina da presa torna al suo lavoro di esplorazione, ma lo fa centrando l’attenzione assolutamente su Chet, mentre Claxton parla della sua fascinazione per lui.

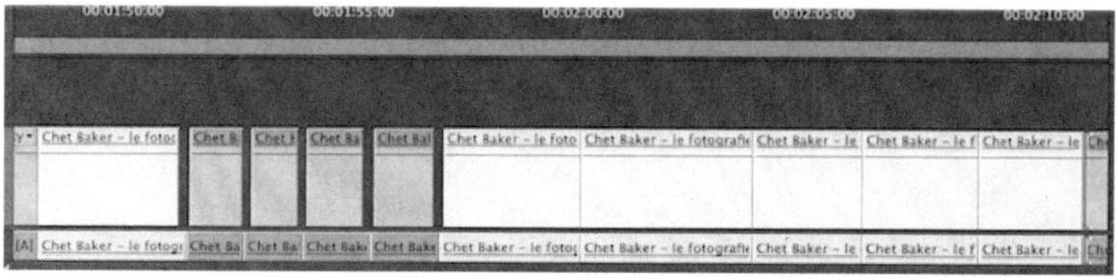

Fig. 5.14

Il terzo blocco si apre con un lungo movimento esplorativo su un gruppo di fotografie (vediamo dalla timeline completa nella Fig. 5.12 a p. 131 che si tratta di una delle inquadrature più lunghe dell’intera sequenza), quindi una serie di esplorazioni interne alle singole foto, collegate da un grande lavoro di “movimento tra le inquadrature”. Un esempio per tutti: il passaggio dalla zumata sulla fotografia che riprende Chet dall’alto (Fig. 5.15 sopra) alla successiva panoramica dal basso verso l’alto (Fig. 5.15 sotto).

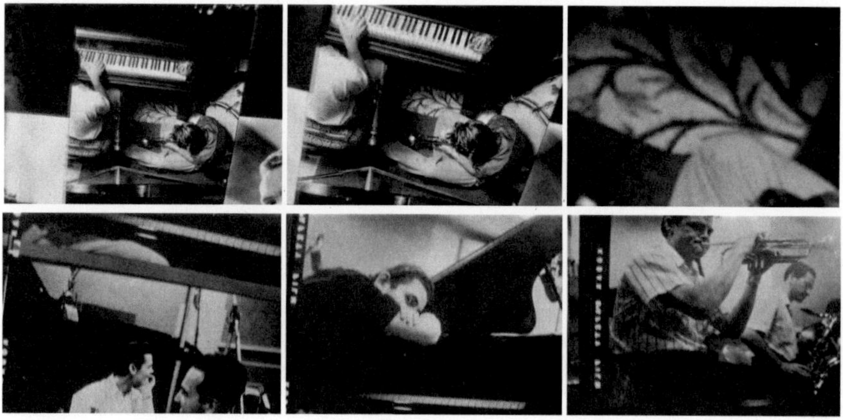

Fig. 5.15

5.2.2 – Direzione

Qui la sensazione d'essere trascinati "da un inizio a una fine" è prodotta, in primo luogo, dal procedere parallelo del racconto di Claxton e del brano musicale in sottofondo, che va a concludersi in perfetto sincronismo con la fine della sequenza. Ma anche le scelte relative al montaggio video sono decisive per ottenere questo risultato: in primo luogo, l'accurata scelta delle inquadrature collocate all'inizio e alla fine dei tre blocchi. Per un montatore questo è un tema di grande importanza: ci sono inquadrature che possono funzionare meglio di altre per iniziare una sequenza o per concluderla, mentre altri tipi di inquadrature possono essere utilizzati per costruire la parte centrale del montaggio. Ad esempio, l'inquadratura da cui tutta la sequenza prende il via (Fig. 5.11 a, a p. 131) è sicuramente un ottimo inizio: con il suo veloce movimento rotatorio svolge una funzione sia centripeta (attirando l'attenzione dello sguardo verso il centro) sia centrifuga, aperta e pronta a "lanciare", come abbiamo visto, l'inquadratura successiva; in più, con il suo carattere quasi astratto, lascia allo spettatore una piccola suspense su quello che è il suo contenuto (e dunque su quale sarà il contenuto delle immagini successive). Non a caso alla fine del primo blocco troviamo nuovamente un movimento rotatorio (Fig. 5.16 sopra) che "lancia" una zumata sulla fotografia di Baker in atteggiamento riflessivo con la tromba in mano (Fig. 5.16 sotto): inquadratura che illustra perfettamente la frase dell'intervistato («Come soggetto attirava sia me che la mia fotocamera»), mentre assume la medesima funzione che nelle scene di fiction ha spesso un character dolly conclusivo.

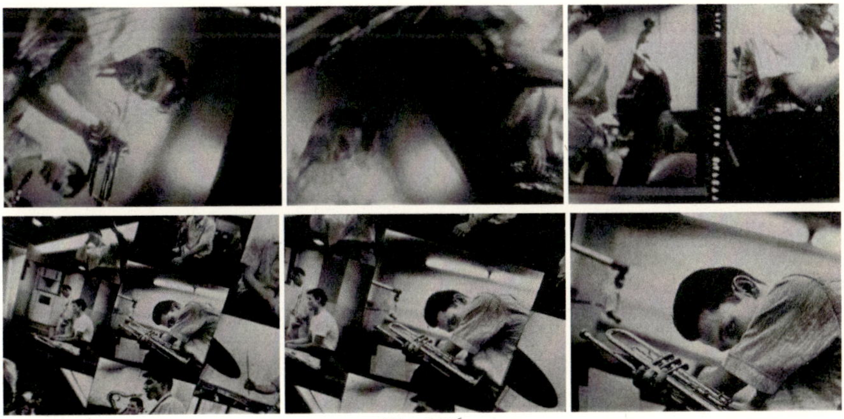

Fig. 5.16

Possiamo poi notare come anche gli altri due blocchi, pur diversi stilisticamente, si concludano tutti con un movimento di avvicinamento a una foto di Baker. Alla fine del secondo blocco (Fig. 5.17, a p. 134) viene utilizzata l'immagine del musicista sulla copertina di *Jazz Magazine* (sulla frase: «Capii per la prima volta cosa significa essere fotogenici... possedeva doti da star e aveva carisma»).

Fig. 5.17

Infine, a conclusione del terzo blocco e dell'intera sequenza, si tratta del lungo movimento (che, quasi a riassumere le scelte stilistiche della sequenza, è sia di avvicinamento che rotatorio) sulla foto di Baker che "guarda in macchina", fino al dettaglio stretto dell'occhio, mentre l'audio della canzone viene portato in primo piano proprio sull'ultima battuta di testo, *Let's Get Lost* (Fig. 5.18).

Fig. 5.18

Vediamo dunque che l'accumulo non si appoggia solo sulle similitudini di contenuto delle inquadrature, ma anche sulle ripetizioni di forme di ripresa e di montaggio, in un gioco di rimandi che trasforma la visione di una sequenza come questa, come direbbe Orson Welles, in una esperienza di ritmo, di armonia e contrappunto.

5.3 – MULTIMEDIALITÀ

Accostare le cose che non sono ancora mai state accostate
e non sembravano predisposte a esserlo.[10]
(Robert Bresson)

Torniamo ancora un istante al documentario su Chet Baker. Tra tutte le inquadrature montate in questa sequenza ce n'è una diversa dalle altre: è sempre il dettaglio di una fotografia, è sempre realizzata da Claxton, e

[10] Citato in Vincent Amiel, *op. cit.*, p. 128.

ritrae un primo piano di Baker, ma, diversamente dalle altre, si tratta di una fotografia stampata su una rivista, *Jazz Magazine*. Sembrerebbe un particolare ininfluente, ma, se ci si pensa bene, il segnale che questa immagine dà allo spettatore è qualitativamente diverso da quello proposto da tutte le altre: è la certificazione che Baker ce l'ha fatta, è entrato a far parte della "serie A" della musica jazz. Visto che qui parliamo di musica, possiamo azzardare una metafora: quell'immagine di Baker stampata sulla rivista è come una frase melodica eseguita con timbri diversi, ad esempio prima da un violino e poi da una tromba. Sono esattamente le stesse note, ma è chiaro che il suono della tromba le caratterizza in modo assolutamente diverso e riconoscibilissimo: è così anche per la multimedialità, quando si utilizzano immagini realizzate in modo diverso e provenienti da storie diverse.

È solo un piccolo esempio di quanto in un film possa essere importante la presenza di immagini (e suoni) che posseggono una differente qualità mediale, che può essere facilmente riconosciuta dallo spettatore. Può accadere nella fiction, in cui l'inserimento di materiali girati con differenti strumenti e stili di ripresa può, ad esempio, significare un passaggio temporale o un flashback[11]; ancor più diffusamente accade nell'informazione e nel documentario, dove l'uso di materiali di diversissima provenienza contribuisce in modo determinante allo sviluppo del discorso cinematografico.

Già nel terzo capitolo abbiamo indicato un chiaro esempio di questa modalità di montaggio parlando della sequenza tratta dal documentario *Letizia Battaglia – Shooting the Mafia*; qui analizziamo un altro straordinario esempio, estratto da un film di Errol Morris, *The Fog of War*[12], un documentario che vive quasi interamente sull'uso di materiali di repertorio della più varia provenienza. Qui ragioniamo sulla lunga sezione del film dedicata alla "crisi dei missili cubani", un momento particolarmente delicato del conflitto USA/URSS nel pieno della Guerra Fredda che, come afferma lo stesso McNamara, ha portato il mondo a un piccolo passo da un devastante scontro atomico (a 4' 45" dall'inizio). **{☞ *The Fog of War*, sequenza analizzata}**

Per prima cosa possiamo tracciare un elenco dei diversi materiali che compaiono in questa narrazione.

---

[11] Tra i tantissimi esempi possiamo ricordare qui la formidabile sequenza dei "filmini di famiglia" in *Toro scatenato* (1980) di Martin Scorsese, dove materiali girati in 16 mm e con tecniche di ripresa volutamente non professionali vengono utilizzati per sintetizzare un decennio della vita del protagonista.

[12] Il documentario, realizzato nel 2003 e dedicato alla discussa figura di Robert McNamara, ha collezionato una grande quantità di premi, tra cui l'Oscar per il miglior film documentario nel 2004. Segretario alla Difesa USA sotto le amministrazioni Kennedy e Johnson, McNamara è stato tra i politici più importanti a livello mondiale tra gli anni '60 e '70.

- **Girati originali**, realizzati specificatamente per questo documentario: l'intervista a McNamara e poche altre inquadrature (Fig. 5.19).

Fig. 5.19

- **Materiale video di repertorio**: qui troviamo una vastissima gamma di "timbri" e provenienze differenti (film in bianco e nero o a colori; film realizzati con scopi promozionali o informativi, o di pura documentazione archivistica; materiali di provenienza televisiva; film girati con cura e immagini "rubate", Fig. 5.20).

Fig. 5.20

- **Materiale fotografico**: anche in questo caso, balzano agli occhi le differenze qualitative delle diverse immagini, che a loro volta ci parlano della loro provenienza e dei motivi (documentali, propagandistici, artistici, familiari) per cui sono state scattate (Fig. 5.21).

Fig. 5.21

- **Materiale iconografico**: copertine di riviste, pagine di giornali, manifesti dove troviamo immagini ma anche lettering (frasi, titoli, didascalie, Fig. 5.22).

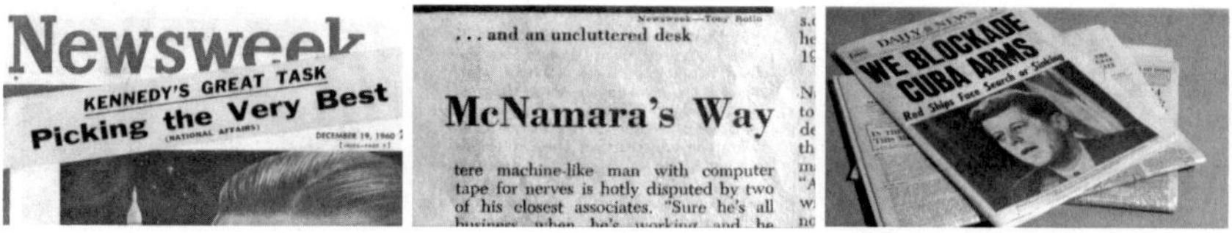

Fig. 5.22

- **Elementi grafici**: anche qui possono essere originali (date, titoli dei capitoli) oppure appartenere a repertori (come i titoli delle trasmissioni televisive).
- **Musiche**: anche se la gran parte degli interventi musicali è originale (le musiche composte per il film da Philip Glass), in qualche caso troviamo anche un utilizzo significativo di materiali musicali di repertorio (in particolare la sigla della trasmissione *CBS Reports*, come vedremo più avanti).
- **Materiali sonori**: anche qui troviamo un uso complesso di materiali originali di varia provenienza (conversazioni registrate, interviste dell'epoca, voci di speaker, telefonate, suoni e rumori) e di effetti sonori originali montati dal sound designer.

Con tutti questi materiali a disposizione, così vari e spesso sorprendenti, non è esagerato affermare che il montatore si senta come un bambino in una pasticceria! Tuttavia il suo compito non è facile: deve sfruttare tutte le possibilità, i diversi segnali che questo materiale fornisce agli spettatori per costruire associazioni, contrapposizioni, accumuli significativi, e naturalmente un percorso.
Vediamo in dettaglio qualche esempio, per comprendere le infinite opportunità creative che ci vengono offerte in questo ambito della multimedialità.

5.3.1 Sfruttare la diversa provenienza dei materiali

Una densa sequenza di accumulo presenta, attraverso dettagli di giornali e riviste, la figura di McNamara e la reazione dell'opinione pubblica alla sua nomina. Questa sequenza si conclude con una lunga inquadratura (montata con un effetto di ralenti), recuperata probabilmente da un cinegiornale dell'epoca, che mostra l'arrivo di McNamara nel suo ufficio governativo.
A questo punto uno stacco netto ci porta all'immagine di una targa (Fig. 5.23 a sx, a p. 138): si tratta evidentemente di una ripresa originale, eseguita con cura – è un lento avvicinamento con rotazione –, sicuramente con attrezzatura sofisticata (una motion control camera?). Se questa immagine viene dal presente (il presente della produzione del documentario), la voce fuori campo che la accompagna viene certamente dal passato, come denuncia l'evidente rumore di fondo della registrazione. Conclusa la domanda dell'intervistatore («Ho notato quel piccolo calendario d'argento. Cosa significa?»), sulla risposta di McNamara uno stacco riporta anche le immagini indietro nel tempo: la medesima targa, però ripresa in bianco e nero e con strumenti e modalità, qui, decisamente da news televisiva o da cinegiornale (Fig. 5.23 al centro, a p. 138); i tempi quindi si sono "riallineati", e sia con il video che con l'audio siamo in un servizio giornalistico, probabilmente della metà degli anni '60 (Fig. 5.23 a dx, a p. 138), in cui McNamara (che ora appare in video in mezza fi-

gura e poi in primo piano) ricorda i giorni «in cui siamo stati letteralmente a un passo dalla guerra nucleare».

Fig. 5.23

Alla comprensione del discorso poteva sicuramente bastare il solo ricorso al filmato di repertorio, tuttavia l'inserimento delle riprese a colori e "cinematografiche" della targhetta approfondisce la prospettiva storica e ci dice ancora qualcosa di più: quella targhetta esiste ancora, e ancora oggi (nel momento, cioè, in cui il documentario di Morris veniva realizzato) ricorda un evento storico che siamo chiamati a non dimenticare, perché quel pericolo è tutt'altro che scongiurato.
Come possiamo vedere, l'uso di materiali di diversa provenienza "accende" la capacità dello spettatore di operare confronti e collegamenti, lo stimola a costruirsi delle interpretazioni.

5.3.2 Il repertorio è audiovisivo

Questi collegamenti e queste interpretazioni possono essere stimolati anche dal confronto tra i repertori video e quelli audio. Possiamo constatarlo nella drammatica sequenza della telefonata tra McNamara e il presidente Kennedy. È proprio la pessima qualità del repertorio audio, al limite dell'intellegibile, a certificarne l'indiscutibile veridicità[13] e a caratterizzarne l'effetto di tragedia incombente. Il dialogo telefonico viene accompagnato da immagini della più varia provenienza, che attivano un vero e proprio commento che a tratti rafforza e a tratti discute le parole dei due interlocutori.
Rispondendo alla domanda del presidente («Cosa dobbiamo fare nelle prossime 24 ore?») McNamara propone in primo luogo la pianificazione di un preciso piano d'attacco. Quindi si chiede: «In che mondo vivremo dopo che avremo colpito Cuba? Come ci fermeremo?». La selezione di inquadrature montate su queste parole sembra assecondarne il senso: si va da una serie di immagini di preparazione (aerei in volo, armi, sistemi

[13] È ormai diventata una convenzione nel cinema contemporaneo che l'utilizzo di materiali video e audio "sporchi" (girati malamente, con errori tecnici, rumore o altro) sia interpretato come un sovrappiù di realismo, quasi una "certificazione di autenticità" delle immagini che vengono mostrate: ne abbiamo un esempio veramente intrigante in un celebre "mockumentary" realizzato da Peter Jackson, *Forgotten Silver* (1995).

radar, missili che escono da un hangar, Fig. 5.24 sopra) a immagini ugualmente belliche, ma in qualche modo "in attesa" (missili pronti sulle rampe di lancio, che aspettano l'ordine di attacco, Fig. 5.24 sotto). Come la riflessione di McNamara si sposta dal piano operativo a quello strategico e morale, così la progressione del montaggio sembra sottolineare la necessità di una "pausa di riflessione", di un'ultima possibilità per tornare sui propri passi ed evitare una incalcolabile tragedia.

Fig. 5.24

Kennedy vede la questione da un altro punto di vista: teme che una escalation militare sia un grave pericolo per la nazione. Qui il montaggio propone una scelta di immagini apparentemente fuori contesto: due inquadrature dell'ingresso di un rifugio sotterraneo (Fig. 5.25 a sx e al centro,) e l'immagine dall'alto di una folla di clienti in un supermercato (Fig. 5.25 a dx), quasi a voler contrapporre ai timori espressi dal presidente il timore concreto, e forse anche un po' paranoico, della popolazione americana; ma anche a evidenziare quella che è la vita quotidiana dei cittadini che il presidente stesso è tenuto a difendere e preservare.

Fig. 5.25

5.3.3 Il peso specifico delle inquadrature

L'introduzione dell'uomo politico McNamara inizia nel modo più semplice, mostrando come venne presentato dai media dell'epoca: con un servizio del canale televisivo CBS[14] (Fig. 5.26).

Fig. 5.26

Il carattere dei titoli appare un po' deformato, quasi bombato, come se l'inquadratura fosse stata ripresa da un vecchio televisore a tubo catodico (ed è assai probabile che sia stato così): l'effetto è quello di un libro in cui non ci si accontenta di citare un vecchio testo, ma lo si riproduce nella sua forma di stampa originale, facendone una copia anastatica. Non ci si accontenta quindi di fare una citazione: si cerca di sottolinearne l'autenticità oltre ogni ragionevole dubbio; e si tenta anche di mettere lo spettatore nelle condizioni di percepire tutti i segnali che la patina del tempo ha depositato su questi fotogrammi.
Di fronte a queste immagini, gli spettatori di *The Fog of War* si dividono subito in due categorie: da un lato quelli che, per età e origine (ultrasessantenni statunitensi) hanno potuto vedere queste immagini già nel 1960, o comunque hanno vissuto in prima persona come cittadini e telespettatori il panorama politico, giornalistico e mediale dell'epoca; dall'altro quelli (sicuramente la maggioranza) per cui queste immagini rappresentano un'evocazione e una citazione di qualcosa che hanno potuto conoscere solo sui libri di storia o nei racconti dei più anziani. Tra questo secondo gruppo si potrebbero poi fare ulteriori distinzioni, tra cittadini USA e no, tra appartenenti al mondo occidentale e no, anche questi suddivisi per coorti anagrafiche.
Insomma, avrete certamente capito che, non diversamente da una campagna pubblicitaria, anche qui si pone il problema del target, e la domanda: «Chi saranno i miei spettatori?» non è meno pressante di quella dei responsabili di un'agenzia pubblicitaria: riuscirò a raggiungere il tipo di target indicato dal mio cliente? Molte delle decisioni, anche di montaggio, che finiscono per produrre un documentario come questo nascono, consciamente o inconsciamente, da una riflessione sul proprio pubblico "di riferimento", soprattutto quando il tentativo è, come in questo caso, di fornire documenti e informazioni che coinvolgano lo spettatore non solo intellettualmente, ma anche dal punto di vista emozionale.

[14] *CBS Reports* è un contenitore di informazione andato in onda dall'ottobre '59 fino agli anni '90.

Possiamo comprendere meglio questo punto se per un attimo spostiamo la nostra attenzione sulla sigla della trasmissione. Si tratta di un brano musicale che oggi possiamo trovare enfatico, pomposo, datato[15], sicuramente adatto per aprire una trasmissione che – sessanta anni fa – si voleva caratterizzare con i toni dell'ufficialità e dell'autorevolezza: con gli stessi aggettivi potremmo definire il carattere scelto, un secolo e mezzo fa, per l'intestazione del *Corriere della Sera*. Uno spettatore appassionato di musica classica potrebbe però andare oltre, e riconoscere in queste note la parte conclusiva di una sezione di *Appalachian Spring*, suite sinfonica composta da Aaron Copland nel 1944[16]. Ma questi spettatori coglierebbero (esattamente come noi non statunitensi) solo una parte del messaggio di queste note, perché quest'ultime nascondono molto di più. Copland in realtà arrangia qui una notissima musica popolare composta attorno alla metà dell'Ottocento, *Simple Gifts*: una delle più comuni "canzoncine", quelle che vengono fatte cantare in classe ai bambini delle elementari; una canzone tuttora assai famosa e in qualche modo collegata (per il testo e per la provenienza) alle stesse fondamenta ideologiche degli Stati Uniti d'America, ai suoi valori costituzionali (un po' quello che, ancora negli anni '50 del secolo scorso, poteva essere per gli scolari italiani *La canzone del Piave*).
Lo spettatore di *The Fog of War* che tra i suoi ricordi d'infanzia abbia l'esperienza di questa canzone valuterà evidentemente queste immagini e questa musica in modo più complesso e profondo; alla sensazione di ufficialità, all'eventuale piacere intellettuale del riconoscimento di una composizione importante, si sovrapporrà un'altra esperienza, più intima, e forse anche un tocco di commozione.
Questo esempio ci dice dunque una cosa importantissima: le immagini e i suoni – in particolare quelli appartenenti al cosiddetto *found footage*[17] – hanno ciascuno una propria storia, che per lo spettatore si traduce in importanza, in ricordo, in emozione; ma si traduce anche in un peso specifico dell'inquadratura, che varia per il singolo spettatore a seconda di come quell'immagine e quel suono "risuonino", appunto, nella sua mente, associandosi a tutto un reticolo di esperienze e ricordi. Ne abbiamo visto un altro interessante esempio poco sopra: l'inquadratura che conclude la sequenza che abbiamo estratto dal documentario su Chet Baker, con quel movimento rotatorio che si avvicina alla fotografia fino al dettaglio stretto dell'occhio del musicista (Fig. 5.27 sopra, a p. 142) non può non ricordare l'analoga inquadratura che conclude la tremenda e universalmente nota "scena della doccia" di *Psycho* (Fig. 5.27 sotto, a p. 142); questo confronto

[15] E che peraltro si accompagna perfettamente al carattere dei titoli, un bastone bold piuttosto imponente e ingombrante – certamente non dotato di ironia!
[16] Con George Gershwin, Copland è il più noto compositore "classico" statunitense della prima metà del secolo scorso.
[17] Con *found footage* si intendono tutti i materiali grafici, fotografici e audiovisivi che provengono dai più diversi repertori: cinematografici, documentaristici, televisivi, musicali, giornalistici, familiari ecc.

(ovvio per tutti coloro che conservano il ricordo del film di Hitchcock) non può non portare la mente dello spettatore a riflettere su questa immagine del documentario – e sul medesimo personaggio di Chet – con un nuovo e sorprendente punto di vista.

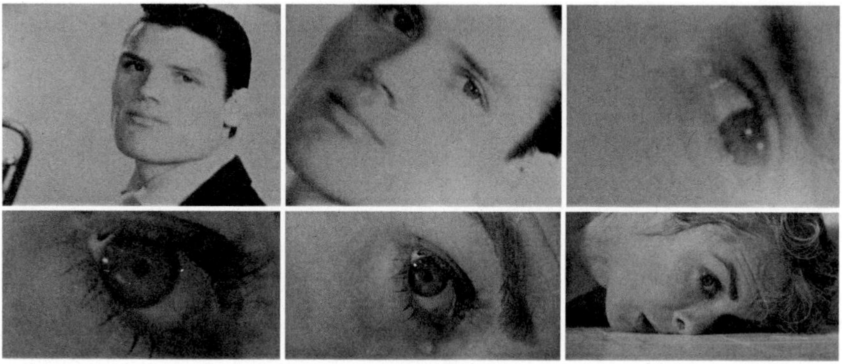

Fig. 5.27

Una delle sfide più importanti di un montatore e di un regista è quella di riuscire a calibrare l'uso di questi materiali in funzione del proprio spettatore di riferimento, senza per questo "lasciare indietro" anche quegli spettatori che, per qualsiasi motivo, non fanno parte di questo universo immaginario.

5.4 – RICORSIVITÀ

> Che cos'è la ricorsività? È l'annidarsi di cose entro cose e le sue variazioni. Il concetto è molto generale. (Un racconto all'interno di un racconto, una commedia nella commedia, un quadro dentro un quadro, scatole cinesi dentro scatole cinesi (perfino commenti tra parentesi all'interno di commenti tra parentesi!): tutto ciò dà solo una piccola idea del fascino della ricorsività.)[18]
>
> Douglas Hofstadter

Ripensiamo ancora un attimo alla brevissima sezione di montaggio dedicata al calendario d'argento in *The Fog of War*. È evidente che in questa concatenazione di inquadrature lo spettatore è portato a riconoscere diversi livelli.

- **Livelli temporali**: il presente della realizzazione del film (immagine a colori) e il passato della realizzazione del servizio di news in bianco e nero, a cui possiamo aggiungere il presente della nostra visione del film oggi (rispetto al quale anche il presente della sua realizzazione diventa perciò un passato).

[18] Douglas R. Hofstadter, *Gödel, Escher, Bach: un'Eterna Ghirlanda Brillante*, Adelphi, Milano 1990, p. 137.

- **Livelli qualitativi e formali**: l'immagine curata e quasi pubblicitaria della ripresa a colori e l'immagine grossolana, "sporca", di scarsa definizione e in bianco e nero della news (come sporco e grossolano è anche l'audio).
- **Livelli di riconoscimento del sonoro**: il passaggio tra la musica di commento (extradiegetica), che termina esattamente quando inizia la breve sequenza che abbiamo analizzato, e l'audio reale (diegetico) del servizio giornalistico.
- **Livelli di discorso**: la realtà documentale (la news originale) e il commento (il raffinato character dolly a colori).
- **Livelli metalinguistici (o narrativi)**: la news degli anni '60 è inscritta all'interno di un livello superiore che la ingloba e ne riformula il senso, il film *The Fog of War*.

Come afferma Hofstadter, la ricorsività è esattamente questa capacità – straordinaria e a volte misteriosa – che uno spettatore (o un lettore, o un ascoltatore, o un osservatore) possiede di riconoscere diversi livelli e collocarli con precisione in una serie di griglie mentali.
Naturalmente non si tratta di una forma inerente solo al cinema e all'audiovisivo: osserviamo ad esempio questo quadro, *Bernardino Campi ritrae Sofonisba Anguissola*, dipinto nel 1559 dalla medesima Anguissola (Fig. 5.28).
Qui la Anguissola ritrae il suo maestro, il pittore Bernardino Campi, intento a dipingere il ritratto di lei. L'osservatore è qui chiamato a identificare tre livelli:

1) Sofonisba che dipinge;
2) Bernardino Campi che dipinge;
3) il ritratto di Sofonisba.

Fig. 5.28

A questi livelli possiamo poi aggiungerne un quarto, superiore a tutti gli altri: *noi*, che in questo momento guardiamo il quadro della Anguissola dove è ritratto Campi che ritrae la Anguissola! Ma questo non è tutto: riconosciamo anche che due di questi livelli (noi che guardiamo oggi e Sofonisba che dipingeva nel 1559) sono esterni al quadro (sono entrambi reali, pur se collocati a quasi cinquecento anni di distanza), mentre gli altri due sono presenti al suo interno (sono quindi "finzione", rappresentazione). Un critico d'arte potrà poi riconoscere il tentativo fatto dalla Anguissola di riprodurre nella sua immagine ritratta lo stile di Campi, mentre Campi è ritratto con lo stile di lei. E ancora, più sottilmente, gli sguardi dei due artisti sono rivolti verso l'esterno del quadro, dove c'è, in entrambi i casi, Sofonisba: ma, nel caso dello sguardo della donna, c'è la Sofonisba reale

che dipinge questo quadro; nel caso dello sguardo dell'uomo c'è una Sofonisba "virtuale", guardata dall'uomo che la sta ritraendo; entrambi guardano, tuttavia, anche verso l'osservatore.
Insomma, è un vero e affascinante rompicapo! Livelli diversi, quantitativamente e qualitativamente, si sovrappongono in continuazione.

Anche nell'audiovisivo la ricorsività può dar vita a una grande quantità di soluzioni, quasi sempre intriganti e spesso divertenti. Si può andare da piccoli giochi che ammiccano allo spettatore (come Martin Scorsese che, in *Hugo Cabret*, interpreta in un piccolo cameo un fotografo di inizio '900) fino a costruzioni ricorsive di grande complessità in cui lo spettatore finisce col perdersi, come in certe pellicole di Christopher Nolan.
Abbiamo già raccontato la grande capacità del meccanismo cinematografico di lavorare sul e nel tempo; ed è soprattutto qui (con i meccanismi del flashback e del flashforward, ma non solo) che agisce la ricorsività. Ne abbiamo uno splendido esempio in questa sequenza estratta da *Baby Driver* di Edgar Wright (2017): qualcosa che è insieme montaggio parallelo, flashback e montaggio delle attrazioni. {☞ ***Baby Driver*, sequenza analizzata**}
La scena si trova a 1h 52' 40" dall'inizio: il giovane protagonista Miles (Ansel Elgort) è da uno sfasciacarrozze, dove ha portato a demolire un'automobile usata per una rapina. Mentre osserva la macchina che viene fatta a pezzi, alcuni rapidi flashback gli riportano alla mente la sua infanzia, in particolare il momento in cui ha visto morire i suoi genitori in un incidente d'auto. Se osserviamo la successione delle inquadrature, possiamo ben vedere la complessità di questo percorso mentale, costruito su cinque livelli principali.

1) **Presente**: le inquadrature di Miles dal demolitore, che si alternano periodicamente ai ricordi del passato (Fig. 5.29).

Fig. 5.29

2) **Passato 1**: il ricordo, bellissimo e coinvolgente, della madre (Fig. 5.30).

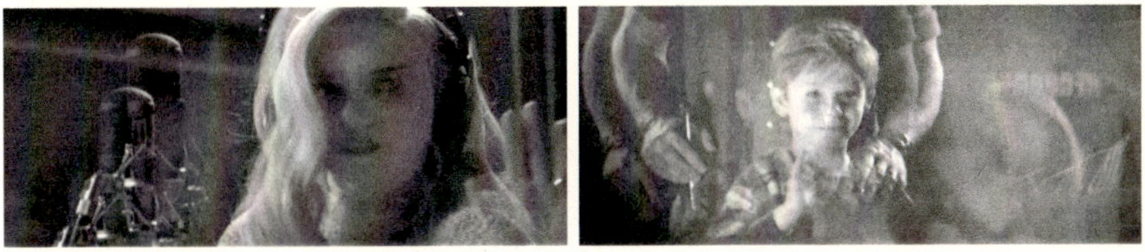

Fig. 5.30

3) **Passato 2**: il ricordo di un momento di felicità familiare, quando a un compleanno Miles ricevette un regalo particolarmente desiderato (Fig. 5.31).

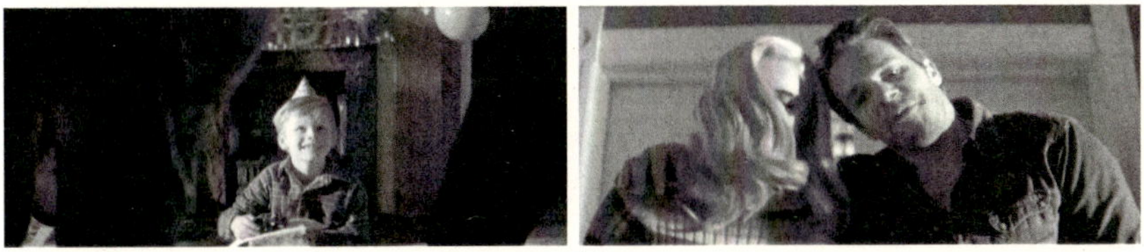

Fig. 5.31

4) **Passato 3**: i litigi tra i genitori, incomprensibili e destabilizzanti per il bambino (Fig. 5.32).

Fig. 5.32

5) **Passato 4**: il ricordo più drammatico, l'ultima lite tra i genitori che si conclude nell'incidente mortale (Fig. 5.33).

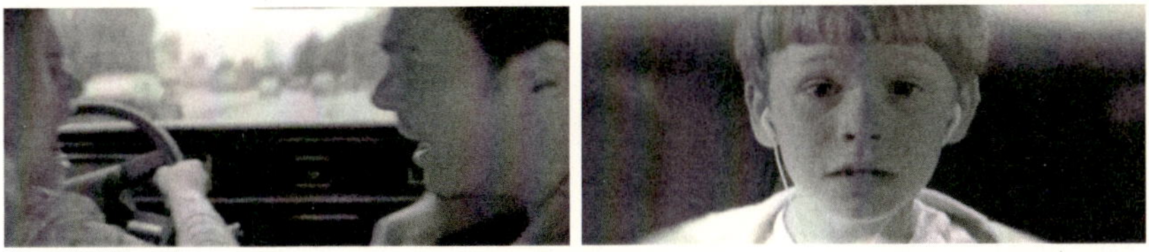

Fig. 5.33

Se il montaggio si fosse limitato a questo, il risultato sarebbe stato sicuramente interessante ma forse anche scontato; in realtà i diversi livelli del ricordo vengono intrecciati in modo più coinvolgente. Prendiamo ad esempio il momento dell'incidente (Fig. 5.34): un montaggio più convenzionale si sarebbe limitato ad alternare quel livello temporale al livello del presente. Qui invece il livello del presente non viene considerato se non alla fine, per costruire invece un'alternanza tra il livello "Passato 4" (inquadrature 1, 3, 4, 6, 8, 9, 10) e il livello "Passato 2" (inquadrature 2, 5, 7), creando un confronto brutale – e straordinariamente empatico per lo spettatore – tra il momento più drammatico vissuto dal bambino e quello della sua più intensa felicità. In particolare il passaggio diretto tra i due primi piani del bambino, uno angosciato in macchina (inquadratura 4) e uno sorridente con la madre (inquadratura 5), crea una concatenazione efficacissima e profondamente significativa. Il ritorno al presente, rinviato fino alla fine di questa alternanza, si presenta bruscamente e inaspettato subito dopo il violento impatto, quasi a far coincidere i due sguardi: quello del bambino, che guarda l'impatto come soggettiva reale (inquadratura 9), e quello dell'adulto, che guarda lo stesso impatto come "soggettiva mentale" e ricordo (inquadratura 11). La macchina ormai completamente demolita nel presente (inquadratura 12), che appare subito dopo il primissimo piano di Miles, nella sua mente (e nella mente dello spettatore) si sostituisce letteralmente all'automobile distrutta nell'incidente, e si trasforma in una simbolica bara, che racchiude definitivamente la memoria del passato.

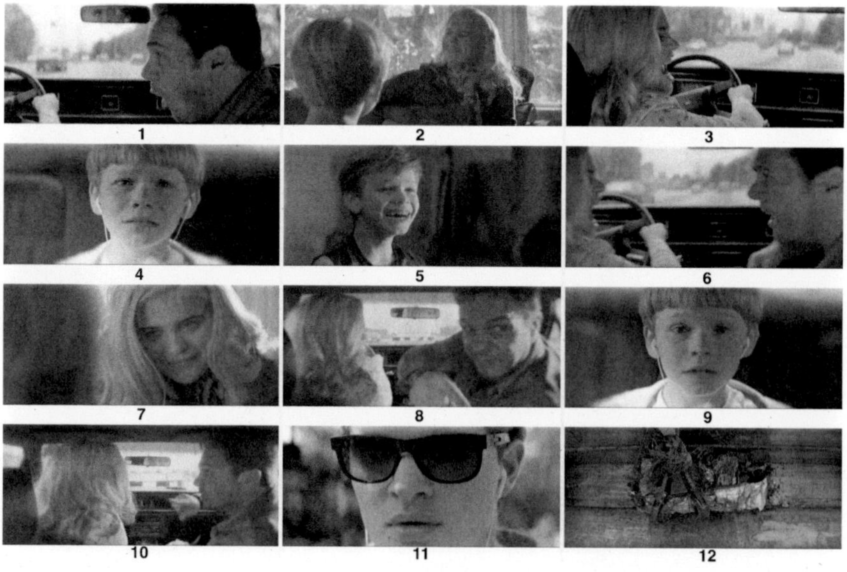

Fig. 5.34

C'è infine un ulteriore livello di cui non abbiamo ancora parlato e di cui fa parte una sola inquadratura, ma assai significativa. Durante la scena del compleanno (Passato 2), dopo aver spacchettato il regalo, il piccolo Miles prende, felice, in mano l'iPod (Fig. 5.35 a sx); uno stacco di montaggio ci porta repentinamente a un'inquadratura assai simile, ma anche profondamente diversa: lo stesso iPod, parzialmente distrutto dall'incidente, viene preso in mano nello stesso modo dal giovane Miles (Fig. 5.35 a dx).

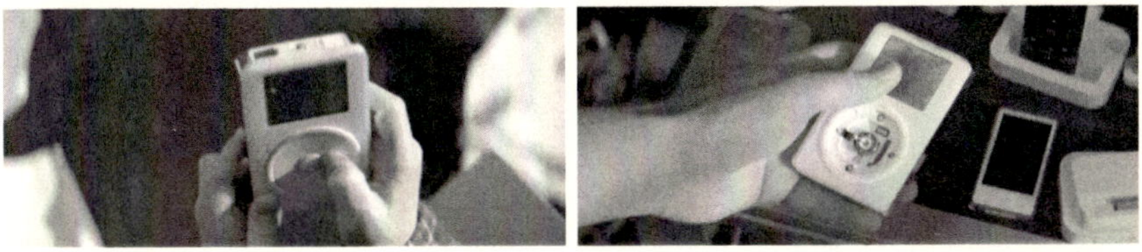

Fig. 5.35

Se tutti i livelli fin qui mostrati fanno parte di un passato remoto, questa inquadratura si colloca invece in un passato prossimo, e ci conferma in modo tangibile la profondità di questo ricordo per il giovane Miles oggi (che infatti è mostrato subito dopo, in primissimo piano, Fig. 5.36).

Fig. 5.36

Come abbiamo visto, questo continuo passaggio tra un livello e l'altro non solo ci propone un "percorso a ostacoli" nel tempo, che stimola le nostre reazioni e le nostre abilità acquisite di spettatori, ma ci obbliga anche a operare raffronti istantanei, a partecipare intensamente al processo mentale del protagonista, verso il quale, ogni volta che torniamo a vedere il suo primo piano, aumenta sempre più la nostra empatia.

RIEPILOGO DEL QUINTO CAPITOLO

- Nel **montaggio di costruzione** la sequenza montata costruisce connessioni, confronti, differenze e similitudini, che possono portare il film ad accedere a una **dimensione simbolica** e **concettuale**.
- Lo stacco di montaggio costringe la mente dello spettatore a una attenta attività di **analisi** e **confronto** per individuare tutte le possibili **connessioni** tra la sequenza di inquadrature imposta da regista e montatore. Lo spettatore è chiamato in maniera **attiva** a dare un senso a quanto vede, a individuare lo sviluppo di un discorso, ma anche a riconoscere tempi, forme e ritmi.

- La concatenazione di immagini tipica del montaggio di costruzione produce un ideale **percorso** di conoscenza e di significazione in cui viene esaltato il confronto tra le inquadrature e il loro contenuto, e in cui può entrare in gioco anche la **contemporaneità** tra gli eventi rappresentati, con enormi conseguenze dal punto di vista narrativo (montaggio alternato, inseguimento, *last minute rescue* ecc.). Nella costruzione di questo percorso è fondamentale la messa in luce della **varietà** (di immagini, eventi, punti di vista ecc.) e della **direzione** del discorso filmico (tutta questa costruzione di immagini, suoni e movimenti deve, cioè, procedere verso una conclusione logica ed emozionale).
- Tre sono gli strumenti principali per ottenere questo risultato:
  1) il **montaggio per accumulo** prevede la costruzione di sequenze nelle quali siano chiaramente riconoscibili uno o più livelli di similitudine tra le inquadrature (similitudine di contenuto, similitudine tecnico-formale, similitudine di campi di ripresa, similitudine compositiva ecc.);
  2) la **multimedialità** riguarda l'utilizzo di immagini eterogenee, ovvero dalle diverse provenienze e dai diversi contenuti (inquadrature originali, repertori cinematografici, fotografici e musicali, materiali sonori ecc.);
  3) la **ricorsività** è la capacità di riconoscere, nella successione di immagini montate, diversi livelli (logici, formali, temporali, metalinguistici ecc.) e di collocarli con precisione in una serie di griglie mentali.

Capitolo sesto

IL MONTAGGIO COME LABORATORIO DEL TEMPO

Quando un uomo siede vicino a una ragazza carina per un'ora, sembra che sia passato un minuto; ma fatelo sedere su una stufa accesa per un minuto e gli sembrerà più lungo di qualsiasi ora. Questa è la relatività.[1]
(Albert Einstein)

Vi sarà sicuramente capitato di arrivare al cinema a film iniziato. L'addetto della biglietteria vi fa ugualmente entrare. «È iniziato da molto?». In questi casi si spera sempre in un leggero ritardo. «Da dieci minuti» risponde. La sala è avvolta nel buio, prendete posto; sullo schermo le immagini scorrono e voi dovete orientarvi: dove siamo, cosa mi sono perso fin qui? Qual è la temporalità delle immagini rispetto alla storia che viene raccontata[2]?
Lo schermo ci restituisce qualcosa che sta accadendo, ora, qui, nella continuità della nostra esperienza di visione, nella simultaneità e nella successione: io guardo mentre il coltello affonda nel corpo (simultaneità); io guardo mentre sullo schermo si passa dal primo piano dell'uomo agonizzante al dettaglio della sua mano che serra il foglio di carta in cui è segnato il nome dell'assassino (successione).
L'evidenza letterale degli spazi e la simultaneità di rappresentazione e fruizione contribuiscono a creare l'illusione di realtà e di presente, anche nella rappresentazione di un tempo passato o nell'immaginazione di un tempo futuro.
È questo il presente cinematografico di una narrazione, la cui organizzazione del tempo si cadenza con omissioni, salti temporali, riavvolgimenti,

[1] Questo aneddoto venne pubblicato per la prima volta sul *New York Times* nel marzo del 1929: Einstein in quell'occasione avrebbe detto alla sua segretaria di rispondere così agli intervistatori ansiosi di sapere cosa fosse la relatività. Da allora l'aneddoto è stato riproposto in diverse varianti. Tuttavia la fonte è indiretta, e data e occasione precise non sono note.
[2] Questa fondamentale domanda è stata formulata da Christian Metz (1931-1993), uno dei padri dell'indagine semiologica (https://www.treccani.it/enciclopedia/christian-metz_(Enciclopedia-del-Cinema)/).

anticipazioni e ripetizioni; e se dovessimo entrare in ritardo, quel che scorrerebbe davanti ai nostri occhi sarebbe innanzitutto un frammento del nostro presente: il "qui e ora" delle immagini sullo schermo.

Per iniziare il nostro discorso sul tempo abbiamo immaginato ancora di essere al cinema, questo perché la riproduzione del film è indipendente da noi, viene attivata dal proiezionista e le immagini scorrono in continuum, in un tempo che coincide con il tempo della nostra visione: un tempo comune tra il film proiettato e il pubblico in sala. Non possiamo interrompere, non possiamo tornare indietro per recuperare qualcosa che sembrava esserci sfuggito, non possiamo saltare avanti alla ricerca di un momento più avvincente; se proprio non ci dovesse piacere il film, l'unica cosa che possiamo fare è uscire dalla sala.

La letteratura ha a disposizione l'utilizzo di diversi tempi verbali, che consentono di spostare gli eventi sull'asse temporale, un prima e un dopo; il cinema non dispone di questo, ma di frammenti di spazio e di tempo messi in sequenza e non necessariamente in una successione di causa/effetto. La letteralità dell'immagine si mostra nell'evidenza del momento, le inquadrature si succedono, variano i soggetti e gli spazi, varia la loro grandezza all'interno del piano, varia il punto di vista e variano i tempi rappresentati nella storia, ma non varia il tempo in cui la storia si sviluppa: i minuti della durata del film, lo stesso tempo che impieghiamo noi per vederlo.
Cosa possiamo dedurre da queste prime considerazioni? Certamente possiamo affermare che nell'audiovisivo non si può considerare una sola temporalità, ma un complesso intreccio di tempi rappresentati da differenti parti, visive e sonore, diversamente combinate per creare una successione di azioni, personaggi, situazioni.
Ma quali sono i tempi da considerare?
Per fare chiarezza, prendiamo ad esempio un film visto da molti, *Harry Potter e il principe mezzosangue* (2009) di David Yates, e proviamo a distinguere i tempi della narrazione, considerando:

- **il tempo del film (durata)**, ossia i 153 minuti di proiezione, che coincidono con il tempo di fruizione dello spettatore;
- **il tempo della storia raccontata**, ossia l'arco temporale in cui si svolge la vicenda. Il sesto capitolo della saga di Harry Potter inizia con il protagonista che, insieme ad Albus Silente, va a trovare Horace Lumacorno, vecchio professore di Pozioni ormai in pensione, per convincerlo a tornare alla scuola di magia di Hogwarts; intanto, Narcissa Malfoy cerca di convincere il professor Piton ad aiutare suo figlio Draco a uccidere Albus Silente. A seguire, Harry farà ritorno a Hogwarts per il suo sesto anno scolastico, e questo sarà lo spazio temporale in cui si svilupperà tutto il resto del film;
- **il tempo rappresentato nel film**, ossia le porzioni di tempo, gli episodi che costituiscono l'intero film e che vengono disposti o in ordine

logico/cronologico (la successione lineare degli eventi), oppure seguendo un ordine arbitrario (la giustapposizione di temporalità diverse a rappresentare un intreccio di presente, passato e/o futuro). Nel caso di *Harry Potter e il principe mezzosangue* il racconto si sviluppa sostanzialmente seguendo la linearità dell'ordine cronologico, ma abbiamo anche dei riavvolgimenti del tempo (flashback) che ci riportano, grazie alle *fiale dei ricordi* di Voldemort, il Signore Oscuro, alla visualizzazione del passato, un passato lontano. Albus Silente, davanti alla teca che le contiene tutte, dice a Harry: «Questa fiala contiene un ricordo molto particolare del giorno in cui l'ho conosciuto. Gradirei che lo vedessi, se ne hai voglia».
Il tempo si riavvolgerà altre due volte, sempre per restituire, attraverso il ricordo, parti di un passato per comprendere il presente. {☞ ***Harry Potter e il principe mezzosangue*, scheda film**}

Riassumendo, dobbiamo pensare a tre tempi distinti: il primo rappresenta la reale durata dell'opera; il secondo riguarda l'arco temporale della storia raccontata; il terzo, le temporalità organizzate all'interno del film (ciò che è raccontato, e con quale ordine temporale, e le parti della storia che vengono omesse). Se ad esempio stiamo lavorando a un biopic su Napoleone (1769-1821), sappiamo che la sua vita è durata 51 anni, il film durerà magari 110' e inizierà con gli ultimi giorni a Sant'Elena, per ripercorrere a ritroso una quindicina di episodi della sua vita.

Le inquadrature che giungono sul "tavolo di montaggio" sono da considerare delle porzioni di spazio e di tempo da disporre in successione per ricostruire una concatenazione di eventi, di azioni e di personaggi. Il montaggio diventa così un vero laboratorio del tempo, dove le diverse temporalità della storia trovano la propria collocazione: il termine "laboratorio" è di aiuto perché ci porta in una dimensione di lavoro, di prove e di invenzione. È questo lo spazio di ricostruzione e/o di costruzione del tempo, della micro e della macrostruttura: se da una parte il montatore può scegliere di seguire la struttura temporale immaginata dall'autore (ricostruzione), dall'altra è proprio questo il momento per valutarne con precisione l'efficacia e per trovare forme alternative della messa in successione degli eventi, non più necessariamente legati da una logica di successione cronologica.
È durante la sessione di montaggio, quando tutti i materiali audiovisivi sono disponibili, che si ha il pieno controllo dell'evoluzione dell'opera e si può valutare cosa sia necessario, cosa sia superfluo e quale sia la struttura temporale migliore per il racconto.
È un lavoro complesso, di prove di giustapposizione, di analisi attenta dei risultati e di rimessa in gioco delle certezze; un continuo scambio tra regista e montatore alla ricerca della scrittura del tempo più efficace, un'operazione che richiede a entrambi di non perdere mai lo sguardo da spettatore, una prospettiva che non li deve mai abbandonare.

Quando ci troviamo davanti a un quadro, scegliamo noi quanto tempo occorra per guardarlo: un tempo che dipenderà dalla complessità della sua composizione e dall'interesse che suscita in noi.
Sul set, il *regista* stabilisce il tempo dell'inquadratura: sceglie la distanza cinematografica, il punto di vista, l'azione della macchina da presa e dirige la messa in scena, più o meno complessa e dinamica.
La durata dell'inquadratura, il suo tempo di visione, si determina in fase di montaggio: il *montatore* sceglie di dare il giusto tempo per una completa esplorazione, oppure sceglie di negarlo del tutto o di andare oltre il tempo di lettura. Ogni inquadratura rappresenta un tempo, il tempo di ciò che accade, attraverso una sua durata.
Infine, per lo *spettatore*, la percezione della durata di un'inquadratura è legata alla composizione e all'articolazione dei codici visivi e sonori: a parità di tempo, la complessità e la dinamica di una composizione in campo lungo restituiscono un'impressione di durata ben inferiore rispetto a un quadro fisso dal contenuto rappresentativo ridotto e con una distanza cinematografica inferiore; e anche la maggiore o minore complessità e stratificazione dell'inquadratura sonora contribuiscono alla percezione della durata del tempo. Ma, sempre per lo spettatore, quest'ultima dipenderà anche da quanto ciò che scorre sullo schermo lo potrà appassionare e coinvolgere. L'esergo scelto per questo capitolo è indubbiamente illuminante: Albert Einstein, il padre della relatività, ci insegna che un minuto in compagnia di una persona assai gradevole passa in un attimo, mentre se ci facessero sedere su una stufa accesa sarebbe un momento assai lungo, insopportabile; ci insegna che accanto al tempo oggettivo c'è un tempo percepito, che attiene alla nostra soggettività.

Definire il tempo di lettura per un'inquadratura è cosa davvero delicata, che non dipende solo dalla dinamica e dalla complessità della rappresentazione, ma anche dalla sua collocazione e dalla volontà di orientare o disorientare lo spettatore: il modo e le durate dei piani messi in successione condizionano la percezione e l'interpretazione di chi guarda.
Il rapporto tra contenuto e durata contribuisce a determinare la visibilità: nel montaggio narrativo il tempo diventa *visibile* quando oltrepassa la verosimiglianza, per eccesso o per difetto, quando cioè, per ragioni di costruzione del senso, il montatore opera una sottrazione[3] o un'addizione, non rispettando più il tempo di visione in cui lo spettatore esaurisce la lettura del contenuto dell'inquadratura.
Procediamo per gradi, passando dalle inquadrature singole e giustapposte (microstruttura) alla costruzione di articolate strutture temporali (macrostruttura).

[3] Ci riferiamo qui all'esempio fatto nel quarto capitolo sulla rottura ritmica nel *Processo ai Chicago 7*.

6.1 – L'INQUADRATURA E IL PIANO-SEQUENZA

Il film è una macchina in movimento, come, per esempio, il treno.[4]
(Victor I. Stoichita)

Esiste una forma cinematografica che dovrebbe annullare la prima distinzione che abbiamo fatto tra il tempo della storia raccontata e la sua reale durata. Si tratta del caso in cui un'inquadratura assolve al compito di esaurire una parte del racconto con una ripresa in continuum; questa particolare soluzione, che nella storia del cinema è stata più volte sperimentata, parzialmente o integralmente[5], vede l'azione della messa in scena e l'atto filmico avanzare in un tempo comune: la durata della ripresa coincide con il tempo dell'azione, con una stretta continuità spazio-temporale. Come sempre vanno considerate le eccezioni, che ci suggeriscono creativamente strade alternative alle forme convenzionali: un caso lo troviamo in *Notting Hill* (1999) di Roger Michell, in cui la continuità spazio-temporale del piano-sequenza viene negata dall'evoluzione temporale dichiarata dalla messa in scena (Fig. 6.1): a 1h 28' dall'inizio del film una carrellata laterale riprende in continuum il protagonista che attraversa un mercato; a partire dall'autunno le stagioni si avvicendano fino ad arrivare a primavera inoltrata; oggetti e persone testimoniano il mutare delle stagioni, a cui si aggiunge la presenza, all'inizio e alla fine della sequenza, di una donna, prima in stato avanzato di gravidanza e poi con un piccolo di qualche mese in braccio. {☞ ***Notting Hill*, piano sequenza analizzato**}

Un gioco di messa in scena che restituisce continuità (l'uomo che cammina e la mdp che lo riprende) e, al tempo stesso, discontinuità (le stagioni che si avvicendano).

Fig. 6.1

---

[4] Victor I. Stoichita, *L'effetto Sherlock. Occhi che osservano, occhi che spiano, occhi che indagano*, il Saggiatore, Milano 2017, p. 204.

[5] Di seguito qualche buon esempio di piano-sequenza: dall'inizio dell'*Infernale Quinlan* (1958) di Orson Welles alla descrizione di Dunkirk in *Espiazione* (2007) di Joe Wright, come scelta parziale; da *Nodo alla gola* (1948) di Alfred Hitchcock a *Birdman* (2014) di Alejandro González Iñárritu sino a *1917* (2019) di Sam Mendes. Consideriamo inoltre che la tecnologia digitale ha consentito sempre più facilmente la creazione dell'illusione della continuità, mentre nel caso di *Nodo alla gola* gli otto châssis (contenitori di pellicola) della ripresa sono stati legati tra loro con lo strumento dell'impallamento.

La durata dell'inquadratura che superi con evidenza il tempo di lettura pone lo spettatore nella condizione di andare oltre quello che si vede, di scandagliare gli stati d'animo del personaggio e di fare congetture e ipotesi. Un efficace esempio lo offre Sergio Leone in *C'era una volta il West* (1968), un film dal peso narrativo distribuito su diversi personaggi, le cui vicende si intrecciano. **{☞ *C'era una volta il West*, scheda film}** **{☞ *C'era una volta il West*, scena analizzata}**
A 23' 54" dall'inizio, siamo nella fattoria McBain, circondata da un terreno arido e incolto, ma destinato a valere oro perché lì passerà la ferrovia. Frank (Henry Fonda) e i suoi uomini hanno appena ucciso il proprietario e due dei suoi figli; il più piccolo, Tim, sentiti gli spari, esce di corsa dalla casa (Fig. 6.2 a sx) e, dalla polvere, vede avanzare Frank con i suoi uomini (Fig. 6.2 a dx).

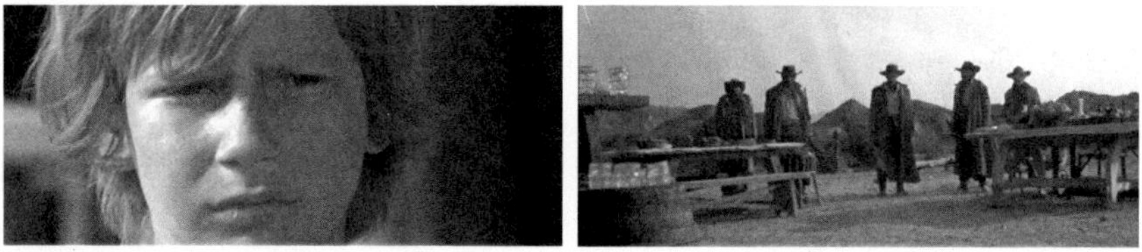

Fig. 6.2

Leone costruisce l'incontro tra l'uomo e il bambino dilatando la durata delle inquadrature: sono primissimi piani che si alternano con valore soggettivo (Fig. 6.2 a sx e Fig. 6.3 a sx).
Solo due le battute, separate da una lunga pausa: «E di questo che ne facciamo, Frank?», «Ora che hai fatto il mio nome?». La replica di Frank ci giunge come una condanna, ma è l'attesa, è il tempo che sospende l'esito, che permette ancora allo spettatore di sperare. Nello sguardo azzurro ed enigmatico di Frank si può trovare ciò che si vuole: la crudeltà, certo – è lui che ha ucciso la famiglia McBain –, ma anche la speranza che il piccolo Tim venga risparmiato.

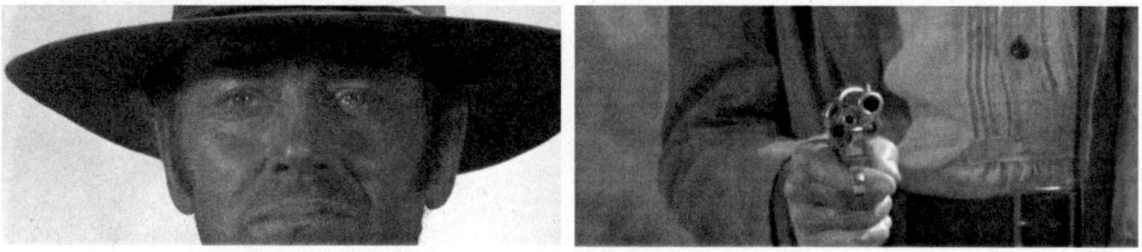

Fig. 6.3

Poi, in dettaglio, la mano che prende la pistola e la punta (Fig. 6.3 a dx); segue un nuovo, lungo primissimo piano del bambino (8' e 16 fotogrammi), che guarda prima in direzione della pistola e poi alza lo sguardo verso l'uomo (Fig. 6.4).

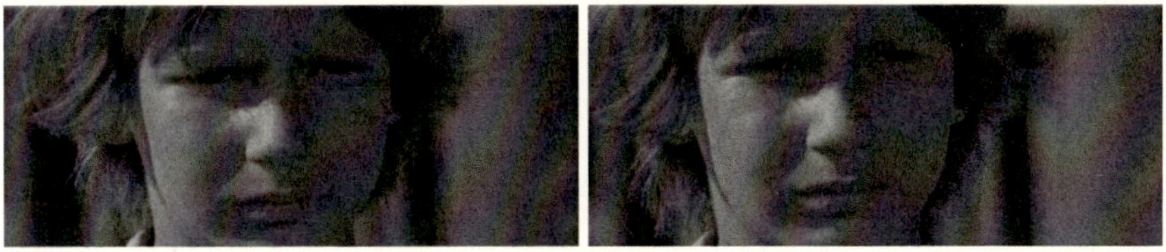

Fig. 6.4

Un'interminabile inquadratura, al limite della sopportazione, a cui segue il primissimo piano corrispondente dell'uomo (Fig. 6.5 a) e quindi, brevissimo, il dettaglio della pistola da cui parte il colpo (Fig. 6.5 b-c), che, immediatamente, con una dissolvenza sonora, si fonde allo stridio metallico e al fumo di un treno che si avvicina (Fig. 6.5 d).

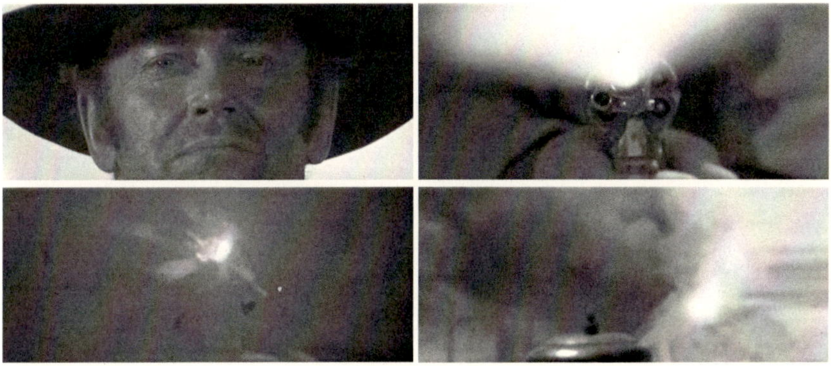

Fig. 6.5

Il montaggio di Nino Baragli costruisce l'insostenibile per poi arrivare, con una rottura ritmica, a una repentina chiusura; una scelta di montaggio che rivela anche lo stato d'animo dell'autore.

6.2 – SOTTRARRE IL TEMPO ALL'AZIONE

> Il montaggio turba il fluire del tempo, lo interrompe, e contemporaneamente genera una nuova qualità di esso. La deformazione del tempo è un procedimento per dare a esso espressione ritmica. *È come scolpire il tempo.*[6]
> (Andrej Tarkovskij)

Abbiamo definito il montaggio come laboratorio del tempo; l'ellissi temporale, strumento che abbiamo già introdotto nel quarto capitolo, è un dispositivo fondamentale per la costruzione del tempo cinematografico, uno strumento nelle mani del montatore per eliminare il superfluo dal-

[6] Andrej Tarkovskij, *Scolpire il tempo*, Vittorio Nadai (a cura di), Ubulibri, Milano 2005, p. 114.

l'azione e dal racconto, ma sempre garantendo la verosimiglianza del tempo filmico, quella verosimiglianza che è fondamentale per "agganciare" lo spettatore, rendendolo partecipe di ciò che sta guardando.
Tra un'inquadratura e l'altra il tempo può essere sottratto in modo più o meno evidente. Per nascondere l'elisione, il montatore giocherà di cesello, eliminando le parti non funzionali, ma garantendo una percezione di continuità; al contrario, se sceglierà la strada del taglio visibile, darà una piena evidenza al proprio lavoro, rendendo la sottrazione del tempo uno strumento significante del racconto. Sempre più nelle opere contemporanee troviamo la scelta di lavorare con entrambi gli strumenti. La visibilità può fungere da marcatore di alcuni passaggi all'interno di un montaggio sostanzialmente invisibile e in continuità, come abbiamo visto nell'esempio del *Processo ai Chicago 7* proposto nel quarto capitolo, oppure può essere "mixata", con differenti intensità, agli strumenti della continuità.

È a quest'ultima modalità che appartiene l'esempio scelto, tratto da *Io sono l'amore* (2009) di Luca Guadagnino. Siamo a 40' 30" dall'inizio del film, nella cucina di un ristorante dove Antonio (Edoardo Gabriellini), lo chef, inizia a preparare il baccalà alla livornese. {☞ ***Io sono l'amore*, scheda film**} {☞ ***Io sono l'amore*, scena analizzata**}
In un tempo assai ridotto, poco più di un minuto, la scena racconta la preparazione del piatto, la creatività dello chef e l'ambiente della cucina, ma tutto risulta assai credibile. Walter Fasano, montatore del film, lavora alla sottrazione del tempo sia in modo invisibile, sia in modo visibile, utilizzando un ritmo sincopato assolutamente plausibile se si pensa alla cucina di un ristorante. La descrizione della preparazione del piatto si sostanzia di dettagli, primi piani dello chef e piani più larghi di contestualizzazione; le inquadrature, sempre in dinamica, sono riprese con una macchina a mano che segue l'azione e per la loro natura è ipotizzabile che la frammentazione sia avvenuta sul tavolo di montaggio a partire da riprese in continuum. Il suono favorisce la sensazione di continuità: restituisce realisticamente i suoni diegetici, ritma le fasi di preparazione. Le battute di dialogo tra lo chef e la responsabile di sala e tra lo chef e il suo aiutante contribuiscono ancor più alla credibilità del tempo dell'azione. Vediamo ora in dettaglio alcuni passaggi in cui l'ellissi lavora alla sottrazione del tempo, ora in modo visibile, ora in modo invisibile.
Siamo a 40' 39" e 13 fotogrammi, l'addetta alla sala si rivolge allo chef:

> RESPONSABILE DI SALA: La mamma di Edo ha confermato per tre persone all'una.
> CHEF: Sì, lo sapevo già.
> RESPONSABILE DI SALA: Com'è di persona?
> CHEF: Chi?
> RESPONSABILE DI SALA: La signora Recchi... Com'è, simpatica?
> CHEF: Simpatica, simpatica.

Questo breve dialogo inizia con la prima battuta fuori campo dell'addetta di sala, coperta visivamente da una panoramica d'insieme della cucina, da

sinistra a destra, che segue lo spostamento di un'aiutante; lo stacco successivo la inquadra sulla cornice della porta mentre la prima battuta sta terminando; la risposta dello chef arriva nuovamente fuori campo («Sì, lo sapevo già»), e a conclusione la macchina si muove di nuovo in panoramica, ora da destra a sinistra, a inquadrare lo chef.
La scelta di disviluppare le battute di dialogo fuori campo è la stessa adottata per elidere il tempo dell'azione: è il fuori campo, unito alla dinamica della macchina da presa e dell'azione, che gioca a favore di un'invisibilità.

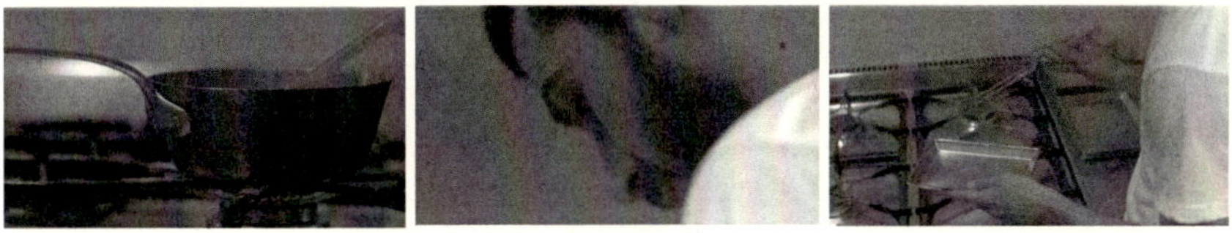

Fig. 6.6

Come possiamo vedere, alle pinze che depongono il primo tocchetto di baccalà nel pentolino (Fig. 6.6 a sx), segue il primo piano dello chef, della durata di 1" (Fig. 6.6 al centro), per poi tornare all'azione già conclusa (Fig. 6.6 a sx). Il pentolino è inquadrato mentre lo chef esce nuovamente fuori campo (Fig. 6.7 a sx); sentiamo la sua battuta («Franco, il sifone, per piacere»); nello stacco successivo vediamo già Franco aprire il frigorifero e prendere il sifone (Fig. 6.7 a dx). Ancora una volta il fuori campo ha nascosto il tempo sottratto, anche se in questo caso il punto di attacco risulta più visibile perché passiamo da un'inquadratura statica del fornello a una dinamica, dove il personaggio al centro dell'inquadratura è già in azione.

Fig. 6.7

Segue una nuova sottrazione del tempo, ma questa volta ben visibile; vediamo qui di seguito i frame di stacco e di attacco (Fig. 6.8), dove la discontinuità dell'azione è evidente.

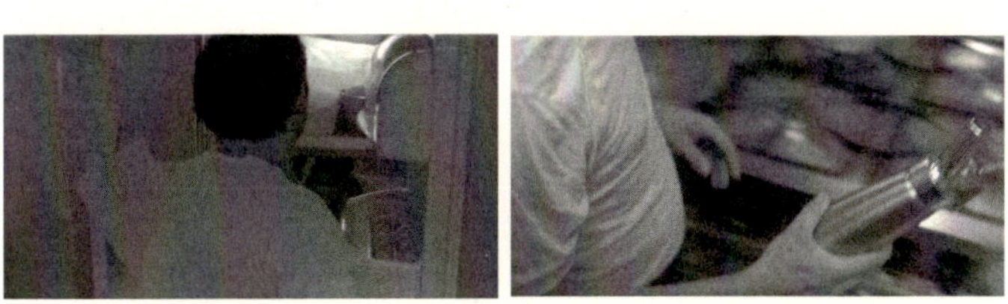

Fig. 6.8

A seguire, lo chef dispone su un piatto la mousse di pomodoro: l'inquadratura è lunga (7" e 22 frame), l'azione è in continuità per mostrare bene di cosa si sta trattando.

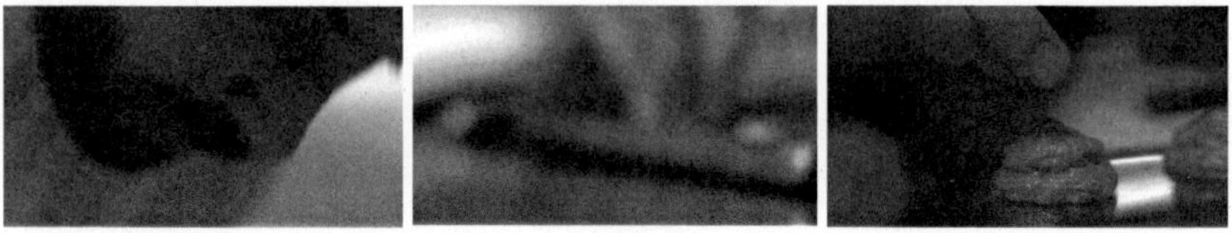

Fig. 6.9

Uno stacco ci porta al primo piano, sempre dinamico, dello chef (Fig. 6.9 a sx); a seguire, il dettaglio della mano, che da fuori fuoco va a fuoco, mentre preleva qualcosa da un vassoietto (Fig. 6.9 al centro): sono solo 20 frame, al termine dei quali vediamo la mano uscire di campo; nell'inquadratura successiva (Fig. 6.9 a dx), la stessa mano rientra in campo per deporre un cappero sulla sommità della mousse. Ancora una volta la sottrazione del tempo trova la sua invisibilità nel fuori campo, il principio di una parte per il tutto (metonimia) induce lo spettatore a collegare ciò che non vede più a ciò che invece continua a vedere.
Nello stacco successivo, la discontinuità temporale è ancora mitigata da piani strettissimi, legati attraverso un impallamento: dal dettaglio della mousse (Fig. 6.10 a), al dettaglio del gomito dello chef (Fig. 6.10 b), che ora si trova vicino al fornello. Prima fuori fuoco e poi a fuoco viene mostrato il pentolino dove sta cuocendo il baccalà (Fig. 6.10 c), quindi si torna al primo piano dello chef (Fig. 6.10 d).

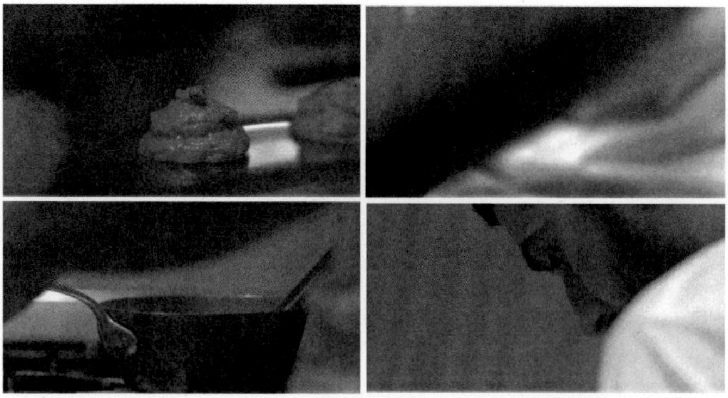

Fig. 6.10

Seguono tre inquadrature che descrivono la composizione del piatto: anche qui in dettaglio e in dinamica vediamo le pinze appoggiare un tocchetto di baccalà (Fig. 6.11 a sx), poi la mano aggiunge una piccola foglia di basilico (Fig. 6.11 al centro) e sempre con una macchina da presa dinamica l'inquadratura successiva segue un giro d'olio sul piatto (Fig. 6.11 a dx).

Fig. 6.11

Sin qui ha regnato l'ellissi, visibile e invisibile; per il finale abbiamo invece un'inversione di tendenza: il piatto è pronto, lo chef ha compiuto la sua opera e l'ha completata con cura estetica. Questo momento è raccontato con quattro inquadrature successive in cui il dettaglio del piatto si alterna all'azione dello chef in figura intera (Fig. 6.12), ben contestualizzato. Qui il tempo non è sottratto, bensì leggermente dilatato: è l'enfatizzazione dell'opera e del suo creatore.

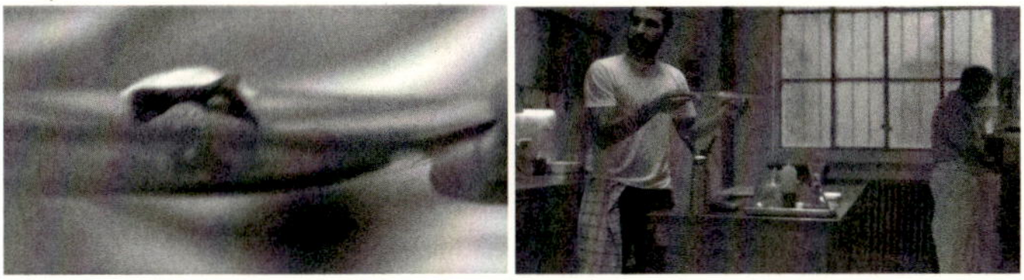

Fig. 6.12

Possiamo vedere che il passaggio dal dettaglio al piano americano non è per nulla ellittico, ma leggermente raddoppiato: è la prima volta in cui abbiamo una dilatazione del tempo dell'azione.
L'inquadratura prosegue, entra in campo il cameriere a cui lo chef affida il piatto (Fig. 6.13 a sx), e anche qui abbiamo un nuovo raddoppio del movimento: vediamo prima il piatto mentre viene dato al cameriere, quindi, nello stacco, in dettaglio (Fig. 6.13 al centro), rivediamo nuovamente la stessa azione. Lo stacco successivo ricontestualizza l'azione: il cameriere ha appena preso in mano il piatto (Fig. 6.13 a dx).

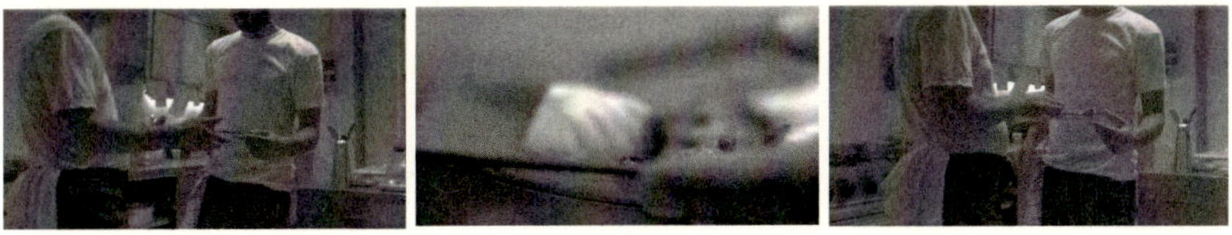

Fig. 6.13

La preparazione del baccalà alla livornese in *Io sono l'amore* ci ha offerto un buon esempio dell'uso dell'ellissi nel montaggio contemporaneo in cui si alternano visibilità e invisibilità dell'elisione del tempo. Abbiamo visto come il fuori campo possa essere un alleato alla sottrazione del tempo, con il risultato di mettere proprio nello spazio che non si vede ciò che è stato tolto.

6.3 – LA COSTRUZIONE DI STRUTTURE TEMPORALI

Mille fuochi ardevano nella pianura, e intorno a ciascuno /
cinquanta eran seduti, alla vampa del fuoco fiammante.
I cavalli, mangiando l'orzo bianco e la spelta /
ritti accanto ai carri, l'Aurora bel trono aspettavano.
[...]
Così facevano guardia i Troiani, e intanto gli Achei
erano vinti dal panico orrendo /
compagno della disfatta agghiacciante /
tutti i capi erano preda a intollerabile pena.[7]
(Omero, *Iliade*)

Riprendiamo ora la distinzione fatta precedentemente tra scena e sequenza, essenziale quando si parla di tempo e di evoluzione del montaggio. Per **scena** si intende la ricostruzione di una narrazione che si svolge in un unico spazio e in un unico tempo; si caratterizza per il suo sviluppo in continuità, una continuità che come abbiamo visto si può spezzare, più o meno visibilmente, con la sottrazione del tempo tra un'inquadratura e l'altra (*ellissi*) o all'interno della stessa inquadratura (*jump cut*). Per **sequenza** si intende invece una forma di scrittura aperta in cui la giustapposizione delle inquadrature non segue necessariamente schemi di ricostruzione spazio-temporale, lavora su più eventi messi in relazione (*montaggio parallelo*) o a episodi messi in alternanza a rappresentare situazioni diverse che si svolgono in un tempo comune (*montaggio alternato*); questa forma di scrittura può lavorare anche con una successione di episodi separati che riassumono lo sviluppo della storia nel passare del tempo (*sequenza sommario*); questo tipo di sequenza prevede composizioni di immagini che rappresentano temporalità diverse, in cui presente, passato e futuro possono intrecciarsi, sia per la parte visiva che per quella sonora. Si tratta di un cambiamento dell'ordine temporale della storia che dà luogo a ritorni al passato (*flashback*) o a salti nel futuro (*flashforward*).

Una giovane donna è seduta su una panchina, immobile, circondata da una distesa di neve; un uomo si sveglia e allunga la mano nella parte vuota del letto; di nuovo la donna che guarda davanti a sé; ora l'uomo si è alzato e percorre la casa in cerca di qualcosa, di qualcuno.
Sono quattro inquadrature all'inizio di un film, non sappiamo niente dell'uomo e della donna, ma siamo portati immediatamente, per consuetudine e convenzione, a credere che tra loro ci sia una relazione. Ma sarà vero? Innanzitutto, vivono nella stessa città, oppure lei è a New York e lui vive, magari, a Catania? In seguito potremmo anche scoprire che i loro legami sono con altri personaggi, non ancora apparsi sullo schermo.

---

[7] Omero, *Iliade*, libri VIII e IX (trad. Rosa Calzecchi Onesti).

Questa è la grande invenzione della costruzione in parallelo di più eventi o delle azioni di più personaggi. Siamo in presenza di forme di scrittura temporale aperta: non più la costruzione chiusa della scena e la necessità di continuità narrativa, ma forme che intrecciano tempi e spazi diversi. Il valore della messa in successione di episodi differenti non è quindi soltanto di tipo narrativo, ma anche concettuale: la messa a confronto di situazioni diverse stimola chi guarda a una riflessione che nasce dal confronto e dall'associazione per analogia o per differenza. Libera dal vincolo della continuità e dall'ordine temporale, la sequenza è una forma assai flessibile di scrittura per immagini, che consente una piena libertà creativa e ampi margini di invenzione a posteriori, anche utilizzando un découpage pensato per una struttura diversa. Siamo nel territorio della macrostruttura, in cui il montatore lavora per definire lo sviluppo della narrazione, per dare forma all'opera audiovisiva, associando immagini, eventi, tempi, testimoni o personaggi, perché parlando di sequenza non siamo necessariamente nell'ambito del montaggio di fiction, ma spaziamo in un mondo ben più ampio.

6.3.1 – Il montaggio parallelo

Il montaggio parallelo è un tipo di montaggio che riguarda sia la fiction che la non-fiction. Con l'alternanza di immagini, o gruppi di immagini, senza che sia necessariamente presente un riconoscibile, esplicito, legame spazio-temporale, possiamo dare luogo a un processo di scrittura che assume un valore concettuale, simbolico, di confronto, di similitudine e diversità. Questa scrittura è presente nelle sequenze di fiction, nei documentari, nella comunicazione pubblicitaria; possiamo quindi dire che il montaggio parallelo ha un'ampia possibilità di declinazione, che travalica le classificazioni di forma e di genere.
Attraverso la giustapposizione di situazioni, ambienti, oggetti e personaggi, uniti da un particolare legame narrativo, o appartenenti a una medesima sfera concettuale, la costruzione in parallelo permette di esplicitare il punto di vista dell'autore. Vediamone subito un chiaro esempio, tratto dai titoli di testa di *The Hours* (2002) di Stephen Daldry. {☞ ***The Hours*, sequenza analizzata**}

Tre donne separate dal tempo e dallo spazio: Virginia (Richmond, 1923), Laura (Los Angeles, 1951), Clarissa (New York, 2001), interpretate rispettivamente da Nicole Kidman, Julianne Moore e Meryl Streep. È mattino. Mentre i mariti di Laura e di Virginia e la compagna di Clarissa rientrano a casa (Fig. 6.14), le tre donne si svegliano (Fig. 6.15, a p. 162).

Fig. 6.14

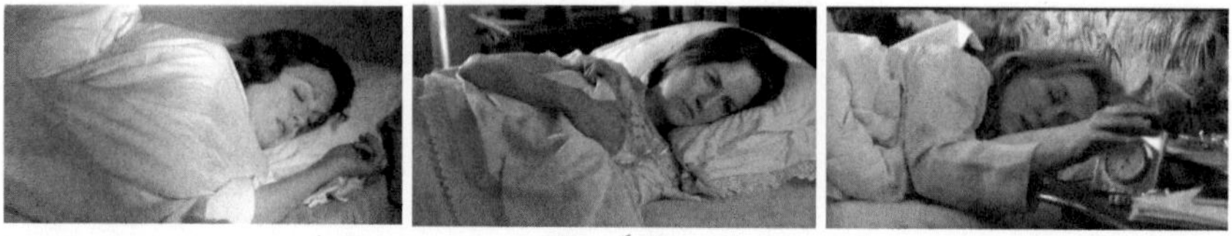

Fig. 6.15

Il montaggio ci fa partecipi di un'esperienza che – in modo così immediato e intenso – forse solo il cinema ci può dare: essere presenti contemporaneamente in diversi luoghi e istanti dello spazio-tempo, attraversando epoche diverse.

Cosa lega queste tre donne? Il compito dello spettatore è risolvere questo quesito; compito della sequenza e del montaggio è instillarlo nella sua mente e costringerlo (attraverso il confronto, le similitudini e le differenze di personaggi, ambienti, dettagli) a darsi una risposta. Lo sviluppo successivo della narrazione ci farà scoprire il sottile "filo rosso" che le lega: Virginia è Virginia Woolf, che si accinge a scrivere uno dei suoi romanzi più noti, *La signora Dalloway*; e *La signora Dalloway* è proprio il libro che Laura sta leggendo e tiene sul comodino; Clarissa, che si chiama come la protagonista del romanzo della Woolf, scopre dopo la morte del primo marito che questi era figlio di Laura. Ma lo spettatore, mentre guarda la sequenza dei titoli di testa, non sa tutto questo; sente solo che una qualche forma di destino unisce la vita di queste tre donne, al di là del tempo e dello spazio che le separa. Una percezione che nasce in primo luogo proprio dalla scrittura del montaggio.

Un montaggio che insiste sulle similitudini: il risveglio delle tre donne, riprese dallo stesso punto di vista (Fig. 6.15); il loro esitare ansioso, come se ognuna di loro si stesse facendo la medesima domanda: «Riuscirò a iniziare questa nuova giornata?» (Fig. 6.16).

Fig. 6.16

Le immagini creano un'atmosfera. Tutto è costruito per portare lo spettatore a percepire, quasi sensibilmente, un legame sotterraneo che congiunge le loro vite. Non solo, il montaggio fa di più, costruisce uno straordinario flusso di movimento tra le inquadrature, realizzando una continuità cinematografica che travalica tutte le distanze e che fa sentire le inquadrature come parte di una unità ideale e superiore: Clarissa e Virginia, a quasi ottant'anni di distanza, si annodano i capelli con il medesimo gesto (Fig. 6.17 sopra); Clarissa si china per prendere l'asciugamano e il suo movimento è completato, cinquant'anni prima, dalla mano di

Laura che entra in campo per prendere il libro scritto da Virginia (Fig. 6.17 al centro); Clarissa apre le tende e Laura sembra voltarsi a guardare proprio verso di lei (Fig. 6.17 sotto).

Fig. 6.17

La sequenza è poi conclusa da uno straordinario momento di montaggio, rappresentato dai due attacchi sul movimento sui vasi di fiori che vengono spostati (Fig. 6.18); una brevissima successione che esalta il fluire del movimento, facendoci sentire immersi in un'unica continuità cinematografica che si fa gioco del tempo e dello spazio.
In questa sequenza possiamo ammirare tutta la potenza del montaggio parallelo.

Fig. 6.18

Un caso molto particolare di montaggio parallelo è il "montaggio delle attrazioni" sperimentato nelle avanguardie sovietiche: un montaggio dove il confronto tra inquadrature viene forzato fino a raggiungere una dimensione concettuale e simbolica.

Fig. 6.19

Pensiamo a *Sciopero!* (1924), del già citato Ėjzenštejn, e alla memorabile sequenza in cui si alterna la repressione degli scioperanti da parte della polizia zarista alla mattanza dei bovini in un mattatoio. **{☞ *Sciopero!*, recensione} {☞ *Sciopero!*, sequenza analizzata}**
Un confronto che, tra le pieghe, può assumere una ben più ampia articolazione dei significati (nella Fig. 6.19 vediamo le inquadrature più significative della sequenza). Oltre alla dialettica evidente troviamo anche la rappresentazione di due forme di violenza istituzionalizzata: le guardie che inseguono gli scioperanti, facendo fuoco sulla folla in fuga, e l'uccisione in un mattatoio. Siamo a 1h 26' 34" dall'inizio del film, la successione di immagini che seguono esplicita efficacemente il valore concettuale che qui assume il montaggio parallelo: sono immagini che si alternano senza alcuna necessità di didascalie; è una sequenza immediata e dal ritmo assai affine a una scrittura contemporanea. La potenza visiva dell'accostamento delle immagini, della loro sommatoria, esprime il pensiero dell'autore e restituisce visivamente una violenza insopportabile .
Facciamo una prova: con lo sguardo omettiamo le parti che riguardano il mattatoio. Abbiamo così la sequenza degli scioperanti in fuga e delle guardie che fanno fuoco, ma viene meno quel tragico inevitabile che ci rivela il mattatoio, che fa crescere esponenzialmente il senso della sequenza.

La vocazione concettuale del montaggio parallelo, nello sviluppo delle forme contemporanee, porta a una libera giocoleria con il tempo e a evoluzioni che sono fusioni tra scene e sequenze, tra racconto alternato e parallelo, e in cui possono essere contemplati e inseriti riavvolgimenti e salti in avanti del tempo. In questa prospettiva, che vede una ampia variabilità di costruzioni temporali, la scrittura del montaggio si rivela sempre più orientata verso forme ibride di narrativo e concettuale.

L'esempio che segue è tratto da *Parasite* (2019) di Bong Joon-ho: un film che disseziona con ironia e crudeltà la diseguaglianza di classe nella società coreana contemporanea. Si tratta di un frammento estratto da una complessa sequenza in cui si racconta come la mefistofelica famiglia Kim abbia organizzato l'uscita di scena della governante degli ingenui e facoltosi Park, per sostituirla con Chung-sook (Chang Hyal-Jin), unico membro della famiglia non ancora alle loro dipendenze. **{☞ *Parasite*, scheda film} {☞ *Parasite*, sequenza analizzata}**
La narrazione si sostanzia di tempi coincidenti, di tempi passati alternati al presente e di successioni ellittiche dell'azione. Dopo aver scoperto che la governante soffre di una forte allergia alle pesche, vengono pianificate le azioni per farla star male e insinuare alla signora Park che si tratti di tubercolosi: una buona ragione per licenziarla. La parte che consideriamo è a 40' e 28" dall'inizio: il nuovo autista dei Park (il padre della famiglia Kim in incognito), mentre esce da un centro commerciale con la signora Park (Fig. 6.20 a, a p. 166), le racconta di aver incontrato la governante all'ospedale: lui era lì per un check-up e lei stava parlando al telefono: «Comunque non volevo certo origliare».

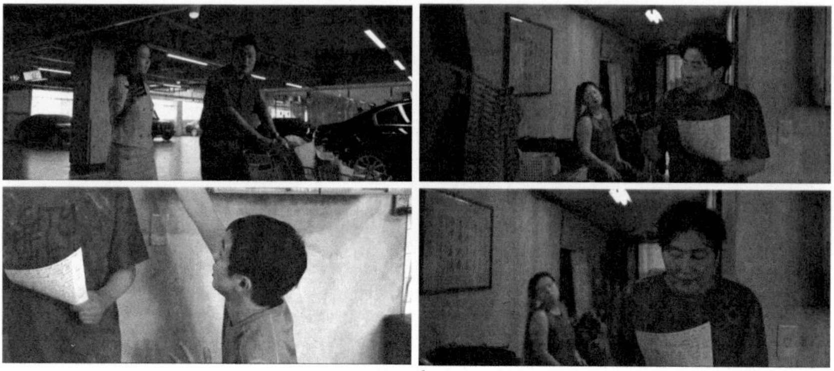

Fig. 6.20

Uno stacco e siamo nel seminterrato (Fig. 6.20 b-d) dove abitano i Kim; con un campo in profondità vediamo l'uomo con un foglio in mano recitare la stessa frase: «Non volevo certo origliare, ma le sue parole le ho sentite con chiarezza, per questo». «Fermati papà, le tue emozioni non possono salire così in alto». La reiterazione della battuta e il cambio inquadratura ci hanno portato al primo episodio di un flashback multiplo, che ha lo scopo di narrare le prove generali e la realizzazione della spregiudicata macchinazione a opera dei Kim; queste prime inquadrature ci mostrano come il montaggio parallelo si possa sostanziare di un intreccio di passato (flashback) e presente.

Fig. 6.21

Il padre continua: «Voglio solo dire che...»; la battuta prosegue nell'inquadratura successiva (Fig. 6.21), dove l'uomo è in macchina con la signora Park seduta sul sedile posteriore: «La voce che ha la governante è assordante, non so se lei se ne è mai accorta?». «Ah, sì è una vecchia storia, ma... continui, la prego» risponde la donna, interessata al racconto.

Il successivo stacco ci riporta alle prove generali nel seminterrato dove vivono i Kim (Fig. 6.22 a sx); il padre prosegue il discorso: «Diceva che i medici le avevano appena diagnosticato la tubercolosi attiva; ed era così sconvolta che lo stava gridando al telefono, davanti a tutti». Un altro stacco e ci troviamo di nuovo all'interno dell'automobile (Fig. 6.22 a dx), con la signora Park che dice: «Tubercolosi? Sta scherzando...». «È vero, parlava con non so chi al telefono dicendo: capisci, la diagnosi è TBC attiva».

Fig. 6.22

A questo punto accade una cosa sorprendente, perché un nuovo stacco ci fa tornare al seminterrato, ma questa volta è il figlio che dà la battuta alla signora Park: «Ma di TBC ci si ammala ancora?» (Fig. 6.23 a sx). Lo stacco successivo ci riporta all'interno dell'auto, dove la donna ripete la battuta (Fig. 6.23 a dx).

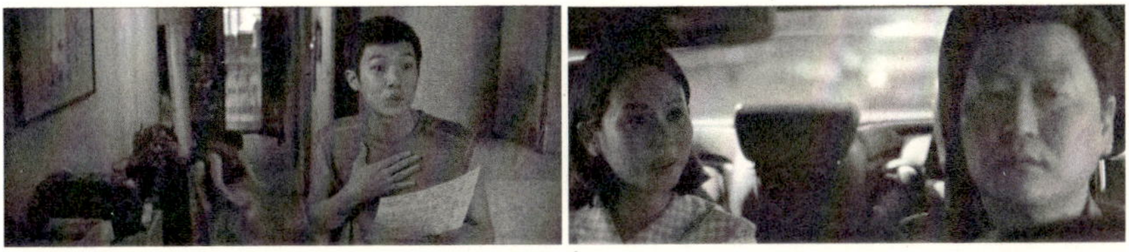

Fig. 6.23

Di nuovo uno stacco sul figlio che legge il copione: «Papà, ricorda che una volta si compravano i francobolli per raccogliere fondi della Croce Rossa contro la TBC» (Fig. 6.24 a sx). Lo stacco successivo ci riporta all'interno dell'auto e dal discorso indiretto si passa a quello diretto del padre: «L'ho letto su Internet: la Corea è, tra tutti i paesi dell'OCSE, quello che ha il tasso di tubercolosi più alto» (Fig. 6.24 a dx).

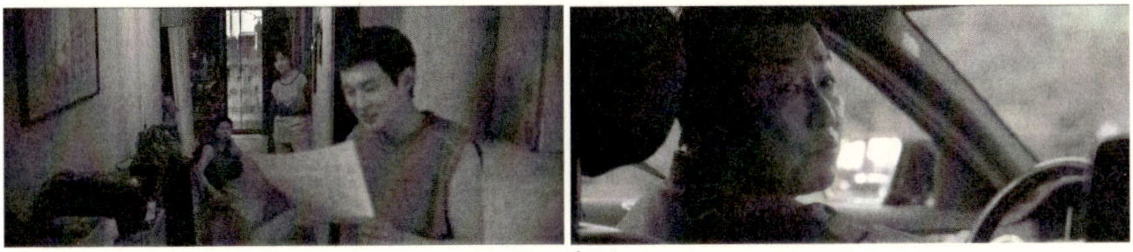

Fig. 6.24

Di nuovo, stacco sul figlio (Fig. 6.25 a sx, a p. 168), che prosegue la battuta: «Eppure lei continua ad andare al lavoro come se niente fosse; in casa c'è un bambino come Da-song...». Recita il padre: «Scandaloso». La frase prosegue con un repentino rientro nell'auto (Fig. 6.25 a dx, a p. 168). «In casa c'è un bambino come Da-song, con un'ammalata di TBC che lava i piatti, fa da mangiare, spruzza saliva...». «Ah, basta, la prego» urla terrorizzata la signora Park.

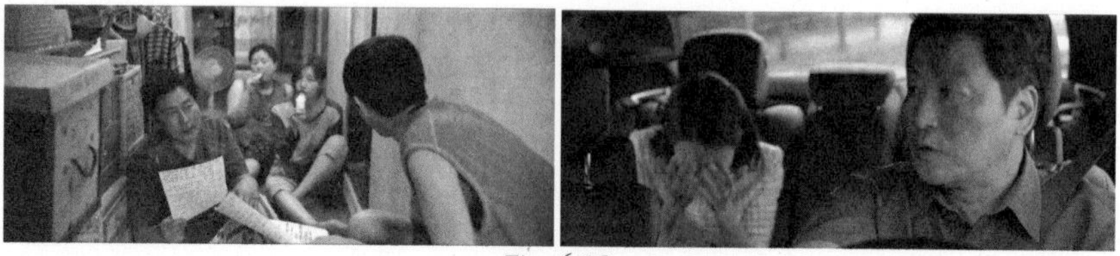

Fig. 6.25

Nella sequenza di *Parasite*, il montaggio parallelo si sviluppa su temporalità differenti; la scrittura del tempo costruisce una raffinata tessitura giocata sul dialogo, dalle prove di padre e figlio alla conversazione con la signora Park. Tra presente e passato, il montaggio di Yang Jin-mo assicura la continuità del discorso e, al contempo, i passaggi reiterati mettono a confronto le prove di una messa in scena e la sua realizzazione senza soluzione di continuità. L'abilità della scrittura del montaggio sta nel variare il gioco, per non renderlo scontato: l'ingresso del figlio che dà la battuta alla signora Park è certamente una di queste variazioni.

Possiamo quindi dire che il montaggio parallelo è una forma di scrittura con un'ampia potenzialità di stratificazione di senso, grazie anche alla sperimentazione e all'invenzione di forme espressive sempre più elaborate e articolate temporalmente. Gli spettatori ne colgono i significati riposti, le sfumature, anche se non tutti nello stesso modo e in ugual misura.
Quest'ultimo aspetto è sempre da tener presente quando si monta: una parte di quello che viene raccontato appartiene all'evidenza e arriva in modo diretto a chi guarda, mentre ulteriori stratificazioni di senso possono essere decodificate in modo selettivo, in ragione delle diverse condizioni del fruitore: sociali, culturali, di area geografica ecc.
Il cinema contemporaneo, l'abbiamo detto più volte, si sostanzia di forme di scrittura che danno luogo a ibridazioni, ad articolazioni ed evoluzioni delle figure di senso classiche; una delle ragioni è indubbiamente l'immaterialità del materiale, la possibilità di duplicarlo potenzialmente all'infinito e di realizzare infinite prove e stesure diverse. Dobbiamo pensare a una trasformazione sempre più complessa delle forme espressive di valore concettuale, che si amalgamano al montaggio narrativo: contenuti di semplice fruizione e di facile riconoscibilità vengono inseriti in architetture dinamiche di grande efficacia e ricchezza, in cui i trucchi nascosti del montaggio invisibile si intrecciano a quelli del montaggio visibile.

6.3.2 – Il montaggio alternato

Nella sua casa, una donna prepara il pranzo e guarda l'orologio a pendolo che segna le dodici. Dalla scuola escono i bambini; una piccola con la cartella sulle spalle attraversa la strada aiutata da un vigile. La donna apparecchia con cura la tavola e attende. La bambina cammina sul marciapiede e gioca con una piccola palla; poi si ferma e riprende a palleggiare su una colonna, dove è affisso un manifesto che dice: «10.000 marchi di taglia! Chi è l'assassino?». Ora un'ombra nera col cappello si sovrappone al manifesto, mentre la palla rimbalza. «Che bella palla che hai... come ti chiami?». «Elsie Beckmann» risponde la piccola. La donna termina di preparare la zuppa, la pendola segna le dodici e venti, si sentono i passi dei bambini che tornano da scuola; la donna si affaccia e chiede se qualcuno abbia visto la sua piccola, ma nessuno l'ha vista. Per strada, l'uomo fa dono alla bambina di un palloncino a forma di fantoccio, acquistato da un venditore cieco. È tardi, la donna mette la zuppa in caldo, suonano alla porta, ma la speranza si spegne: è il postino. «Una nuova puntata del romanzo, signora Beckmann». La donna guarda l'orologio: è l'una e un quarto; poi va alla finestra e urla il nome della figlia: «Elsie»; un nome urlato più e più volte, che attraversa tutto il caseggiato, dalle scale ai solai; poi di nuovo la tavola apparecchiata, dove Elsie dovrebbe essere seduta. A conclusione, una porzione di prato con una palla che rotola in campo; poi il cielo, dove un palloncino a forma di fantoccio è intrappolato su un palo dei cavi elettrici.

Quello che abbiamo descritto è l'inizio di *M – Il mostro di Düsseldorf* (1931), di Fritz Lang. L'alternanza descritta tra l'attesa della donna e l'adescamento della piccola da parte del mostro ci porta fin dai primi momenti a interpretarla come sviluppo in un tempo coincidente. {☞ ***M – Il mostro di Düsseldorf*, scheda film**} {☞ ***M – Il mostro di Düsseldorf*, sequenza analizzata**}

Abbiamo considerato il montaggio parallelo come un ampio contenitore di narrazioni che si possono articolare nello stesso tempo o in tempi diversi: il montaggio *alternato* è da considerare una modalità specifica di questa "grande famiglia" della scrittura del tempo, è un montaggio che ha come peculiarità la rappresentazione di una simultaneità delle situazioni mostrate. Non solo: le azioni e i personaggi coinvolti devono partecipare allo sviluppo di una medesima azione o di più azioni che abbiano in comune una medesima conclusione. Siamo in presenza di montaggio alternato quando il tempo comune testimonia uno stesso sviluppo drammaturgico, quando un insieme di eventi converge in una conclusione comune.

Nel caso di *M – Il mostro di Düsseldorf*, abbiamo due azioni che riconosciamo in un tempo comune e abbiamo una valenza narrativa che si intreccia a un finale simbolico: le ultime due inquadrature alludono alla morte della bambina utilizzando oggetti che prima la accompagnavano e che ora sono presenti senza di lei e addirittura, nel caso del palloncino intrappolato, senza neanche più la possibilità di volare. Il simbolico messo in scena da Lang sostituisce la convergenza delle due situazioni, eliminando il ritrovamento del corpo e lo strazio della madre.

Passiamo a un esempio in cui le "regole" sono applicate in modo più stringente. Prendiamo una sequenza estratta da *Mission: Impossible 2* (2000), diretto da John Woo. {☞ ***Mission: Impossible 2*, sequenza analizzata**}

«Quando si cerca un eroe bisogna partire dalla cosa di cui ogni eroe ha bisogno: un cattivo. Per questo, cercando il nostro eroe Bellerofonte abbiamo creato un mostro: Chimera».
A Sidney, nel laboratorio della Biocyte, in gran segreto è stato creato un virus letale e anche il suo antidoto. Il cattivissimo Sean Ambrose (Dougray Scott) ne viene a conoscenza e se ne impossessa con un dirottamento aereo. Il suo piano è diffondere il virus per poi vendere su scala mondiale l'antidoto. Ethan Hunt (Tom Cruise) viene ingaggiato per fermarlo, anche se non è chiaro cosa abbia in mano, e allo scopo arruola l'affascinante Nyah (Thandie Newton), ladra professionista che in passato ha avuto una relazione con Ambrose. La squadra si completa con l'esperto di computer Luther Stickell (Ving Rhames) e il pilota Billy Baird (John Polson). L'attrazione tra Ethan e Nyah è fortissima, ma la missione impossibile implica che lei riprenda i contatti intimi con Ambrose (situazione, questa, che ha una straordinaria affinità con *Notorious* di Hitchcock). Un microchip iniettato nella caviglia di Nyah invierà un segnale in codice al satellite, che sarà captato solo dal computer di Ethan: un modo per seguire Ambrose.
A 35' 48" dall'inizio del film, inizia una sequenza che si sviluppa nello stesso tempo, ma in due luoghi diversi: dal deserto dell'Australia, Ethan, Luther e Billy si collegano via satellite (Fig. 6.26 a) per seguire l'arrivo di Nyah nella villa di Ambrose, a Sidney (Fig. 6.26 b-d). Sotto lo sguardo dolente di Ethan (Fig. 6.26 e) ha inizio la seduzione di Ambrose da parte di Nyah.

Fig. 6.26

Il tempo coincidente è validato dall'utilizzo del dispositivo, che consente di intercettare e visualizzare la donna: nulla è lasciato all'immaginazione, tutto scorre sullo schermo di Ethan. Ma ciò che noi vediamo, Ethan non può ancora vederlo: «Non arrivano le immagini». «Il satellite non è veloce

come me» risponde Luther. «Non c'è un modo per velocizzare?». «Con cosa? È l'unico computer in grado di farlo» (Fig. 6.26 f).
Il ritardo nel captare Nyah crea attesa, solo noi torniamo a rivederla avvicinarsi ad Ambrose; ancora in movimento verso di lui, in un tempo che si è cristallizzato (Fig. 6.27).

Fig. 6.27

Ma questa sospensione e l'alternanza con la postazione nel deserto non inficiano in alcun modo la percezione che lo spettatore ha del tempo comune: in ragione del coinvolgimento sentimentale di Ethan, stiamo attendendo che ciò che vediamo noi possa essere visto anche da lui.

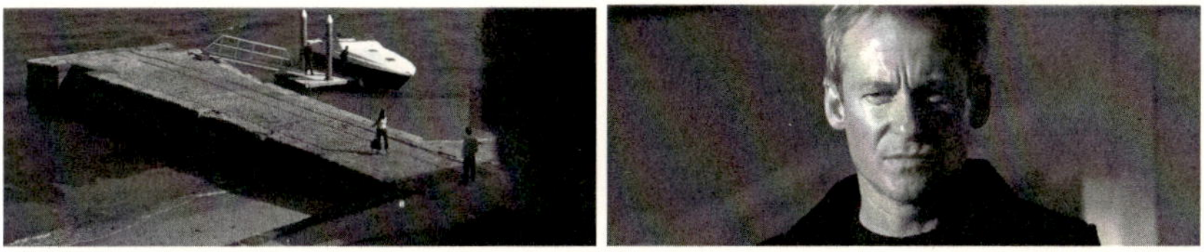

Fig. 6.28

Il punto di vista dell'uomo di fiducia di Ambrose (Fig. 6.28, a dx) ci dà nuovamente la distanza relativa tra i due; uno stacco sul suo primo piano, con un lento movimento di macchina a stringere (Fig. 6.28, a sx), ci rivela la sua attenzione verso ciò che sta accadendo: Nyah dovrà stare all'erta con lui.
Il montaggio di Steven Kemper e Christian Wagner stressa il tempo dell'avvicinamento tra Ambrose e Nyah, le inquadrature, girate a ralenti, sono continuamente interrotte dall'alternanza degli stacchi tra lui e lei; pochi metri li separano ma a ogni stacco li ritroviamo ancora distanti (Fig. 6.29).

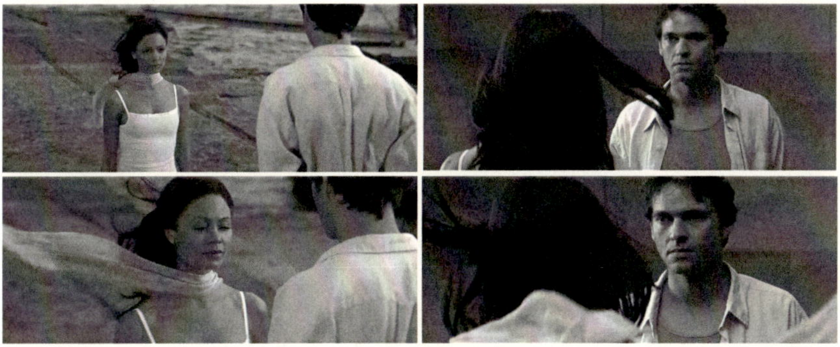

Fig. 6.29

L'azione di Ambrose, che afferra a ralenti la sciarpa di Nyah, è enfatizzata con un raccordo sul movimento che si sviluppa in tre inquadrature (Fig. 6.30 a-c).

Fig. 6.30

Ancora quattro stacchi che ci mostrano un gioco di sguardi e di seduzione e in seguito l'esplicito gesto di Ambrose che, utilizzando la sciarpa, attira a sé la donna (Fig. 6.30 d).

A seguire, ancora delle strette inquadrature corrispondenti, che consolidano l'illusione del ritrovato coinvolgimento di Nyah.

Fig. 6.31

L'immagine del satellite ci riporta a questo punto nel deserto e al montaggio alternato.

«Ethan, ci siamo» dice Luther: lo schermo del computer inquadra il momento in cui Nyah e Ambrose stanno per baciarsi; segue il primo piano di Ethan che guarda (Fig. 6.31 sopra). «Ecco un tipo che sa come si dà il benvenuto» dice Billy, ignaro del suo stato d'animo. Uno stacco ci riporta nuovamente al bacio, ancora visto attraverso il monitor (Fig. 6.31 al centro). Quindi ancora Billy (Fig. 6.31 sotto), che si rivolge a Luther, con una battuta che costituisce l'anticlimax[8]: «Eh, non mi fraintendere, amico: mi hai accolto benissimo anche tu!».

[8] *Anticlimax*: «Figura retorica, detta anche *gradazione discendente*, che consiste nel disporre una serie di concetti o di vocaboli in ordine a mano a mano decre-

Un nuovo stacco ci riporta al monitor, Ambrose e Nyah si stanno ancora baciando.
La sequenza non termina, ma da qui in poi l'impressione di alternanza si attenua, perché la tensione cala; Ethan si stacca dal monitor dicendo che il fatto di aver identificato Ambrose non significa nulla: «Non sappiamo quello che abbiamo perché non sappiamo quello che ha lui, dove ce l'ha o cosa voglia farci».

Il montaggio alternato consente di costruire la suspense, perché produce sospensioni e dilata il tempo del compimento delle situazioni che si alternano; un tempo che può proseguire nell'azione successiva o che in essa può cristallizzarsi, come abbiamo visto nella sequenza di Woo. A dare la sensazione che i momenti rappresentati abbiano un punto di convergenza, narrativo o concettuale, non è tanto lo stringente rispetto del modello dell'alternanza, quanto il suo risultato finale, ovvero ciò che lo spettatore è indotto a percepire.
Non è un caso se proprio sull'utilizzo del montaggio alternato si basano alcune delle più consolidate e durature strutture retoriche della narrazione cinematografica: la "salvezza all'ultimo minuto" e l'inseguimento. Dai tempi di Griffith fino ai nostri giorni, l'abile costruzione di sequenze basate su azioni legate dalla contemporaneità e dal loro convergere verso un comune esito drammatico tiene incatenati gli spettatori, facendoli partecipi di un'emozione che forse nessun'altra forma spettacolare è in grado di produrre con una tale intensità[9].

A conclusione, possiamo dire che il montaggio contemporaneo è una forma creativamente ibrida di visibile e invisibile, di narrativo e di concettuale. La progressione della storia avviene con forme ellittiche, nascoste o evidenti, e le diverse temporalità possono essere disposte in successione logica/cronologica oppure in modo arbitrario; le narrazioni si possono sviluppare in parallelo (con rappresentazioni temporali non coincidenti) oppure in alternanza (coincidenza del tempo).
Possiamo anche aggiungere che tra le due modalità, parallelo e alternato, il "contenitore più ampio" è indubbiamente quello del montaggio parallelo, perché abbraccia una vasta possibilità di scrittura, con una totale libertà di tessitura delle temporalità.

---

scente di forza e d'intensità, per lo più in opposizione stilistica a una gradazione ascendente (o *climax*)» (da *Treccani.it*).

[9] Giusto per fare un paio di esempi: il finale di *Argo* (2012) di Ben Affleck rappresenta bene quello che oggi è lo stato dell'arte di una sequenza costruita sul principio della "salvezza all'ultimo minuto"; per quanto riguarda invece l'inseguimento, rimane ancora un sicuro modello la sequenza della corsa tra auto e metropolitana nel *Braccio violento della legge* (1971) di William Friedkin.

6.4 – SEQUENZA SOMMARIO, UN ALTRO SPAZIO DI CREAZIONE

> Tutto questo gli ricordava i temporali come certe volte si vedono al cinema. Dapprima c'è una strada ridente, un cielo sereno. Poi una nuvola scivola in sovrimpressione e nasconde il sole. Un vento furioso spazza la strada. Luce verdastra. Persiane che sbattono. Mulinelli di polvere. Scrosci d'acqua. Ed ecco la strada sotto una pioggia battente, sotto un cielo drammatico![10]
> (Georges Simenon)

Quante volte abbiamo visto un viaggio, una giornata, un anno, riassunti in una manciata di inquadrature; il tempo passa, e questo deve essere evidente, ma non c'è né il tempo né l'interesse per raccontarlo compiutamente. Si ricorre allora alla vocazione che ha il montaggio per la sintesi dell'azione e della narrazione: la *sequenza sommario* ha il compito di mettere insieme momenti ed episodi separati che riassumano lo sviluppo della storia. Questo tipo di sequenza prevede composizioni di immagini che possano rappresentare temporalità diverse: il presente, il passato o il futuro di uno o più personaggi. Se da un lato la costruzione della sequenza sommario è un'operazione funzionale ad alludere e a coprire parti della storia, magari dove è sospesa la relazione tra i personaggi, dall'altro diventa una bella occasione di scrittura creativa, di invenzione sul tavolo di montaggio, in cui sono coinvolte sia le parti visive che quelle sonore.
Un esempio efficace lo troviamo in *Hot Fuzz* (2007), commedia di Edgar Wright in cui si racconta di Nicholas Angel (Simon Pegg), zelante poliziotto londinese con all'attivo riconoscimenti e onorificenze, che però non ha conquistato la simpatia né dei colleghi né dei suoi superiori: la soluzione è una bella promozione a sergente e il trasferimento in uno sperduto paese della campagna inglese, molto distante da Londra.
Siamo a 8' 17" dall'inizio del film; il sergente Angel, fresco di promozione, prepara le sue cose e inizia il viaggio che lo porterà alla nuova destinazione. La sequenza sommario che segue ha lo scopo di raccontare il tempo e il modo in cui raggiungerà la sua nuova e remota sede, ma anche l'evoluzione del suo stato d'animo. **{☞ *Hot Fuzz*, sequenza analizzata}**
Con un montaggio (sia visivo che sonoro) assai visibile, sincopato, Chris Dickens, montatore del film, lavora a una sequenza caratterizzata prevalentemente da raccordi sull'asse sottolineati da evidenti salti di piano, flash a nero ed effetti sonori anticipati, molto presenti e montati con nettezza. La variazione della luce e l'iterazione dello schermo del cellulare in cui è segnata l'ora sono marcatori della progressione temporale, ma è soprattutto la forza di un montaggio visibile, ora spezzato, ora sviluppato con un flusso dinamico, a rendere in un tempo assai breve il lungo e disagevole viaggio del sergente Angel.

---

[10] Georges Simenon, *Il cane giallo*, La Biblioteca di Repubblica, Roma 2004, p. 36.

Vediamo ora alcuni passaggi. Angel è nel suo ufficio e raccoglie le ultime cose (Fig. 6.32 sopra); l'anticipazione sonora sul suo primo piano della sirena di una volante e il successivo ingresso della stessa, fusa al primo piano del protagonista (Fig. 6.32 al centro), ci trasportano all'inquadratura successiva (legata in continuità dal passaggio dell'auto), che ci fa ritrovare il sergente fuori dal comando (Fig. 6.32 sotto). Una soluzione che copre il passaggio di tempo con un'anticipazione sonora e con la fusione di due inquadrature: il primo piano di Angel e l'auto della polizia in movimento.

Fig. 6.32

Inizia così un lungo viaggio che è raccontato da una successione di stacchi, di dettagli e piani più larghi, inizialmente inframmezzati da frame neri e successivamente, con un crescendo ritmico, messi in successione e sottolineati da una colonna costituita da effetti molto presenti e tagliati nettamente nel passaggio da un'inquadratura all'altra (Fig. 6.33).

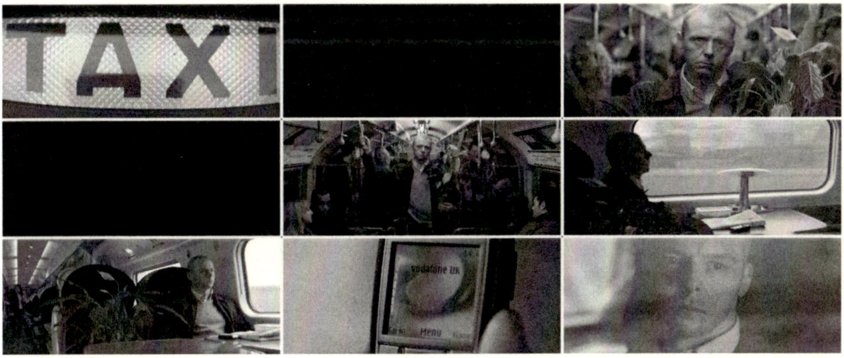

Fig. 6.33

Fig. 6.34

Dopo aver preso un taxi, un metrò e un treno, Angel si trova in una stazione, seduto su una panchina, nell'attesa di un nuovo treno per proseguire il viaggio (Fig. 6.34 sopra). L'attesa viene raccontata con un jump cut (Fig. 6.34 al centro) e uno stacco sull'asse con il brusco ingresso dell'inquadratura sonora del treno in arrivo (Fig. 6.34 sotto), che è già entrato in campo. Un lungo percorso, raccontato con una successione di inquadrature sempre più rapide (Fig. 6.35): una manciata di secondi per riportare un tempo che lo spettatore può misurare grazie ai ripetuti dettagli del display del telefonino nelle mani del sergente.

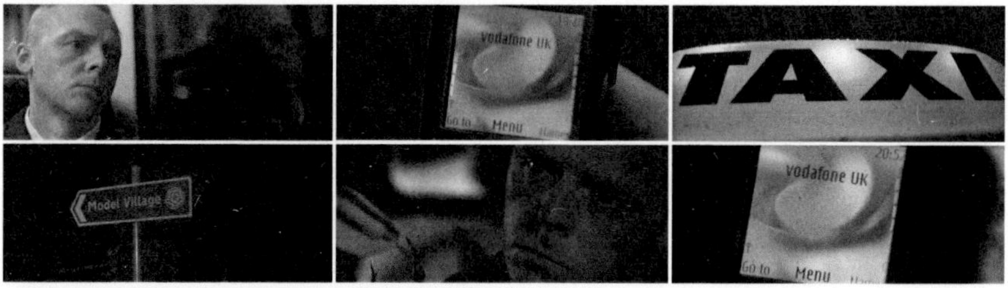

Fig. 6.35

Fig. 6.36

È ormai sera inoltrata, il viaggio prosegue, le inquadrature si succedono, ma ora con un ritmo diverso: il suono di un arpeggio ammorbidisce e accompagna una serie di dettagli della strada alternati ai primi piani del sergente, affaticato e smarrito, all'interno del taxi che lo conduce nell'ultimo tratto di strada fino all'hotel (Fig. 6.36).

Come ci rivela l'ultimo dei dettagli del display del cellulare, in 48" di sequenza è stato raccontato un viaggio durato più di sette ore, offrendo allo spettatore la progressione del tempo, la complessità del viaggio e lo sguardo sperduto del sergente Nicholas Angel, allontanato da Londra per essere confinato in un luogo remoto della campagna inglese.

6.5 – IL TEMPO CHE SI RIAVVOLGE: IL FLASHBACK CI RIPORTA AL PASSATO

Cigola la carrucola del pozzo,
l'acqua sale alla luce e vi si fonde.
Trema un ricordo nel ricolmo secchio,
nel puro cerchio un'immagine ride.
Accosto il volto a evanescenti labbri:
si deforma il passato, si fa vecchio,
appartiene ad un altro...
Ah che già stride
la ruota, ti ridona all'atro fondo,
visione, una distanza ci divide.[11]
(Eugenio Montale)

Il flashback[12] è un "lampo" che fa tornare indietro il tempo. Il senso è già nel termine: è il riemergere del passato che irrompe nel presente, mettendo in pausa il racconto principale. È la figura narrativa del tempo ritrovato, del tempo che, riaffiorando, dà ragione del presente; è un tempo articolato per la costruzione dell'intrigo; è il ritorno improvviso al passato che fa volgere indietro di molti anni o di una manciata di secondi; è il tempo della memoria, di un personaggio o del narratore.
Come abbiamo già detto, il racconto cinematografico si sviluppa in un tempo che è comune allo spettatore, il "qui e ora" della visione, e al contempo in esso sono rappresentate temporalità diverse, sono omesse delle parti (*ellissi*), e la disposizione degli accadimenti può svilupparsi in successione lineare, ma anche secondo un ordine più arbitrario, scelto dall'autore per un più efficace sviluppo narrativo. È proprio quest'ordine arbitrario che articola lo sviluppo della narrazione attraverso la concatenazione degli eventi in un presente, un passato (*flashback*) e un futuro (*flashforward*). Il flashback rappresenta un'interruzione della storia raccontata e lo sviluppo di un tempo che si riavvolge per svelare allo spettatore, per aggiungere informazioni a quel che già sa, per stimolarlo, per suggerirgli connessioni, relazioni e ipotesi di sviluppo; ma si manifesta anche assumendo una dimensione soggettiva, per rappresentare un pensiero, un ricordo, una rêverie del personaggio. L'uso del flashback può acquistare pesi diversi all'interno di una narrazione: può raccontare una parte retrospettiva della storia, interrompendo il flusso e rivelando momenti del passato, ma può anche essere un elemento strutturale, che scardina, frammenta e nega parzialmente la logica successione degli eventi. È quello che abbiamo visto nella sequenza estratta da *Parasite*: la macchi-

[11] Eugenio Montale, *Ossi di seppia* (1925).
[12] Per un approfondimento sull'argomento cfr. Fabrizia Centola, *Il flash-back nel cinema. Il tempo riavvolto nell'eterno presente cinematografico*, UTET, Torino 2019.

nazione della famiglia Kim si sviluppa in un presente (l'autista racconta alla signora Park della malattia della governante) e in un passato (l'ideazione e le prove della messa in scena per sostituirla).
Occorre ricordare che lo spettatore tende a riarticolare la struttura narrativa secondo un ordine causa/effetto, e che la diversa intellegibilità della narrazione filmica determina la maggiore o minore attività di connessione a lui richiesta dall'autore.
Il flashback si può presentare semplicemente come un lampo, che interrompe una o più volte la storia narrata, o può assumere altrimenti un valore più strutturale dove passato e presente, intrecciati, fanno avanzare la storia rilasciando progressivamente frammenti di verità, interconnessioni, relazioni, anche tra più personaggi e più linee narrative.
Possiamo distinguere tra riavvolgimenti funzionali al prosieguo della narrazione e vere e proprie architetture narrative; queste ultime mettono lo spettatore nella condizione di essere particolarmente attivo, con la necessità di ricostruire extraschermo, nell'ipotizzare le connessioni tra i diversi eventi e i ruoli giocati dai personaggi. Occorre anche dire che abbiamo a disposizione sia le inquadrature visive, sia quelle sonore: nella creazione del tempo riavvolto si può lavorare alternativamente o sinergicamente con immagini, suoni e voci del passato; anche un brano musicale può assolvere a questa funzione evocativa. A questi strumenti si può aggiungere l'utilizzo dei marcatori[13], sia visivi che sonori, che hanno lo scopo di indicare una variazione sensibile rispetto alla storia che si stava raccontando.
Detto che il flashback rappresenta un passato che si innesta nel presente narrativo, scopriamo una complessità di modi e la potenzialità di

[13] «Un primo caso è quando i marcatori sono impiegati in ingresso e/o in uscita della sequenza di flashback, per sottolineare in modo chiaro che siamo in un tempo narrativo passato; sono segni che possono essere previsti in fase di ripresa o elaborati in post-produzione: il movimento di macchina ad avvicinare sul primo piano del protagonista, magari accompagnato da una musica o da un effetto sonoro, una panoramica a schiaffo, un effetto vortice, le dissolvenze incrociate che fondono i piani della realtà con quelli del ricordo, i *fondu*, le tendine o varie gradazioni di immagini flou, ma anche l'utilizzo di elementi grafici e di didascalie. Oltre ai segni che marcano gli innesti e i ritorni, sono da considerare anche quelli che invece caratterizzano l'intera sequenza retrospettiva, discostandola significativamente dal resto del film, e che vanno distinti in due classi: visiva e sonora. La classe visiva comprende il cambiamento di croma, l'utilizzo del *ralenti*, della velocizzazione o dell'inversione del senso di scorrimento, ma anche la variazione della ratio. Altri dispositivi utilizzati sono lo split screen e la sovraimpressione: entrambi hanno lo scopo di unire il presente e il passato nella stessa inquadratura, nel primo caso attraverso una suddivisione dello spazio, nel secondo con la creazione di una nuova composizione dell'immagine grazie a sovrapposizioni e fusione». Fabrizia Centola, *op. cit.*, pp. 64-65.

continue invenzioni temporali che possono essere declinate e associate in modo evolutivo e che danno luogo a loro volta ad articolazioni narrative di grande creatività: il cinema contemporaneo si sostanzia prevalentemente di forme temporali aperte, e questo deriva anche dalle potenzialità di fusione e sovrapposizione su più tracce offerte dai sistemi di montaggio digitale non lineare, che permettono riorganizzazioni narrative a posteriori e trasformazioni ben più agevoli che nel montaggio analogico.

Nel cinema contemporaneo questo ha indubbiamente portato a un progressivo superamento del racconto chiuso in un'unità spazio-temporale e ha stimolato la continua invenzione delle temporalità nel racconto. Per una classificazione e un'indagine delle forme, potremmo dire che un flashback può essere *continuo* o *discontinuo*: nel primo caso la narrazione procederà senza interruzioni, mentre nel secondo la narrazione retrospettiva sarà interrotta con rientri alla storia principale. Il tempo riavvolto potrà raccontare un tempo appartenente alla storia principale (*flashback interno*) o uno antecedente a questa (*flashback esterno*), ma le due tipologie di flashback potranno anche essere rappresentate insieme. Un flashback potrà completare o meno la storia retrospettiva; potrà essere *raccordante*, quando il ritorno alla storia principale sarà nello stesso punto in cui si è innestato; potrà essere *singolativo* o *multiplo*, a seconda che l'episodio del passato sia presentato una sola volta o ripetuto; e potrà essere *dichiarato* o meno. Quest'ultima è una variante che apre a infinite possibilità di forme che implicano sia gli oggetti visivi che sonori, con una galleria di casi molto ampia e in costante evoluzione. Quello che possiamo dire è che sempre meno lo spettatore ha bisogno di essere "accompagnato per mano", e quindi sempre meno il riavvolgimento temporale viene annunciato utilizzando i marcatori visivi classici, di messa in scena o di transizione visiva.

Il flashback continua a essere una soluzione narrativa, una scrittura del tempo molto diffusa forse perché è una pratica così intrinseca nel nostro essere. La nostra esperienza spesso è interrotta, o accompagnata, da ricordi, più o meno brevi, più o meno strutturati; ci possiamo perdere in rêverie e i nostri sogni fanno emergere il nostro passato più segreto. Va però considerato lo scarto tra la realtà del ricordo e l'attivazione e lo sviluppo del meccanismo narrativo che troviamo sullo schermo: per il ricordo, raccontato o interiore, logica vorrebbe che le immagini create per visualizzare la memorizzazione contenessero solo gli elementi che colui che ricorda può realmente aver visto, o aver immaginato di vedere. Al cinema questa logica non guida rigidamente la creazione del flashback: nell'economia narrativa, per l'efficacia del racconto, una buona parte dei flashback soggettivi forma immagini di luoghi e situazioni in cui il narratore non è implicato, né lo potrebbe essere.

Gli esempi felici, che sono davvero numerosi e attraversano tutta la storia del cinema[14], sono frutto di complessità compositive del montaggio, ma anche di invenzioni di regia. Partiamo da questi ultimi casi, con un esempio che rileva una grande soluzione registica. Questo può considerarsi un caso limite perché abbiamo nel presente la rappresentazione di una drammatizzazione del tempo passato; ma riteniamo utile, accanto a definizioni e a convenzioni consolidate, inserire invenzioni formali come quella di René Clair nel *Quartiere dei Lillà* (1957). {☞ ***Quartiere dei Lillà*, scena analizzata**}
A 21' 6" dall'inizio del film, la sequenza si sviluppa in un bistrot di periferia e si apre con la lettura della cronaca dei fatti: le gesta del malvivente Pierre Barbier (Henri Vidal), ferito e ricercato dalla polizia. In strada, dalla vetrina del locale, che è diventata uno schermo, inizia il gioco di drammatizzazione dei piccoli del quartiere: il barista legge la cronaca (Fig. 6.37) e i bambini la

Fig. 6.37

Fig. 6.38

[14] Senza seguire un ordine cronologico, questi sono alcuni dei registi che hanno fatto del flashback un elemento strutturale delle proprie narrazioni: Mankiewicz, Welles, Leone, Resnais, Kurosawa, Coppola, Vigo, Iñárritu, Abel Ferrara, Scorsese, De Palma, Kubrick, Altman, Truffaut, Tarantino, Malick, Bong Joon-ho, Scola, Nolan e molti altri.

riproducono nel gioco, mentre la macchina da presa li segue in panoramica (Fig. 6.38). Il gioco dei piccoli diventa così la visualizzazione di un episodio passato, esterno al racconto principale, continuo e raccordante.
La regia di Clair sceglie di non ricorrere al flashback, che metterebbe al centro Barbier, ma con un'idea efficace e molto originale mantiene focalizzata l'attenzione sugli abitanti del quartiere dei Lillà; una scelta che inoltre fa risparmiare sensibilmente la produzione del film, evitando di girare la ricostruzione delle azioni retrospettive del ricercato.

Un altro esempio, questa volta strutturale, di costruzione narrativa articolata in un'alternanza di temporalità diverse è *Il paziente inglese* (1996) di Anthony Minghella, risultato di una felice sinergia tra il regista, lo scrittore e sceneggiatore Michael Ondaatje e il montatore Walther Murch. Usiamo le parole di quest'ultimo per raccontare l'inizio del film:

> *Il paziente inglese* [...] comincia con queste due misteriose figure su un aereo che vola nel deserto. L'aereo viene colpito dai tedeschi e a quel punto – taglio – ci si ritrova su un treno, in una situazione completamente diversa, con una giovane donna, un'infermiera, intenta a prendere in giro dei soldati feriti. Le due storie sembrano assolutamente prive di relazione, ma il pubblico confida che questi due fiumi finiranno a un certo punto per confluire in un uno.[15]

Minghella dà luogo a una organizzazione narrativa davvero complessa, tra presente e passato e a più voci: la storia racconta un intrigo articolato in vicende la cui relazione risulta in principio difficile da stabilire, e che lo spettatore riconosce a poco a poco, arrivando alla comprensione piena solo negli ultimi trenta minuti. Il racconto principale, il presente della storia, non può essere considerato solo come incipit o come contenitore delle diverse memorizzazioni, perché vengono implicati più personaggi, dalle sorti intrecciate per misteriose ragioni del passato e stretti legami nel presente. La narrazione retrospettiva assume, di volta in volta, la forma del ricordo o quella del racconto a più voci; l'ampiezza delle storie passate è variabile e anche i punti di rottura temporale si presentano con modalità di ingresso e uscita sempre diverse, libere da schemi di ricorrenza. La discontinuità e l'alternanza di presente e passato, oltre a generare l'intrigo, ne definiscono il ritmo. I ritorni alla narrazione principale sono prevalentemente non raccordanti, ellittici, e creano un incastro di storie e tempi diversi.
Vediamo ora un passaggio, il primo flashback a 20' 30" dall'inizio del film: il conte Almásy (Ralph Fiemmes), ustionato su tutto il corpo, passa gli ultimi giorni della sua vita in una casa diroccata nella campagna prossima a Pienza (Fig. 6.38 a), assistito da un'infermiera dell'esercito canadese.
{☞ *Il paziente inglese*, sequenza analizzata}

[15] Michael Ondaatje, *op. cit.*, p. 215.

Il suo passato irrompe come racconto sia verbale, sia interiore: è la storia del suo amore per Katharine (Kristin Scott Thomas), moglie di un aristocratico inglese, tragicamente perduta. La narrazione a ritroso parte da un libro di Erodoto che il ferito porta con sé e che diventa oggetto comune e di transizione tra i due diversi livelli temporali, e che al suo interno contiene le tracce memoriali del paziente: disegni, lettere, ricordi, fotografie. Il primo flashback si attiva proprio dal libro, che cade per terra spargendo i frammenti (Fig. 6.39 b), che in dissolvenza si fondono con il dettaglio dello stesso libro su cui anni prima il paziente stava disegnando (Fig. 6.39 c-d); il rientro al racconto principale avviene per analogia visiva: una dissolvenza fonde i rilievi rocciosi del deserto (Fig. 6.39 e) con i rilievi del corpo del paziente sotto le lenzuola (Fig. 6.39 f).

Fig. 6.39

Il linguaggio cinematografico è in costante divenire, è il risultato di contaminazioni, della fusione di forme convenzionali e contemporanee, con esiti davvero sorprendenti. Un flashback che nella sua semplicità e assoluta novità ci porta alla nostra contemporaneità lo si trova in *Martin Eden*, di cui abbiamo già visto un breve passaggio nel terzo capitolo. Il regista sceglie un'atemporalità fatta di messe in scena che mixano e abbracciano un arco temporale che va dall'Ottocento agli anni '70, e in cui il reperto-

rio si inserisce in chiave narrativa utilizzando alcuni strumenti della continuità, a raccordare finzione e archivio; una soluzione ardita che riesce a produrre una sorprendente coerenza narrativa. In questa tessitura si inserisce anche il riavvolgimento del tempo. {☞ ***Martin Eden (2)*, sequenza analizzata**}
In una sequenza a 42' 4", che conferma il forte legame tra il protagonista e la sorella, che da adulti stanno vivendo un momento difficile, uno stacco netto ci fa vedere due bambini ballare affiatati un boogie-woogie; la natura del repertorio è evidente (Fig. 6.40).

Fig. 6.40

Il collegamento all'infanzia del protagonista è immediato, si tratta di un flashback discontinuo, con rientri ellittici al presente, riconoscibile anche se le immagini, per la loro diversa natura, potrebbero minarne la relazione. È questo un esempio molto efficace di montaggio contemporaneo, di rappresentazione temporale davvero originale che, grazie a un raffinato dosaggio di materiali assai eterogenei, sospinge lo spettatore attraverso l'evoluzione di temporalità diverse, senza strappi e incongruenze e senza l'impiego di marcatori, visivi e sonori, con il solo sostegno di coinvolgenti atmosfere.

RIEPILOGO DEL SESTO CAPITOLO

- Le narrazioni cinematografiche non possiedono una sola temporalità, ma un complesso **intreccio di tempi** rappresentati da più elementi, visivi e sonori, diversamente combinati tra loro. L'organizzazione del tempo si cadenza con omissioni, riavvolgimenti, anticipazioni e ripetizioni.

- Esistono tre tempi distinti: il primo riguarda l'effettiva **durata del film** (proiezione), il secondo riguarda l'**arco temporale della storia raccontata**, il terzo riguarda il **tempo rappresentato nel film**.
- Quando si gestisce il tempo filmico bisogna considerare il rapporto tra la durata dell'immagine e la sua organizzazione visiva (interdipendenza tra spazio e tempo, messa in scena e ripresa), nonché l'**impressione di durata** come esperienza dello spettatore (implicazioni soggettive e culturali).
- Le inquadrature che giungono sul "tavolo di montaggio" sono delle porzioni di spazio e di tempo da disporre in successione per ricostruire una concatenazione di eventi, di azioni e di personaggi. Il montaggio diventa così un **laboratorio del tempo**, dove le diverse temporalità della storia trovano la propria collocazione.
- Le narrazioni si possono sviluppare **in parallelo** (rappresentazioni temporali non coincidenti) oppure **in alternanza** (coincidenza del tempo).
- Il rapporto tra contenuto e durata determina l'eventuale **visibilità** del tempo. Il tempo diventa visibile quando, per eccesso o per difetto, **oltrepassa la verosimiglianza** (il montatore non rispetta il tempo di visione dello spettatore, ma opera un'addizione o una sottrazione).
- Quando un'inquadratura, con una ripresa in continuum, esaurisce una parte del racconto si ha un **piano-sequenza**: l'azione della messa in scena e l'atto filmico avanzano in un **tempo comune** e la durata della ripresa coincide col tempo dell'azione. Ma anche nel piano-sequenza le logiche della messa in scena possono sviluppare livelli temporali diversi, come abbiamo visto nell'esempio di *Notting Hill*.
- La disposizione dei blocchi narrativi può avvenire secondo un **ordine logico-cronologico** (seguendo la naturale linearità del tempo) oppure secondo un **ordine arbitrario** (inserendo riavvolgimenti e salti temporali in avanti, rispettivamente **flashback** e **flashforward**).
- Il **flashback** è un "lampo" che interrompe il presente del racconto principale per far riemergere il passato. Può essere **continuo** (quando procede senza interruzioni) o **discontinuo** (quando viene interrotto da rientri nella storia principale); **interno** (quando racconta un tempo appartenente alla storia principale) o **esterno** (quando racconta un tempo che la precede); **singolativo** (quando l'episodio è presentato una sola volta) o **multiplo** (quando viene ripetuto più volte). Può infine essere **raccordante** quando il ritorno alla storia principale avviene nello stesso punto in cui il flashback si era innestato.

Conclusioni

IL DIVENIRE DEL MONTAGGIO

È il contatto con il pubblico che, come fa l'onda con un ciottolo, ha conferito al cinematografo la forma che ha attualmente.[1]
(René Clair)

Il cinematografo ha superato i 125 anni; il montaggio cinematografico ne conta cinque di meno. In tutto questo tempo (che è un nulla se confrontato con la lunga storia di tutte le altre arti umane) le forme, le convenzioni, le buone pratiche, le abitudini, le tradizioni che regolano la realizzazione cinematografica e audiovisiva sono cambiate in continuazione, anche sulla spinta delle tecnologie che hanno consentito e consentono a questa strana forma ibrida di comunicazione di esistere.
Se riuscissimo a osservare a volo d'uccello e concentrato in pochi minuti – con un magico effetto di accelerazione – tutto questo lavorio di ricerca, modifica, aggiornamento e a volte di rimaneggiamento radicale che ha trasformato il cinema nel corso dei decenni, non potremmo che rimanere stupiti e affascinati: veramente la storia del cinema, dei suoi spettatori e di tutti coloro che l'hanno creato e sviluppato è uno straordinario esempio di quella che Cavalli-Sforza ha definito "evoluzione della cultura"[2]. Un'evoluzione che, come intuiva René Clair già negli anni '20, si sviluppa in uno scambio parallelo tra autori e pubblico, in un gioco continuo di innovazione e assimilazione: scambio possibile perché – fin dalle origini – l'audiovisione è un'esperienza di massa, che oggi è sempre più contaminata, con una costante relazione tra basso e alto, con gli spettatori abituati sempre più a fruire di oggetti diversi, di diversa provenienza e qualità, e sviluppati in una manciata di secondi piuttosto che in ore di visione.

[1] René Clair, *Riflessioni sul cinema. Note per servire all'arte cinematografica*, excelsior 1881, Milano 2007, p. 243.
[2] Luigi Luca Cavalli Sforza, *L'evoluzione della cultura*, Codice edizioni, Torino 2016.

Come avrete potuto constatare leggendo questo libro, il montaggio è uno degli aspetti della cinematografia che ha partecipato e partecipa nel modo più diretto e creativo a questa evoluzione; generazioni di registi, montatori, sound designer e produttori hanno fatto del montaggio, questa semplice e banale messa in successione di una inquadratura dopo l'altra, un'arte raffinata e dalle mille sfumature.

Al termine di questa nostra ricognizione siamo in grado di individuare i più evidenti segnali di innovazione del linguaggio audiovisivo contemporaneo (e ovviamente del montaggio). In primo luogo la tendenza ad articolare le unità narrative sempre più per sequenze piuttosto che per scene, in un complesso percorso evolutivo che ci porta a un progressivo allontanamento dalla classica rappresentazione delle tre unità: di tempo, di spazio e di azione; unità rispetto alle quali, come abbiamo visto, il montaggio cinematografico fin dalle origini si è preso le sue belle libertà. Negli ultimi decenni, tuttavia, questo spazio di libertà e di sperimentazione si è sempre più esteso, grazie alla pervasività e all'evoluzione dell'audiovisivo così come dello spettatore, condizioni che hanno fatto emergere il lavoro del montatore come momento cruciale nella ricerca estetica e nell'evoluzione del linguaggio; alcuni esempi che abbiamo trattato in questo libro possono essere visti come espressione di uno "stato dell'arte" della tendenza del montaggio contemporaneo.
Tempi, modi convenzionali rivisitati e rinnovati, sincopi (improvvise accelerazioni o rallentamenti del ritmo), insistenza ostinata su particolari inquadrature, variazioni temporali non dichiarate e sempre più lontane da una linea sequenziale precisa, presenza contemporanea e sinergica di montaggio di ricostruzione e di costruzione: queste e altre sono scelte e strumenti riconoscibili in tante sperimentazioni del cinema, della serialità e del documentario contemporanei, che lavorano alla costruzione di un "qualcosa" di assai particolare, un'esperienza della audiovisione che sembra voler tendere alla struttura di una partitura musicale.
Senza rinunciare in alcun modo alla dimensione narrativa, molto cinema contemporaneo sembra così tornare agli antichi sogni delle avanguardie storiche: pensare alla sequenza di immagini come a una "partitura visiva" che riesca anche a risuonare nella mente dello spettatore, suscitando ora un pensiero, ora un confronto, associando e fondendo, per far riconoscere il senso, il percorso e il ritmo creati dalla messa in successione di una inquadratura dopo l'altra. Tutto questo (e anche questa è una bella novità) senza isolarsi in un ghetto di sperimentalismo; anzi, sviluppando questo lavoro di ricerca spesso proprio nella produzione mainstream – in un gioco di "evoluzione parallela" tra forme sempre più libere e pubblico sempre più reattivo.

Appendice

L'ANALISI, UNO STRUMENTO DI INDAGINE

Quella dell'investigazione è, o dovrebbe essere, una scienza esatta e andrebbe quindi trattata in maniera fredda e distaccata.[1]
(Sherlock Holmes)

PERCHÉ L'ANALISI?

Parlare di cucina, una metafora: quando assaggiamo un piatto particolarmente gustoso ci può capitare di volerlo replicare nella nostra cucina. Se non abbiamo modo di chiedere la ricetta, per avere la chance di una felice replica occorrerà individuare con l'olfatto, il gusto e la vista gli ingredienti utilizzati. Si darà così inizio a una vera e propria investigazione. Dopo aver individuato gli ingredienti principali, occorrerà pensare alle proporzioni (quanto di questo, quanto di quello), per provare a riprodurre la stessa armonia di consistenza e sapore; ma anche la lavorazione in successione potrà incidere sul risultato. E se ci sentiremo sicuri della nostra mano, potrebbe anche capitare che ci venga voglia di fare delle aggiunte, apportare delle variazioni, piccole o grandi. È certo che provando e riprovando potremo avvicinarci progressivamente all'originale, con il raggiungimento di una piena soddisfazione, o magari superarlo, dando vita a qualcosa che si ispira a un modello, ma che al tempo stesso ha guadagnato in originalità. In tal caso, del piatto che abbiamo amato resterà soltanto una traccia, un substrato, un'ispirazione: l'impressione ultima sarà di essere stati più dei creatori che dei replicatori.
Alla fine di tutto, potremo dire di aver fatto con i nostri sensi un percorso di indagine; e ci diremo anche che per cucinare un piatto, dopo un'accurata investigazione, occorre mettere in relazione, miscelare, sovrapporre, accostare.

Durante questo percorso, più volte ci siamo riferiti alle caratteristiche dello spettatore, alla sua capacità di connettere le informazioni, di met-

[1] Arthur Conan Doyle, *Il segno dei quattro*, Feltrinelli, Milano 2017, p. 29.

tere in relazione le parti, ma anche di costruire extraschermo quello che l'autore sceglie di non mostrare. Abbiamo utilizzato numerosi esempi per rendere riconoscibili gli strumenti; abbiamo frammentato le sequenze scelte (découpage a posteriori) per indagarne i meccanismi di funzionamento, per ritrovare negli esempi le regole e le convenzioni del linguaggio e per metterne a fuoco l'evoluzione. Abbiamo anche colto i limiti delle classificazioni, utili ma da considerare non assolute perché, via via che si procedeva, la consapevolezza era di avere a che fare con materiali duttili, ibridi e in evoluzione. Durante questo percorso ci siamo trovati progressivamente a fare un "salto di specie": da semplici spettatori siamo passati a indagare, a decodificare e a scoprire.
Ora per noi è evidente che l'inquadratura e il montaggio filmico sono operazioni di sincretismo (riunificazione in un'unica forma); e sappiamo che se vogliamo risalire alle singole parti e alla relazione che intercorre tra loro occorre "rompere il giocattolo", per indagare e analizzare come queste possano interagire creando senso.
Occorre ora individuare i passaggi fondamentali di questa prassi; ma prima di iniziare dobbiamo essere consapevoli che se da una parte occorre padroneggiare bene regole e convenzioni per riconoscerle nelle loro molte applicazioni, dall'altra dobbiamo rifuggire qualsiasi dogmatismo che inficerebbe il risultato stesso dell'analisi.

COS'È L'ANALISI TESTUALE DI UN AUDIOVISIVO?

È l'insieme delle operazioni compiute su un oggetto audiovisivo attraverso la sua scomposizione e la sua successiva ricomposizione. Lo scopo è quello di individuare le componenti, la struttura e i principi di funzionamento di una narrazione filmica, intera o parziale.
In generale nella narrazione, qualunque sia il medium utilizzato, occorre fare una distinzione tra il contenuto e l'espressione, tra il "cosa" e il "come", due piani che sono coesistenti. Lo studio del contenuto di un film non può quindi prescindere dallo studio della forma scelta dall'autore. Dalla nostra esperienza di spettatori sappiamo che in un primo momento l'attenzione si concentra sulla storia che scorre davanti ai nostri occhi, e solo successivamente ci curiamo degli aspetti formali; questi elementi profondi, anche se non vengono colti in modo conscio dallo spettatore, in realtà orientano profondamente la sua comprensione della storia e la sua risposta empatica ed emotiva. Per procedere con l'analisi, vedere e rivedere diventa quindi fondamentale, perché ci allontana da una condizione spettatoriale comune e ci aiuta a guardare meglio.

L'analista cerca e a volte trova non solo ciò che stava cercando: capita che durante il lavoro di découpage si possano scoprire elementi e rapporti che non erano stati né colti, né ipotizzati durante una prima visione. I meccanismi di funzionamento di un brano audiovisivo, se scandagliati con attenzione, possono rivelarsi di estrema complessità, anche quando i

significati risultano immediati. Si può dire allora che siamo in presenza di complesse architetture quasi invisibili, che ci restituiscono una grande facilità di fruizione e di connessione delle parti.
Occorre entrare nell'ordine di idee che per imparare a creare oggetti audiovisivi, per imparare a progettarli, a realizzare e a montare narrazioni fatte di suoni e immagini in movimento, è necessario prima imparare a destrutturare le opere altrui. Una dissezione anatomica che ha lo scopo di individuare le parti nascoste, i funzionamenti, le interazioni, tutti gli strumenti preziosi per acquisire un buon bagaglio di conoscenza professionale, strumenti da mettere nelle nostre personali "cassette degli attrezzi", che nello sviluppo della formazione e della professione saranno svuotate, riempite e riorganizzate, perché la materia con cui abbiamo a che fare è in costante divenire: il linguaggio cambia, subisce trasformazioni, contaminazioni e sperimentazioni.
È importante precisare che la stessa architettura, lo stesso modello, nelle mani del singolo potrà subire una variazione felice, come anche una variazione infelice, a volte: in buona sostanza vogliamo dire che gli strumenti che si acquisiscono attraverso l'analisi delle opere diventano, da una parte, patrimonio culturale, dall'altra, un modello replicabile o rideclinabile, ma il risultato, apprezzabile o meno, costituirà una variabile che sarà determinata dalla soggettività del professionista.

COME PROCEDERE, COME FARE?

Occorre quindi una buona distanza dall'oggetto d'analisi, un necessario distacco. Bisogna annullare quel meccanismo, caro a noi spettatori, che è l'illusione di realtà, attivando una lontananza che può crearsi attraverso una visione plurima. Si otterrà così una più lucida capacità investigativa e una maggiore intellegibilità dell'oggetto considerato. Francesco Casetti definisce questa una «distanza amorosa» perché l'analista, guardando e riguardando, allontanandosi dal mero intreccio narrativo, può cogliere le caratteristiche più nascoste, "intime", del testo. Per investigare l'interazione tra un'inquadratura e l'altra (microstruttura) e per riconoscerne lo sviluppo in sequenza, l'articolazione degli spazi e dei tempi (macrostruttura) occorre superare il limite della trama.
Nella prassi dell'analisi è necessario mantenere una buona aderenza a ciò che si vede, ma è anche importante partire da un'ipotesi, individuare cosa possa essere utile, interessante, osservare: si potrebbe trattare della relazione tra l'uso del montaggio e la caratterizzazione del protagonista o del rapporto tra lo sviluppo della storia e la sua costruzione temporale. È fondamentale partire da un presupposto imprescindibile: l'analista interroga l'oggetto a cominciare dall'individuazione di ciò che vuole cercare e mantenendo per tutto il percorso un'attenzione alla verifica dell'ipotesi. Sono da considerare due potenziali errori: il primo è l'eccessiva aderenza al testo, ovvero attenersi unicamente ai fatti, rischiando di ridurre il lavoro

di scandaglio a mera riproposizione del contenuto; all'opposto, è da considerarsi un errore anche andare alla ricerca di un'interpretazione che sia di rottura, con il rischio di allontanarsi dal senso del testo.

I TRE TEMPI DELL'ANALISI

La prassi dell'analisi si sviluppa in tre fasi:

1) descrizione di ciò che si è guardato, ripercorrendo la storia raccontata;
2) segmentazione del testo in inquadrature visive e sonore;
3) ricomposizione e interpretazione del testo, considerandolo come una struttura di senso.

Descrivere significa ripercorrere con estrema accuratezza l'oggetto, vuol dire rinarrare, mettendo in successione azioni e personaggi, descrivendo lo sfondo e gli elementi chiave, prestando attenzione alle situazioni e alle psicologie dei personaggi.
Segmentare, fare découpage, vuol dire frammentare la sequenza presa in esame per risalire alla successione di singole inquadrature, visive e sonore; questa operazione rende visibile l'articolazione e l'interazione delle inquadrature stesse, svela l'architettura delle scene e delle sequenze.
Interpretare significa cogliere il senso del testo, andando al di là delle sue apparenze, impegnandoci in una ricostruzione personale sì, ma fedele. L'interpretazione è un atto che coinvolge la soggettività di colui che interpreta.

RICONOSCERE E COMPRENDERE

Riconoscere significa individuare, attraverso la frammentazione e l'isolamento, quanto appare sullo schermo: una determinata figura, un rumore, una luce. Vuol dire cogliere gli oggetti che, messi insieme, organizzati, giustapposti e sovrapposti, costituiscono l'esperienza progettata della visione.
Ricordiamo che una sequenza filmica si caratterizza per oggetti visivi e sonori messi in successione e in sovrapposizione; la nostra indagine dovrà necessariamente comprendere sia la frammentazione che la prospezione[2].
Comprendere è la capacità di ricondurre quanto appare sullo schermo a un insieme più ampio; significa riarticolare un percorso di senso, individuarne l'andamento, le micro e le macroevoluzioni, i collegamenti, le anticipazioni, le stratificazioni di senso, ciò che è evidente e ciò che è nascosto.

[2] Un termine che prendiamo in prestito dalla geologia e che rende in modo efficace l'idea di scandaglio per individuare le stratificazioni, letterali e di senso.

ANCORA LO SPETTATORE

Tra il *riconoscere* e il *comprendere* esiste un legame profondo: quando vediamo un film siamo portati a connettere gli elementi, spinti dalla necessità di capire il senso di ciò che scorre davanti ai nostri occhi, di mettere in relazione e di fare previsioni. La nostra attività di fruizione, parallelamente alla visione, contempla un lavoro personale di "montaggio" del passato (ciò che abbiamo già visto, o addirittura il riferimento ad altri sviluppi di genere), del presente (ciò che stiamo vedendo) e del futuro (le nostre ipotesi sull'esito, felice o infausto, del racconto che stiamo seguendo).

L'attività spettatoriale è di per sé un'attività di frammentazione e ricomposizione; lo spettatore ha una visione parziale e generale, simultanea e successiva: davanti a un film si è costantemente impegnati a individuare i singoli elementi e a ricostruire un tutto, a riconoscere un senso che nasce dalla giustapposizione in successione degli oggetti audiovisivi e a collegare informazioni che provengono da scene e sequenze, da luoghi e tempi diversi. Al lavoro è la memoria dello spettatore, la persistenza delle convenzioni e gli esempi di uscita da esse, le rotture, le evoluzioni e le rivoluzioni del linguaggio. Lo spettatore progredisce nella sua capacità di comprensione attraverso la fruizione stessa; il montaggio contemporaneo, spesso ellittico e plurispaziale, crea scritture sempre più complesse accompagnate alla progressiva riduzione di tutti i marcatori che convenzionalmente indicano i passaggi temporali, come una bussola capace di orientare.

Come abbiamo più volte detto, alcuni film si offrono alla visione con facilità, prendendo lo spettatore per mano, mentre altri lo costringono a essere attivo, a riconnettere extraschermo le informazioni, le correlazioni e l'intreccio temporale. I contenuti e le forme della sceneggiatura, della ripresa e del montaggio stabiliscono le modalità con cui vengono cedute le informazioni e anche quanto "lavoro" occorre chiedere a chi sta guardando.

I LIVELLI DELLA RAPPRESENTAZIONE, IN ORDINE D'ESPERIENZA

Consideriamo ora i diversi livelli che sono presenti in una sequenza audiovisiva e la progressione dello scandaglio dello spettatore: cosa si coglie inizialmente e cosa in seguito. Vediamo in successione quali sono questi diversi livelli.

- Livello dei **contenuti**: ciò che in un primo momento viene rilevato dai nostri occhi e dalle nostre orecchie.
- Livello di **modalità della rappresentazione**: totalità o dettaglio, dinamica e variazione della distanza, rapporto primo piano/sfondo, divenire del quadro, rapporti cromatici.
- Livello dei **legami**: un'immagine intrattiene un legame di senso con le altre che la precedono o la seguono.

Questi tre livelli sono simultanei, ma anche distinguibili; per comprendere questo occorre farne esperienza, iniziando la sperimentazione con brevi scene giustapposte. Sappiamo anche che chi si trova a fare analisi ha un approccio ben più legato a un proprio processo investigativo, in parte determinato da un'ipotesi di partenza.

PARAMETRI DA UTILIZZARE PER LA DESCRIZIONE

Michel Marie ci aiuta a procedere, fissando i parametri da valutare per la descrizione del testo filmico; è opportuno considerare che, a seconda dell'obiettivo dell'osservatore, varierà sia il grado di precisione dell'osservazione che la presa in considerazione dei parametri[3].

- Numerazione dell'inquadratura, durata in secondi o numero dei fotogrammi.
- Elementi visivi rappresentati.
- Scala dei piani, incidenza angolare, profondità di campo, obiettivo utilizzato.
- Movimenti: filmici e profilmici (tutto ciò che si trova davanti alla macchina da presa).
- Raccordi o passaggi da un'inquadratura all'altra: sguardi, movimenti, stacchi, dissolvenze o altri effetti.
- Colonna audio: dialoghi, rumori e musica, scala sonora, intensità, transizioni sonore, accavallamenti, continuità/rottura sonora.
- Relazioni suono/immagine: suoni in/off/fuori campo, suoni diegetici o extradiegetici, sincronismo o asincronismo tra immagini e suoni.

A PARTIRE DALL'INQUADRATURA, COSA DOBBIAMO RICORDARCI DI CONSIDERARE?

Al fine di operare un dettagliato découpage di una scena o di una sequenza, con relativa classificazione delle singole inquadrature che la compongono, elenchiamo di seguito cosa sia opportuno guardare e quali possano essere gli elementi caratterizzanti che possiamo/dobbiamo considerare per procedere con il giusto rigore nella nostra investigazione:

- la prospettiva, la composizione del quadro;
- la distanza cinematografica;
- il rapporto figura/sfondo;
- l'inquadratura, i margini del quadro;
- l'inquadratura, i modi della ripresa, il punto di vista.

[3] Da Michel Marie, "Description/Analyse", in *Ça/cinéma*, 7-8 maggio 1975.

UN ESEMPIO DI ANALISI

Per capire meglio, prendiamo una brevissima sequenza estratta da *The Grandmaster* (2013) di Wong Kar-wai; siamo a 1h 14' dall'inizio del film. **{☞ *The Grandmaster*, scheda film} {☞ *The Grandmaster*, scena analizzata}**

Come prima cosa, seguendo la procedura che abbiamo già indicato, occorre descrivere ciò che abbiamo visto: una donna entra in un luogo che si rivela essere una tavola calda; la donna è la signorina Gong (Zhang Ziyi), l'oste la riconosce, dichiara che è un onore averla nel suo locale e la invita a sedersi. La donna dice che non intende fermarsi e che vorrebbe dei piatti da portare via, elencandoli. Questo dialogo scorre sotto le immagini di un avventore che si rivela essere Ma San (Zhang Jin), indesiderato allievo del padre di Gong Er, grande maestro di arti marziali, che osserva la donna mentre lei non sembra essersi accorta della sua presenza. L'oste è dispiaciuto perché non ha niente di quello che la signorina Gong chiede: «Non cucinano più quei piatti, perché sono cose che al sud non piacciono», ma la invita a ordinare ciò che desidera con un buon preavviso, cosicché, una prossima volta, lui possa provvedere a farglielo trovare («Vi preparerò tutto!»). La donna ringrazia e se ne va sotto lo sguardo di Ma San, che vediamo uscire dal locale a sua volta.

Ora segmentiamo il testo.

Dalla timeline possiamo vedere l'andamento del montaggio (Fig. A.1). La sequenza, della durata di 58" e 24 frame, è composta da 11 inquadrature di cui 4 (quelle più chiare) costituiscono il piano d'ascolto di Ma San.

Fig. A.1

La sequenza inizia con un'inquadratura enigmatica della durata di 5" (Fig. A.2 a sx), è la ripresa angolata dall'alto verso il basso con un leggero movimento da sinistra a destra di uno specchio che riflette l'ingresso di una donna che entra ed esce di campo a sinistra.

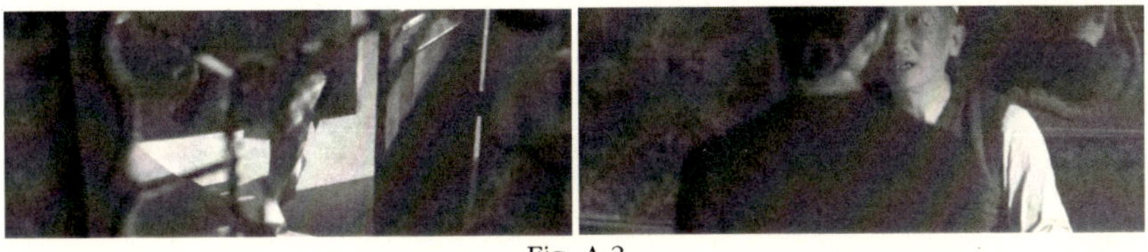

Fig. A.2

L'inquadratura successiva (Fig. A.2 a dx, a p. 193), della durata di 2" e 15 frame, si lega alla precedente con quello che abbiamo chiamato flusso di movimento: vediamo la stessa donna già in campo, di spalle, mentre si avvicina all'oste, accompagnata con un movimento verticale della mdp per inquadrare entrambi. Qui lo spettatore si prepara a un nuovo attacco per corrispondenza («Oh signorina Gong, che onore avervi qui, accomodatevi»), ma non è così, perché a seguire abbiamo una diversa inquadratura.

Fig. A.3

La battuta dell'oste viene infatti coperta dal piano d'ascolto di Ma San in primo piano (Fig. A.3), intento a sorseggiare una zuppa; la durata complessiva è di 10" e 16 frame. «No, non mi fermo, vorrei agnello stufato», prosegue la signorina Gong, fuori campo, «involtini di pollo e ravioli… senza coriandolo. Porto via tutto». L'oste risponde: «Mi dispiace…» mentre vediamo ancora Ma San, nella stessa inquadratura, che appoggia la ciotola e volge lo sguardo in direzione delle voci.

Lo stacco successivo è uno scavalcamento di campo (Fig. A.4 sopra), mitigato da un lento carrello da sinistra a destra: Ma San, ancora in primo piano e ancora con lo sguardo volto verso il fuori campo, ascolta le parole dell'oste («Non ho niente di quello che mi chiedete, non lo cuciniamo più»), la durata è di 3".

Fig. A.4

Segue il piano di reazione di Gong Er in primo piano (Fig. A.4 al centro), con la sua risposta («Come non lo cucinate?»); la durata dell'inquadratura è di 2" e 19 frame.

«Sono cose che al sud non piacciono, nessuno le apprezza». Mentre l'oste risponde, ritorniamo a un nuovo piano d'ascolto di Ma San (Fig. A.4 sotto), un primo piano schermato da una quinta scura, che mette in evidenza il suo osservare senza essere visto. «Quando vi viene voglia dei sapori della vostra

cucina, ditemelo almeno un giorno prima, vi preparerò tutto».
Le parole dell'oste attraversano questo piano d'ascolto di Ma San, della durata di 4", per terminare sul piano d'ascolto, sempre di 4", della signorina Gong (Fig. A.5), che si conclude con un: «Grazie tante» e un accenno di movimento di uscita di campo.

Fig. A.5

Fig. A.6

Di nuovo il piano d'ascolto di Ma San (Fig. A.6), ancora della durata di 4", con un lieve carrello in avanti a focalizzare il suo sguardo mentre l'oste saluta la donna che sta lasciando il locale. «I miei omaggi, signorina Gong», e a seguire il suono di una porta che si chiude e di un campanello che tintinna. Ma San ritorna con lo sguardo a ciò che stava facendo prima dell'entrata di Gong Er. A questo punto un nuovo flusso di movimento collega uno stacco ellittico tra questo primo piano di Ma San e un movimento della mdp, prima orizzontale e poi verticale, che lo inquadra in primo piano largo davanti alla porta d'uscita del locale (Fig. A.7); la durata di questa inquadratura è di 8".

Fig. A.7

Un attacco sull'asse ci porta a un piano più ravvicinato di Ma San (Fig. A.8), che esita prima di uscire, volgendo ancora lo sguardo all'interno del locale.

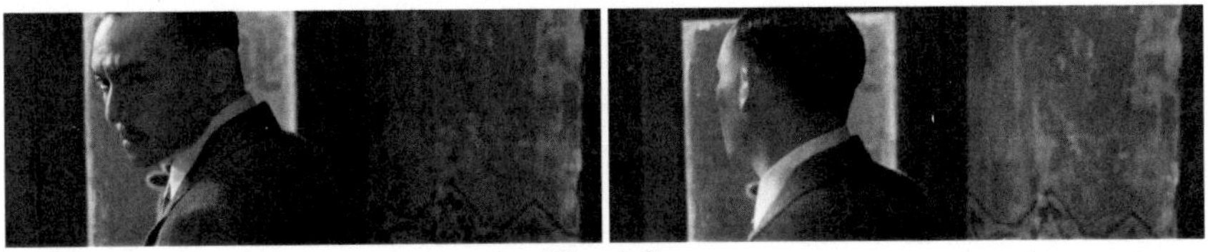

Fig. A.8

Fig. A.9

Un nuovo attacco sull'asse ad allargare (Fig. A.9 sopra e al centro) ricontestualizza e raddoppia l'uscita di Ma San dal locale, con uno sviluppo in quattro tempi (Fig. A.7-A.9). Come possiamo vedere siamo passati da un'elisione del tempo a una dilatazione per raccontare l'uscita di Ma San dal locale.

Procediamo ora con l'interpretazione di ciò che abbiamo visto e frammentato.

Si tratta di una sequenza decisamente anomala, raccontata prevalentemente dal punto di vista di un personaggio che non agisce: i piani d'ascolto di Ma San dominano lo spazio visivo, il suo sguardo fuori campo espande il quadro, completato dalle inquadrature sonore. Notiamo che anche i piani dedicati a Gong Er la rappresentano prevalentemente nell'atto dell'ascolto: poche sono le sue battute in campo, le sue richieste al cuoco sono in gran parte coperte dai piani d'ascolto di Ma San.

Wong Kar-wai, con il montaggio di William Chang, costruisce una sequenza che elimina il prevedibile, nega il consueto sviluppo del dialogo per corrispondenti, per decentrare l'attenzione dello spettatore su un personaggio ai margini dell'azione, che rappresenta un punto di vista davvero affine a quello spettatoriale.

Conclusa questa esposizione assai sintetica sull'analisi e gli elementi da considerare, non resta che provare e riprovare, utilizzando gli strumenti del linguaggio fin qui acquisiti.

Indice dei materiali online

Tutti gli approfondimenti di questo libro
sono consultabili sul sito web dell'editore:

www.audinoeditore.it

DINO AUDINO EDITORE
www.audinoeditore.it

ALTRI TITOLI ATTINENTI